书籍的出版得到了平果县政府和百色学院的大力支持，
在此致以衷心感谢！

李志强 ·········

········· 著

平果甘桑石刻文
图像叙事
摹本及字符集

中国社会科学出版社

图书在版编目（CIP）数据

平果甘桑石刻文图像叙事：摹本及字符集 / 李志强著. —北京：中国社会科
学出版社，2018.5
ISBN 978-7-5203-2258-4

Ⅰ.①平… Ⅱ.①李… Ⅲ.①石刻文-语言文字符号-研究-平果县
Ⅳ.①K877.404

中国版本图书馆 CIP 数据核字（2018）第 059485 号

出 版 人	赵剑英	
责任编辑	张 林	
特约编辑	文一鸥	
责任校对	韩海超	
责任印制	戴 宽	

出 版	中国社会科学出版社	
社 址	北京鼓楼西大街甲 158 号	
邮 编	100720	
网 址	http://www.csspw.cn	
发 行 部	010-84083685	
门 市 部	010-84029450	
经 销	新华书店及其他书店	

印 刷	北京明恒达印务有限公司	
装 订	廊坊市广阳区广增装订厂	
版 次	2018 年 5 月第 1 版	
印 次	2018 年 5 月第 1 次印刷	

开 本	710×1000 1/16	
印 张	43	
插 页	2	
字 数	752 千字	
定 价	188.00 元	

序　言

　　广西平果县甘桑刻画文的发现是近年壮族历史文化研究的一大盛事，在国内激起众多学者的好奇心。然而当大家仔细琢磨单个符号的时候，又觉得神秘和迷茫。甘桑刻画文既有魅力又让人难以亲近，仿佛有一种看不见的磁场那样的极强吸引力。首先遇到的是，它是哪个民族的文化？考察这一带，自古以来分布的就是壮族的祖先，没有外来民族的大量迁入，说某个符号像是某个与这里无关的民族的文字，没有历史根据。像这类大规模的文字创造，需要较大的分布稳定的群体长期存在，还要有一定的经济实力和文化支撑，甚至需要有地方政权，单个人是无能为力的。人类早期的文字，个别符号或语音类似是有的。壮语的 dai（死）和英文的 dead（死）音义相近，只能够说是偶然现象，两者无关。甘桑刻画文应当是壮族先民的杰作。再就是甘桑刻画文是哪个朝代的？汉文没有记载，无法依靠汉文古籍来判断。但这不等于说不能够判断。壮族文字发展系列为刻画文、古壮字（俗称方块壮字、土俗字）、壮文，壮语称为 sawva、sawndip、sawcuengh。壮文是 1957 年 11 月 29 日政务院（今国务院前身）正式通过推行的；古壮字是秦始皇统一岭南以后，汉文化大量进入岭南才开始萌芽的。在汉代的《说文解字》里，有一个"犘"字，乃是古壮语 vaiz 的汉字记音，意思是水牛。本是古壮字，许慎观其形以为是汉字而收入，类似的还有几个。古壮字产生并流行之后，刻画文已无踪迹，说明刻画文应在古壮字之前，属于春秋战国时期的文字。从字形来看，刻画文没有金文、小篆、隶书、行书的结构，倒是类似甲骨文。研究表明，春秋战国时期，岭南骆越方国曾经给中原送去大量南海龟甲，自周宣王（公元前 827—前 782 年）始，甲骨文便不再用动物的肩胛骨，而改用东海和南海的龟甲。刻画文应当是受到甲骨文影响而产生。甲骨文是殷商人文字，刻画文应是春秋战国文字。又，1885 年发现的武鸣区马头镇元龙坡和安等秧商周墓葬群，发现十多个刻画文字，其中元龙坡只有一个，其余全是安等秧的。安等秧是战国墓群，说明刻画文繁荣于战国时期。战国时期，骆越方国的都城在今武鸣区马头镇到陆斡镇、罗波镇的三角地带。今广西平果县一带，当时属于骆越方国的京畿范围，故甘桑刻画文应当是骆越方国的文字，甘桑是骆越方国"出版社"所在地。从甘桑刻画文的数量、刻画的精度、石板的数量来看，也是一个地方政权行为。它需要有若干"仓颉"来创造文字，确定字形结构和基本规则；需要有长期的后勤支持，保障饮食起居；挑选坚硬又可以镌刻的大量的石板，运回到刻字工场；能够刻画石板的铁质工具——研究表明，壮族古代到战国时期才有铁器；每个石板内容的确定也是很费功夫的。所有这些，没有一个地方政权是做不到的。

但是，研究甘桑刻画文最难的不是上面两件，而是文字的破解。由于没有汉文记载，也没有通用的本民族文字记载，难以破译。但这不能急，5000多个甲骨文，经过那么多专家学者研究，费尽心血，经过100多年，才破解了不到2000个。何况甲骨文还有大量汉文古籍可以研究，比照。现在先做的是确定石板数，确定每块石板上的字数，这项最基本的也是最重要的基础工作，李志强做到了。这项基础工作也是不容易的，首先要选好石板，所选的石板要保证不是山寨板。市场经济时期，只要能够换钱，什么事都可能发生，山寨板也可能出现。不过要在石板上刻画一个山寨版，也不那么容易。接下去要做的是清理石板，甘桑刻画文石板陈放了2000多年，到处丢弃，甚至拿来垒田埂，造成断裂，磨损，一些笔画崩掉了，模糊了。现在李志强要在甘桑刻画文书稿中，按照每个石板上文字的形态、笔画、位置和排列，完整复制，必然要解决这些问题。这是一个很繁杂辛苦，很细致的工作，非必须付出艰苦的劳动难以为之。甘桑刻画文书稿的优点在于，它将目前尽可能搜集到的石板的字符全部摹写，原版和复制版排列，搜集在一起，便于集中研究，有志于破译甘桑刻画文的专家学者，不必一块一块去追寻。再就是复制板集中在一起，便于对比琢磨。有的刻画文要经过多块石板对比，才有可能解开其音义。又，由于石板崩塌磨损，不少石板上的字形已经不甚清晰，形成琢磨的第一道门槛，复制版比石板上的刻画纹路清晰，就解决了这个难题。

甘桑刻画文书稿对刻画符号做了探讨的尝试，依据的是符号的象形。甘桑刻画文和甲骨文相仿，以象形字和会意字为主，形声字少。但是，象形字已经不是接近真正形象的符号，近于会意，似在形象与会意之间。正是这种形象与会意之间，给我们提供了破解的钥匙，没有这一点，破解就更加难了。只有破解了部分象形字和会意字，才有可能发现形声字。李志强的甘桑刻画文书稿所举数例，即缘于对象形和会意的琢磨，能够给探讨者启示。真正的破解是从解开符号较少的石板开始，整板连读，音义通达，单个音义才算准确。单挑其中某一个符号琢磨其音义，只能够算是寻找切口。甘桑刻画文书稿走出这一步，虽然还不到位，但很宝贵。按照这种方

法，我们就可以在甘桑刻画文中破解其他符号。例如 ⚘ (QC025)，中间

有三个倒品字形↓，这应当是 naz（na² 水田）[1]或 suen（su:n¹ 菜园）[2]。要达到真正破解，必须破解字义字音，字音的依据是古壮语。古壮语属于原始侗台语，原始侗台语有梁敏、张均如的《侗台语概论》可以参照，而古壮语整个语音系统目前尚未构拟完成，这使得甘桑刻画文破解难度加大。我相信李志强等众多学者选择好路径，一定能够探求出其奥秘！

　　骆越方国存在上千年，创造了辉煌的文化，甘桑刻画文是其重要的文化遗产。一千年的历史里，不知道经历过多少辉煌与曲折，骆越人一定感慨万千，需要留下自己的历史步伐，让后世知道当年的酸甜苦辣，于是创造甘桑刻画文，聊表心迹。破解甘桑刻画文，便能破解骆越方国的奥秘，可见破解造甘桑刻画文的重要性。希望有更多学者像李志强一样孜孜求索，为揭开骆越方国的奥秘做出贡献！

梁庭望

2017 年 8 月 4 日于中央民族大学

---

[1] 梁敏、张均如：《侗台语概论》，中国社会科学出版社 1996 版，第 321 页。

[2] 同上书，第 780 页。

Preface

Recently the discovery of Gansang Carved Symbols in Pingguo County, Guangxi Zhuang Autonomous Region is a great event in the research of Zhuang historical culture and it arouses the curiosity of numerous experts. But they soon get completely lost in the mystery and bewilderment when they are chewing over the single symbol. It is some kind of secret power that makes Gansang Carved Symbols both attractive and hard to approach. The first question that lies ahead is which culture it belongs to? According to the researches and historical records, the ancestors of Zhuang people have been living here from ancient times, without many outsiders settling in. So it will be groundless to hold that Gansang Carved Symbols do not belong to the Zhuang nationality but to some other nationalities unrelated to this land. A large scale of written language's coinage like this could not be fulfilled with a single person's work. It must be fulfilled based on the existence of a large stably- distributed population with the economical, cultural and powerful support of the local regime. Among the early written languages of mankind, there exist similarities between some specific symbols or sounds. For example, "dai" (die) in Zhuang dialect, shares the same pronunciation and meaning as "die" in English. But they are not at all any relevant to each other. It's purely coincidental. It can be inferred that Gansang Carved Symbols were invented by Zhuang people with no doubt. Another question is in what dynasty Gansang Carved Symbols were created? Although we cannot make a judgment with the help of Chinese ancient books since there is no Chinese record about it, still, we can try some other ways to solve this problem. Zhuang dialect develops in the following progression: Ancient Carved Symbol (sawva), Old Zhuang Character (sawndip) and Modern Zhuang Script (sawcuengh). Modern Zhuang Script was officially introduced and popularized by the State Council on November 29, 1957; and Ancient Zhuang Character firstly appeared after Han culture flooded into South of the Five Ridges (Today's Guangdong and Guangxi) with Emperor Qin Shihuang's   unifying the south of

China. In *"Analytical Dictionary of Characters"*, a book which explains principles of composition of Chinese characters, there is a character "犅", seemingly written in Chinese character, but pronounced as "vaiz" in Modern Zhuang Script，meaning "cow" in English. It is an ancient Zhuang character, but it is included into the book by the author Xu Shen only because of its similar shape to Chinese characters. Some other Old Zhuang Characters are also contained in this book for the same reason. Ancient Carved Symbol disappeared after the appearance and popularization of Old Zhuang Character, which means that Ancient Carved Symbols came into being earlier than Old Zhuang Characters and they should have been used during Spring and Autumn Period. Judged From the shape, Ancient Carved Symbols do not share the same structure with "Seal Script", "Official Script", "Running Script" and Jin Wen (inscriptions on ancient bronze objects). But they resemble Oracle Bone Inscriptions. Studies show that Luo-Yue Kingdom, in the south, had sent a lot of turtle shells to Zhou Kingdom in the Central Plains. After King Xuan of Zhou came to power (827BC—782BC), Oracle Bone Inscriptions were written on turtle shells instead of animal bones. Therefore, what brought about the appearance of Gansang Carved Symbols should have been the influence of Oracle Bone Inscriptions. Since Oracle Bone Inscription was created during Yin and Shang Dynasty, Gansang Carved Symbols should have been created during the Spring and Autumn Period. In addition, In 1885, tombs of Shang and Zhou Dynasty were found at Yuanlong Slope and Andengyang in Matou Town, Wuming District of Nanning. Among more than 10 carved symbols found in the tombs, only one symbol was found at Yuanlong Slope, the others at Andengyang. Tombs in Andengyang belong to the Warring States Period, which means Ancient Carved Symbol was in its boom at that time. The capital of Luo-Yue Kingdom was located in the triangle of three towns—— Matou, Lugan and Luopo in Wuming district. The area of today's Pingguo County was within the scope of the ancient capital city. It can be inferred that Gansang Carved Symbols were the official characters of Luo-Yue Kingdom. Gansang, could be the exact place where Luo-Yue's "publishing house" was located. Judged from the number of the slates and the carved symbols, the accuracy of the carving technique, all the work must be systematically arranged and fulfilled by the local authority. Firstly, several "Cang Jie"s (the craftsman who created the Chinese Character) were needed to create the symbols and specify their structures and basic rules; And daily life of the craftsmen must be guaranteed by rear services; Secondly, lots of hard flagstones must selected and shipped back to the working site; Iron carving tools must be provided and they must be strong enough to carve on stone. Researches show that not until the Warring States Period did Zhuang people know how to make iron tools. Finally, people would have to rack their brains to decide what to carve on the flagstones. Without support of the local authority, this gigantic project seemed impossible.

However, the most difficult part of the research on Gansang Carved Symbols lies in the decoding of symbols but not in what are mentioned above. Since neither a single word is mentioned about it in Chinese documents, nor can any trace be found in some kind of Zhuang's written language, it becomes a tough task. But we should realize haste cannot help anything. With more than 100 years' hard work of numerous experts, who could refer to lots of ancient Chinese books, among the total number of 5,000, only less than 2,000 Oracle Bone Inscriptions have been decoded. The first step in the research on Gansang Carved Symbols is the researchers must be clear of the total number of stones and the symbols on each. Mr. Li Zhiqiang has managed to do this important and fundamental work. It is far from easy, because enough knowledge is required to select the original flagstone, but not the counterfeit. In today's market economy anything concerning money is possible, even the fake flagstones. But it won't be an easy work to make a counterfeit of the carved symbols. The next step comes to the cleaning of the flagstones. Over 2,000 years, they were abandoned and scattered everywhere, even some were used to build the ridge of rice field, which greatly damaged the stones to such an extent that some of the strokes of the symbols are unable to recognize. To complete his manuscript, what Mr. Li had to do was to completely copy the symbols from the stones, including the shape, stroke, position and sequence of the symbols. This requires great efforts and concentration for its complication and tediousness. This manuscript's advantages lie in, firstly, copying all the symbols on flagstones discovered by so far and making it a collection with the originals, will surely make the research easier and more convenient; Secondly, collecting all the copied manuscripts will make it easier for the researchers to make comparison between different symbols. With comparison, it becomes possible to decode the meanings and sounds; Thirdly, The copied symbols are much clearer than the original ones, thus will help to solve the problem of the symbols' being blurred and indistinct caused by wear and destruction.

The Manuscript tries to make a deeper research of the Carved Symbols based on their signs. Gansang Carved Symbols resemble the Oracle Bone Inscriptions, because they both mainly consist of Hieroglyphics and ideograms, not phonograms. But a hieroglyphic is not the symbol close to the real image, nor is it the same as the meaning. It is something that lies between. It is exactly what provides us with the key to decoding the symbols. Otherwise, the symbols' decoding will become much more difficult. Only after we have decoded some hieroglyphics and ideograms, will it be possible for us to discover phonograms. Examples in Mr.Li's manuscript are the results of chewing over hieroglyphics and ideograms, and they will surely give some revelations to the experts in the subsequent research. The decoding of the symbols should start from the flagstones with fewer symbols. We should read from the first symbol to the last, and the decoding of the single symbol cannot be accurate if the adjoining symbols don't read smooth or make no sense. Selecting one of the symbols and studying its sound and meaning may help to find a breakthrough, but it's still far away from the decoding itself. Although not perfect enough, the manuscript is really of great value, because it has gone further than this. The decoding of other symbols can be expected if we apply this kind of research method. For example,

the symbol " ⚕ (QC025)", should mean "naz" or "suen" ("paddy field" or

"vegetable garden"). To achieve the ultimate goal of decoding, we must decode both the meaning and sound on the basis of the ancient Zhuang dialect, which belongs to the ancient Dong-Tai dialect, the research of which can refer to *"The Introduction to Ancient Dong-Tai Dialect"* by Liang Min and Zhang Junru. Yet, the speech system of ancient Zhuang dialect has not been established. Lots of obstacles lie in the way of the decoding of Gansang Carved Symbols. But I have much faith in the abilities of scholars like Li Zhiqiang, though facing great difficulties and unprecedented challenges, they will cut out a path and find the fabulous world that lies behind all these mystic symbols.

With a history of over 1,000 years, Luo-Yue Kingdom has created splendid culture. Gansang Carved Symbols are among the most important heritages. Having experienced ups and downs in the past thousand years, the ancient Luo-Yue people must have been aware of the importance of leaving to their descendants something about the history, their sorrow and happiness. And

Gansang Carved flagstones, imprinted with all the stories, would be the best present. Hence we should realize how significant the decoding of Gansang Carved Symbols is, as it will be the key to decoding the mystery of Luo-Yue Kingdom. I hope more scholars join Mr. Li, who is diligently striving and making contribution to unlocking the mystery of Luo-Yue Kingdom.

Liang Tingwang
Minzu University of China
August 4, 2017
Translated by Li Meiqin

目　录

前　言

甘桑石刻文（原称"感桑石刻文、感桑刻画文"）发现于感桑村东南面的一片名叫"那林"的耕地内。这是一片平坦的台地，方圆约 3 公里，距平果县城只有 10 公里。三面环山，一面俯瞰两公里外的右江。"那林"在壮语中即为"有泉水的田"，在台地上的两棵木棉树下，果然有两眼汩汩流出的泉水。当地人认为此地风水好，在其后山上有很多墓葬。最早发现甘桑石刻的是壮族青年农民潘荣冠。（见图 0-1）

图 0-1　广西博物馆原馆长、广西文物鉴定委员会主任蒋廷瑜与潘荣冠等

2006 年清明前，潘荣冠在扫墓回家途中，经过这片甘蔗地，无意中发现一小块刻有图案的石片，他把石片带回家用水冲洗，发现这些图案很像文字。于是将石片拿给村中的小学老师看，老师们无法辨识，但都认为是一种古文字。潘荣冠虽然只有初中文化，但也意识到这有可能是古董。自此以后，他每到"那林"一带耕种时，都特别留意地里的石片，并把刻有图案的石片全部带回家存放。在近五年的时间里，他先后捡回大小石片上百块。他还发现用于围田埂的一块大石片上也有字，但体积太大无法搬回家保管。这块石头后来被平果县原人大主任农敏坚等人搬回了平果县博物

馆，这块石片（PB01），长 105 厘米，宽 55 厘米，厚约 10 厘米，重约 50 公斤，上面刻有 80 多个字符。①见图 0-2：

图 0-2　PB01 现藏在平果县博物馆

不知道何时，劳作的农民把它当作了挡土墙，见图 0-3 白圈位置就是发现 PB01 石片的位置。

图 0-3　作者与农敏坚

在发现刻有文字的石片后，潘荣冠曾找过平果县博物馆，但未找到。2007 年后这些石头刻片就被当地农民拿到百色、南宁等地的古董市场兜售，但一直没被考古专家和收藏家认可。直到 2011 年 8 月，广西骆越文化研究会会员、百色右江区收藏家冯海华将部分样品拿到广西骆越文化研究会鉴别，才被确认为古骆越文字文物。

在广西骆越文化研究会领导谢寿球的动员下，冯海华花了三万多元钱

① 甘宁：《平果感桑石刻字符确认系古骆越文字或形成于商周》广西新闻网. 2012 年 3 月 27 日。

将散布在平果当地农民手中的 25 块石刻文石片收购回来并交给平果县博物馆收藏。全国各地的专家才真正见识了古骆越文字。2011 年 12 月 21 日，以广西博物馆原馆长、广西文物鉴定委员会主任蒋廷瑜为首的专家组对近日在广西平果县甘桑遗址上发现的石刻文字进行了鉴定，初步认定这种石刻文字是先秦前的骆越古文字，并命名为古骆越石刻文。梁庭望教授在看到甘桑石刻文后说"甘桑石刻字符是古骆越方国文字最精彩的亮点，是壮族祖先聪明才智的集中体现"，他认为骆越国处于青铜文化时期，有灿烂的文化，但是最重要的是文字的产生。文字是文明社会的三大标志之一，甘桑刻字符是骆越由部落联盟进入到文明社会的骆越方国的必然产物，是骆越进入文化社会的重要标志。"在一个三面山峦包围的小山弄，却发现了多达几十块刻有文字的石板，实在令人惊奇"，他说，"这里实际上是古骆越方国的'出版社'和文献府库"。

2013 年春节过后，广西文物局批准广西文物考古研究所对"那林"进行考古试掘。但收获不多，因此考古研究所也没能给出考古报告。

2007—2015 年甘桑石刻文基本上都是在百色市古玩圈内交流，少量流出到了南宁、柳州、桂林等地。从甘桑石刻文被发现时起，如果有关部门能有效处置，石刻文就不会像今天这般状况。

本书收录的 QC133 片石刻文，其中半数是潘荣冠捐赠（他之所以愿意捐赠给笔者，是因为他认为笔者是拿来研究的），其余是从古玩商店老板处购得。民间收录的 46 片石片的照片，部分是冯海华等人慷慨大方允许笔者拍照所得（他们是最早从潘荣冠处收石片的，有代表性的是 MJ01、MJ46），其他是通过各种途径获得图片。此外还有数十片因为小且模糊而没有收录。

自平果甘桑石刻文被发现以来，质疑声不断，主要原因是现存平果县博物馆的 20 多片石刻文，只有两千多个字符。其中就有专家认为，有的石片上的刻划线条太新，有造假嫌疑。①有的字符很像现代汉字。

对这些质疑，如 034-02-02 的"生"倒书，对比照片，明显是摹写失误，对着照片摹写肯定会有失误，即使如笔者这般对照实物摹写，也不能保证每个字符都是完全正确的。因为有的石片字符很模糊，如 QC078、LB01、LB02。有的字符像现代汉字，在 LB01、LB02 中有比较明显的字符"臣 LB01-28-14、中 LB01-11-24"。因为摹写是根据照片摹写的，错误是有可能的。况且在上万个字符中出现几个熟悉的现代汉字也是有可能的。

对于刻痕过于新鲜，在此作些说明。主要是因为石头刻片表面的风化层被雨水或人为清洗过的缘故。以 QC005 为例，清洗前的图片是这样的：

---

① 何驽：《广西平果县遗址考察的几点思考》，中国考古网，2014 年 7 月 2 日。

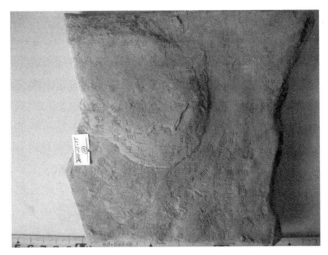

图 0-4　清洗前的 QC005

表面如有一层泥，清洗后变成了如此：

图 0-5　清洗后的 QC005

右侧的刻痕就显得新鲜了。隆安博物馆收藏的两块石片的风化非常明显，如果清洗，部分文字或许会消失。

现在平果县博物馆收藏的都是石头刻片，没有石器。本书收录的石刻文就有许多精美的石器，其中一些石器的包浆非常老，如 QC010、QC011、QC012、QC021、QC090、MJ01、MJ46 等，没有千年的沉淀，不会有如此的包浆，这些石器有层次感，有自然风化现象，包浆自然且内敛，也不是周身同态那种，文字不避开自然风化纹雕刻，且文字与自然风化纹的包浆浑然一体，材质是硅石类，硬度较好。在百色的古玩商手中也有不少是精美的新石器，形状各异现今还没有发现有类似的器型。QC018 和 QC078 是出水石片，字符水流冲刷痕迹明显，没有风化层，有千层皱折裂纹、碎磉纹、凹凸纹，是天然水洗面，没有人工磨平面。

对于学者提出的甲骨文中最常见的象形字以及部首"人""木""水""手"，在石刻文中未发现的问题，①浏览本书后，就会发现这些字符在石刻中比比皆是，如 QC021。

对于甘桑石刻文的真假，笔者判断的依据是：一是发现者没有造假动机，因为笔者的收藏大多是他捐赠的。二是石片不规则，大小形状不一，没有新鲜刻痕，且其中两片石刻 QC078 和 QC090 分别有 2590 个字符、922 个字符，所有字符没有太多重复的，也没有现代汉字，这绝对不是现代人所能想出来的。三是石片中有相同笔形的字符，如"王"字符 和"女"

等字符。

在本书收录的石刻文中有四片有相同的图案 ，分别在 QC016、QC021、QC087、MJ02 中，该图案李锦芳教授认为是部落的图腾，我同意李锦芳教授的观点，但目前还没有找到文献及考古资料的佐证。这也是首次发现，图形像乌龟，也好像是村寨或庙宇，很值得研究。

根据蒋廷瑜和郑超雄等专家的研究表明，有肩石器是骆越民族所独有。根据 QC012、QC082、QC085、QC090、QC091、QC092、QC093、MJ07、MJ08 等石器的形状，可以确定这些刻在双肩石器上的文字就属于古骆越民族。类似的石斧见 QC084、QC094、MJ10，回旋镖状的 QC011 都是古骆越民族"那"文化所特有的。

本书收集石刻文字符数是：笔者的收藏 QC001 至 QC133，共 10365 个字符。隆安博物馆收藏 LB01 和 LB02，共 1832 个字符。民间收藏 MJ01 至 MJ45，共 3976 个字符。平果博物馆收藏 PB01 至 PB05（班绍未收录摹写部分），共 240 个字符。四项相加，共 16173 字符。在字符集中都有统计。如果再加上数十片石刻文因为模糊弃用的，以及数十片在民间藏家手中未收录的石刻文，甘桑石刻文的字符数可以达到 1.8 万个左右。

本书的部分内容已经在《民族文学研究》等刊物发表，书籍的出版希望能有助于对甘桑石刻文的研究。

---

① 班绍、肖荣钦：《甘桑石刻文初步研究》，《文化遗产》2015 年第 5 期。

第一部分
平果甘桑石刻文研究述略

平果县甘桑遗址中发现的石刻文字，若最终被证实是先秦前的骆越古文字，必将改写中国古文字史和骆越民族史。

一、考古情况

自潘荣冠在"那林"发现上面刻有图案的石片，到收藏家广西骆越文化研究会的会员冯海华上报给谢寿球会长，谢寿球再把情况通报给平果县研究民族文化的农敏坚和在平果县调研的中国社会科学院民族文学研究所的罗汉田，从而引起了政府的高度重视，并最终引起学术界轰动。考古工作在专家学者的推动下展开。

2011年12月21日，以广西博物馆原馆长、广西文物鉴定委员会主任蒋廷瑜先生为首的专家组，对发现于广西平果县甘桑遗址上有图案的石块进行了鉴定，认为这种石刻文字是先秦前的骆越古文字，并将此命名为古骆越石刻文（又名感桑石刻文，后改现名）。

2011年12月29日，平果县政府邀请中央民族大学梁庭望教授、黄凤显教授、李锦芳教授、覃小航教授，清华大学赵丽明教授，中国社会科学院邸永君研究员，中国社会科学院民族学蓝庆元研究员，中国社会科学院历史研究员丁守璞，中国社会科学院民族文学研究员罗汉田，中国社会科学院民族研究员、中国民族古文字研究会会长聂鸿音，古文字学家、清华大学历史系教授、博士生导师赵平安，中国社会科学院语言研究所研究员、古汉字专家吴福祥，贵州省荔波县民族宗教局民研所水书专家姚覃军、广西博物馆原馆长蒋廷瑜等中央和自治区民族学、古文字学、历史学、考古学专家召开会议，与会专家初步认定，石片上的一千多个字符可能是一种古老的文字。

为了得到了考古实物的确证，经自治区文物局批准，从2012年12月17日开始，广西文物考古研究所派出专业的技术人员，会同百色市右江民族博物馆、平果县博物馆有关人员组成联合挖掘小组，对甘桑遗址进行考古挖掘。2012 年 3 月 22 日联合挖掘小组挖掘出新石器时代的夹砂陶片和石锛，3 月 23 日出土了 3 片刻有字符的石片，4 月 28 日又出土了 4 片刻有字符的石片。但因种种原因，考古报告一直没有完成。并且因为缺少全程监控、选点欠规范等问题，受到学界的质疑。至今考古工作暂停，农民继续在遗址上耕作。

二、平果甘桑石刻文的定性研究

（一）两位专家的观点和理由

1. 广西博物馆原馆长蒋廷瑜在看了石刻文后认为，甘桑石刻文字是先秦的文字。理由是因为甘桑石刻文有点像甲骨文和金文，没有出现篆书、隶书这种字体。

2. 广西文物考古研究所覃芳研究员曾把石刻文照片发给古文字研究大家李学勤看，李学勤教授也给出了自己的判断。覃芳认为，这些文字是古骆越民族创造的文字，这些文字和殷商王国甲骨文的成熟程度相近，理由如下：

（1）甘桑石刻已具备表达的功能。

（2）同样的一个字形重复出现在不同的文句中。

（3）甘桑石刻具备了中华文化传统造字方法。

（4）与广西出土的陶文有相似之处。

（5）与左江崖壁画中的图像有相似之处。左江崖壁画的年代有多种说法，目前较公认的是战国到东汉说。平果石刻文中有类似左江崖壁画正身人的形像，而且重复五次之多。

（6）与青铜器铭文也有相似的地方。广西武鸣、灵川等地，广东西江流域的四会、广宁、德庆、封开、罗定等市县出土的战国青铜剑、青铜矛上铸有"王"字，平果甘桑石刻文中出现的"王"字有 17 次之多。

依据以上几点，覃芳认为平果甘桑石刻文字的年代推断在战国时期。

（二）参加壮族土俗字学术研讨会专家的观点

2013 年 1 月 26 日，在平果县召开了由中央民族大学、平果县人民政府主办的壮族土俗字学术研讨会。中外共 100 多位专家出席了此次壮族土俗字学术研讨会，这些专家包括中央民族大学梁庭望、郭卫平、文日焕、曲木铁西、李锦芳、周国炎、邢莉，中国社会科院民族文学研究员罗汉田，中国民族语言翻译局李旭练，澳大利亚墨尔本大学教授贺大卫等。出席此次会议的各位专家热烈地研讨了壮族的土俗字和平果的"甘桑文"，大家得出的结论肯定了"甘桑文"是古骆越文字。

三、平果甘桑石刻文的释读研究情况

（一）壮族土俗字习俗与甘桑石刻字符研究工作座谈会有关专家的释读

由于"甘桑文"是2011年年底发现的，研究基础较为薄弱，真正关于"甘桑文"的文章寥寥无几，仅见于几篇新闻报道。而真正对"甘桑文"进行学术研究的是2013年1月26日在平果县召开的"壮族土俗字习俗与甘桑石刻字符研究工作座谈会"。

会上提交的与"甘桑石刻文"有关的论文有梁庭望的《甘桑刻画文——古骆越文字光照千秋》和覃忠群的《彝族专家识别甘桑石刻文情况的汇报》这两篇论文。

其中梁庭望在《甘桑刻画文——古骆越文字光照千秋》中认为，"甘桑文"是古骆越文字最精彩的亮点，是壮族祖先聪明才智的集中体现。"甘桑文"产生的历史大背景，是因为在漫长的历史上平果县一带没有外来迁入的民族，这里的地理位置偏远，四周的山峦与外界形成了阻隔，正是如此，这样的地形环境保障了这一带壮族祖先居住区域的稳定和宁静。由此推测，最先创造"甘桑文"的应该是这一带壮族的祖先。目前为止在中国，"甘桑文"的发现是除了殷商甲骨文的发现外规模最大的了，这里可以说是古骆越方国的文献库和"出版社"，是骆越进入文明社会的重要标志。

覃忠群的《彝族专家识别甘桑石刻文情况的汇报》提出，"甘桑文"有彝文的影子，可以单个识别其中的一些文字，但还找不到认读每个石片完整意思的语法规律和突破口。所以并不能草率给甘桑古石刻文的文义和归属下结论。

除此之外，在此次的壮族土俗字学术研讨会上也没有专家能提出石刻文与古壮字相关联的证据，倒是有人认为是彝文，还有人认为是水书。为此，平果县政府曾派农敏坚、罗汉田、黄武治等人带着资料到贵州省贵阳、毕节市及云南省楚雄、红河州等地，找彝文专家解读。

（二）当地的麽公的解读

自从获得石刻文实物后，平果县政府相关研究人员就请当地的麽公解读，但无人能解读，这些文字和古壮字是否有关系，也无法判定。

（三）百色学院"甘桑古文明与甘桑石刻文研究"课题组的释读

1. 学院课题组的工作安排及发现

（1）学院课题组的工作安排

2013 年 4 月 8 日，在百色学院召开了一个平果甘桑石刻文研究课题组工作安排会，平果县原人大主任、调研员农敏坚，中国社科学院研究员罗汉田，平果县博物馆黄武治馆长，百色学院书记卞成林博士及多位课题组成员参加了会议。会上，农敏坚就平果县石刻文工作的进展情况做了说明。课题组目前正在完善考古资料、实物、刻字石片的收集归类与整理，并进行高质量的拍照，以便出版书籍。目前平果县文物部门也积极与厦门大学、贵州民族大学等高校、研究机构积极联系，经彝族、水族、甲骨文、古文字等专家以及国外专家辨认，都可以从中认识几个与本族文相似的文字符号，但都无法解读其中的任何一句话的意思。现在也不断催促广西考古研究所尽快写出考古报告，以便进一步筹划新闻发布会，以及建设甘桑石刻文博物馆。

2013 年 7 月 12 日至 16 日，百色学院中文系陆斐、李萍、潘贵达、滕韧、李志强等师生与中央民族大学少数民族语言专业李锦芳教授的研究生刘轶、韦玉眺、孙友芳、魏仕娟、冯乐等组成了平果石刻文调研团队，在平果县政府调研员农敏坚、博物馆馆长黄武治等人的带领下，对甘桑屯、板可屯、都阳村三板屯进行了人类学、民俗学、社会学的调研。2013 年 7 月 14 日在采访平果石刻文发现者潘荣冠时，他在镜头前交出了数片双面刻有字符的石铲和石锛等石器（见 MJ08-10），并带我们到"那林"现场，引导我们在田埂上找到了三块石刻文，下图为 MJ35 发现时的情景（原石头底面朝下，是潘贵达老师翻转石头后发现有字的）。

图 1-1　MJ35 发现现场图

这些石刻片经中央民族大学教授、中国古文字学会副会长黄凤显的仔细辨认，确认为真品，广西博物馆馆长郑超雄进一步认为这些文字已经和西周时期的金文相似，这些石刻文的发现为正确解读石刻文奠定了坚实的基础。

（2）学院课题组的发现

① 调研员农敏坚的发现

在平果县都阳村三板屯附近的独山一块非常光滑的石头上，农敏坚调研员发现了一些符号和文字，石头上的字分为上下两层，下面一层符号笔道非常细且比较散乱，也难以辨认，是一些不规则的图画和符号。覆盖在上面的字笔道粗，也比较清晰。无论从笔画、写法还是形体上都可以看出是现代的字体，其中的"金"字非常的清晰。据 14 日下午到了现场考察的广西博物馆馆长郑超雄和中央民族大学教授、中国古文字协会副会长黄凤显的辨认，认为下面的一些符号可能是一种古老的文字，中国社会科学院文学所罗汉田研究员也认为，其中的一个很像猫的符号刻法绝非现代人所为。只可惜现在发现这些符号太少，调研组也没有在独山周边能发现更多的类似文字符号。

② "三宝造文字传授嘹歌"的古老传说

我们学院调查组在访谈都阳三板屯党支部书记黄宪群时，收集到了一个关于"三宝造文字传授嘹歌"的古老传说，①这是右江河谷地区发现的第二个古骆越民族的造字传说。

据专家考证，"嘹歌"起源于平果县，产生于明代，是用古壮字（土俗字）传抄，至今已出版了多部嘹歌集，主要反映壮族人民生产、生活、爱情、婚姻、历史等方面的内容。民歌传承着古老民族的文化密码，特别是古壮字中有上百个偏旁符号不是来自汉字的偏旁，而是否是古骆越先人的创造，还有待进一步研究。

③ 用古壮字记录民间神话传说的著作

最早记录右江河谷地区人类活动的文献，当属在田阳县等地发现的由麼公在祭祀场合吟唱的《麼经布洛陀》，以及平果县的师公、道公在各种场合吟诵的用古壮字抄写的大量经书。《麼经布洛陀》的每段开头"三界三王置，四界四王造"，"三王"即雷部落、鸟部落和蛟部落，布洛陀是鸟部落的首领，商代中前期，鸟部落联盟上升为骆越方国。故而专家认定布洛陀是珠江流域原始民族共同体即西瓯骆越民族的始祖神，与炎帝、黄帝、蚩尤都是部落首领。布洛陀是一个无所不能，开天辟地，创造万物的伟大天

---

① 黄起鹏：《右江日报》2009 年 6 月 9 日第七版。

神，是布洛陀创造文字历书。《麽经布洛陀》中描述古时代人们看见昆虫的爬纹而创造文字。

除了同是用古壮字记录民间神话传说的《麽经布洛陀》外，还有平果县师公和道公用古壮字记录的大量经书。还有每年师公和道公都会应约举办各种道场仪式，这些仪式也承载着丰富的文化密码，不同的道场喃唱的是不同的经书，光是一个丧场的经书就有十多本，要喃唱三天三夜。师公和道公是这个地区半职业性的神职人员，源于古代的越巫，清一色的男性，师徒传承，不吃素，忌狗肉，可婚娶。人们尊敬师公和道公，相信他们具有通天地晓鬼神的能力，但是师公和道公都没有形成宗教组织。过去，壮族人民在天旱求雨、丰收酬神、驱鬼逐疫以及料理红白事时，会请师公和道公同来主持盛大的祭祀仪式。这种传统传承至今，村里有丧事、喜事都会请师公和道公来主持，师公以跳为主，喃唱为辅；道公则相反。在丧葬仪式上，师公和道公将不眠不休诵经打斋，连跳三天三夜为死者祈福，最后还将点燃七十二盏莲花灯，护送死者的灵魂归于自己祖先们的灵魄处，一起享受子孙的祭祀。师公和道公作法时，一般需要的乐器有：鼓、铙、铃等。道公一般着黑色道袍，边以红色或者金色包裹，道袍上纹有图案，头戴道公帽。道公的服饰一般有八套。在丧葬仪式上，道公所诵的经文为传承手抄本，又称"金书"。

在2013年12月4日中山大学召开的中国岭南民族史研究会上，会上笔者曾推测，在右江河谷流域祭祀场合吟唱的《麽经布洛陀》，以及平果县的师公、道公在各种场合吟诵的用古壮字抄写的大量经书的源头或许就是甘桑石刻文。

（四）暨南大学班弨和戴庆厦的释读

2013年5月暨南大学班弨的专著《甘桑石刻文字摹片及字符集》由广东科技出版社出版，国际知名语言学家戴庆厦为此书写了序言，认为该书是此项研究的第一本专著。他认为作者班弨在这部著作中有三项成就：一是该书收集和制作了有关石刻文的全部摹片；二是把摹片编码做成字符集；三是阐述了作者的研究成果以及作者对此作出的初步研究结论。作者的这三项工作都是无人做过的，具有创新性和开创性。书中关于石刻文的章法、摹片、字符为后续研究奠定了必不可少的基础。除此之外，班弨在《文化遗产》2013年第5期上撰文认为，甘桑石刻文是比水书古老得多的文字系统。水语在谱系分类学上属于壮侗语族侗水语支。根据语言谱系分类学的原理，同一语族的诸语言均由同一祖语分化而来。也就是说今天的壮语、水语、侗语等均由同一祖语即古壮侗语分化而来。根据中国各民族的历史发展进程，古壮侗语的存在（也可以说是古壮侗族的存在）当在上古时期。这与甘桑石刻文的年代是吻合的。因此，他认为：甘桑石刻文与甲骨文、纳西文、彝文和水书等古文字有关系，甘桑石刻文是一种表意的古壮侗文。

（五）广西考古研究所覃芳的释读

2013 年 12 月 4 日在中山大学召开的第十六届中国岭南民族史研究会上，广西考古研究所覃芳做了学术报告，她介绍说，她曾拿了四块石刻文去给贵州三都水族自治县 78 岁的水族专家谢朝海认读，他认读了其中一块石片上的文字。但是否准确也无从判断。谢朝海的解读是：

水族的六个先祖或从江西（恒的 hengdi）迁徙到广西贵港（桂平？有一个桂的读音），我们先祖是六个先祖之一，后来又单独流落逃靠南丹王（南丹的王叫丹珠），当时南丹的王还未被宋朝归化一统，我们帮助南丹王戍守疆域。长老教育我们定耕、养牛、养马、养鱼，教育我们祭祀缅怀先祖。我们以前到处流落，衣食无着，这个地方比江西好，从此定居这里，过上农耕渔猎的稳定的好日子，南丹王去世后，宋朝派兵征服，南丹归顺了，我们六个先祖的其他五个，已经没有了下落。

谢朝海注：（1）这 3 块石刻存在欠缺、残缺、漏落等情况，表述很不连贯；（2）石刻可能是 5 块以上。谢公已经 78 岁，接他按照要求，先对图片逐字逐句翻译，然后才统一整理。需要至少 10 天时间。（三都县档案局周泽亮根据谢公口述整理。）

覃芳在 2013 年 12 月 4 日举行的中国岭南民族史研究会上就甘桑石刻文做报告后，就有专家质疑谢朝海的解读，江西地名是从唐代开始的，隋唐、汉晋都属于江苏的一部分，如果确定是江西迁来的话就不是上古的，这是个悖论。另外彝文也是汉代到东晋时期才有的文字。笔者后来咨询覃芳，谢朝海解读的石片具体是哪片，她说因为电脑重装系统后资料丢失了，但可以确定的是，不是 004 石片。

（六）哈尔滨师范大学文学院班玄的释读

班玄在《语文学刊》2014 年第 9 期上发文《甘桑石刻文与甲骨文之对比研究》认为：甘桑石刻文字是广西壮族自治区平果县新出土的少数民族文字，从物质载体、文字类型、所记录的语言、行文章法、笔画特点等五个方面将它与甲骨文进行对比研究，可以看出甘桑石刻文字与甲骨文没有同源关系。

（七）中央民族大学少数民族语言文学系教授李锦芳的释读

李锦芳、刘轶在《百色学院学报》2014 年第 4 期发文《新发现甘桑石刻文的初步分析》认为：甘桑石刻文新近发现于广西平果县一带，刻划在石片上，是古代百越民族使用的一种比较成熟的象形文字，与甲骨文、水书、古彝文及古印度哈拉帕文有一些近似字符。

四、"甘桑文"与广西境内其他骆越古文字的比较

中央民族大学少数民族语言文学系李锦芳的硕士研究生冯乐、刘轶、孙友芳、魏仕娟、赖国凤、李冬美在参加平果石刻文调研团队之前曾对广西发现的古文字符号做了收集，并与平果甘桑文进行对比研究。他们发现，广西境内除了新发现的大规模的"甘桑文"外，还有一些零星的古文字，这些文字文物的质料多种多样，分布范围很广。而且与甘桑文的字符较为类似，但还是不能确定其与甘桑文的联系，只能根据所挖掘的地点确定，这些文字都属于骆越古文字。

20 世纪 90 年代，一些有模糊刻字和图案的石器时代的石片、兽骨等在邕江被捞沙船的人员在江底陆续地捞出了，但是由于年代久远，风蚀水浸，石片和兽骨上的图案和刻痕已经不易辨出，所以，对于它是否为古文字实物还无法下结论。一直到 2010 年秋，有人在龙州县的左江上金河段上捞出了一把石戈，石戈上刻有字迹清晰的 6 个字，经过一番确认，才证实了这样一个历史事实——古骆越有文字。如图 1-2：

从图上看，该石块与潘荣冠交出的新发现的石器（图 1-3）有着很大的相似之处，都是一样打磨精美的石器，一样整齐排列的字符。

图 1-2　左江出水的石戈

图 1-3　潘荣冠交出的 MJ08

　　除了该石块之外，在左江上金河段也打捞出了古骆越卜辞石戈，在新石器时代，左江流域是壮族先民古骆越人活动的主要地域，石戈上的文字很明显是古骆越人的文字。在近年来隆安发现的龙床骨刻文骨片是捞沙船在隆安县乔建镇右江龙床河段打捞上来的骆越文卜辞骨片，多为残片，且为单卦。当然也有完整的骨片，双卦和三卦的都有，发现的数量还不少，约百片。宾阳露圩甲刻文甲片是 20 世纪 90 年代宾阳县露圩农民在一处水潭底发现的，上面刻有古文字，发现的数量不多，十余片。扶绥龙头骨刻文骨片是近年来农民在扶绥县龙头镇岩洞葬遗址中发现的刻有古文字的骨片，数量有十多块，疑似人骨片。梧州陶刻文陶罐是在梧州西江河段被发现的，小陶罐刻有古占卜辞。西江流域一带打捞出很多刻有古文字的陶片。梧州陶刻文陶罐所用的质料是硬陶，所以它上面刻的文字与甲骨文有很多相同之处，所写的内容大致可推断为卜辞，祭祀求雨所用。类似于这样的文字在骆越文化的故地和旧址都有发现，如高州、西林、武鸣的大明山、天井岭等。骆越文化学会会长谢寿球对此有深入的研究，并有收藏。

　　虽然除了上图中的石块之外，其他地方的文字文物与甘桑文材质不太一样，但是字符的构造和形状都十分相像，虽然还不能明确两者之间的联系，但是至少可以证明在骆越故地出现甘桑石刻文的现象并不是孤立的，也可以明确这并不是外来族群带来的遗物。甘桑石刻文若想在历史大坐标上把它的族属和地位明确，也只有放在骆越古文字这样的强大背景下才能完成。

　　上述骆越古文字标志文物的分布有一定的规律，出现的地方通常都是古骆越的祭祀遗址和本地神祇庙宇或庙宇遗址。如甘桑出现大量石刻文，就可以证明甘桑遗址是骆越时代的大型祭祀遗址和祭祀中心。

　　平果县甘桑古城遗址，据明《白山司志卷之二·建置》中记载："甘桑城在丹良七塘山后，有瀑布穿城而下，相传亦岑瑛所筑，其修筑年月不可考，仅存基址。"后因岑瑛的后代岑浚在江州城中屯兵拦截右江，强征舟税，激怒明皇帝，而被朝廷派兵进剿。《明史》"宏治间田州府岑浚筑石城于丹良庄，屯兵千余人，截江道而括商利，官命毁之，不听，会官军自田州还乘便毁之"。岑浚部退守甘桑城，后甘桑城被攻破，岑浚退至旧城，被困在九峰山上，最后跳崖而亡。从这段史料记载中可以推测，甘桑城址中发现的石刻文，应该是岑瑛一族的先祖所保有的先秦祭祀用具，岑瑛一族或许就是骆越古文字的创造者或保存者，岑氏的灭族给现今石刻文的解读留下的是不可估量的损失。平果石刻文所蕴含的丰富文化代码，右江河谷一带麽公祭祀场合吟唱的《麽经布洛陀》，以及平果县的师公、道公在各种场合吟诵的用古壮字抄写的大量经书的源头或许就源自甘桑石刻文。但诸多未解之谜还有待专家的进一步深入研究。

五、甘桑石刻文与甲骨文、水书等的联系

在 2013 年 1 月 26 日的平果壮族土俗字学术研讨会上有专家就认为，甘桑石刻文与甲骨文、水书、彝文、三星堆文字有密切的关系。

班弨、肖荣钦（2013）和李锦芳、刘轶（2014）对甘桑石刻文与水书、彝文等文字做了大量的比较工作，发现了多个极其相似的字符。

目前对甘桑石刻文释读的途径，可以借助甘桑石刻文与甲骨文、水书等文字的相似来解读，借助许慎的《说文解字》中提出的六书：象形、指事、会意、形声、转注、假借来释读甘桑石刻文。

本书中提到的甲骨文字符、水书字符，参考了这样一些书籍和网站：

① 李学勤的《字源》（上、中、下），天津古籍出版社 2012 年版。

② 王本兴的《甲骨文字典》（修订版），北京工艺美术出版社 2014 年版。

③ 曹兆兰的《图释甲骨文》，光明日报出版社 2013 年版。

④ 唐冶泽的《甲骨文字趣释》，重庆出版社 2002 年版。

⑤ 吴苏仪的《画说汉字》，陕西师范大学出版社 2011 年版。

⑥ 慕课：万献初的《说文解字》与上古社会。

⑦ 甲骨文全收录（附对照表）网，网址：

http://mp.weixin.qq.com/s?__biz=MzA5NTUyODYzNw==&mid=403352515&idx=1&sn=47e483073523b5fedce85bba5b6a122f&scene=23&srcid=0313hP3eOJ00AGbcbdeL1NST#rd.

⑧ 理查德·西尔斯（Richard Sears）的 chineseetymology 网，网址：http://www.chineseetymology.org/CharacterEtymology.aspx?characterInput=%E8%BB%8A&submitButton1=Etymology）。

⑨ 韦世方的《水书常用字典》，贵州民族出版社 2007 年版。

例如释读 QC001，就可以"六书"释读其中的甲骨文及与甲骨文类似的偏旁组成的字符：

字符，与甲骨文"宿"相似，会意为"居所"。字符，与甲骨文"爻"相似。，与甲骨文"驳"相似。，，与甲骨文"贝"相似。，与甲骨文"草"相似。，与甲骨文"口"相似。，

与甲骨文"生"相似。 ，与甲骨文"泉"相似。 ，与甲骨文和水书的"壬"相似。 ，与甲骨文"月"相似。 ，上部由甲骨文"羽"，下部由甲骨文"日"构成，整字是甲骨文"习"。 ，与甲骨文"卜"相似。 ， ，与甲骨文"王"相似。 ，与甲骨文"手"相似。 ，与甲骨文"见"相似。 ，与甲骨文"祟"相似。 ，与甲骨文"古"相似。 与甲骨文"乙"相似。 ，与甲骨文"贵"相似。 ，与甲骨文"豕"相似。 ，与甲骨文"七"相似。 ，与甲骨文"允"相似。 ，与《说文解字》的"苗"相似。 ，与金文"荣"相似。 ，与甲骨文"马"相似。 ，与甲骨文"癸"相似。 ， ，与甲骨文"鹿"相似。 ，与甲骨文"冥（牢）"相似。 ，与甲骨文"鬲"相似。 ，与甲骨文"奠祭"相似。 ，与甲骨文"告"相似。 ，与甲骨文"祸"相似。 ，与甲骨文"兄"相似。 ，与甲骨文"祖"相似。 ，左似甲骨文"鹿"，右似甲骨文"高"，会意为"高鹿"。 ，似甲骨文"隹"。 ，似甲骨文"家"。 ，似甲骨文"辰"。 ，似甲骨文"用"。 ，会意"眼泪"。 ，似甲骨文"犬"，与 会意为"狽"。 ，与甲骨文"交"相似。 ，左鹿右"见"，会意"见鹿"。 ，

似甲骨文"内"。 🔲，似甲骨文"子"。 🔲，似甲骨文"仔"。 🔲，似甲

骨文"十"。 🔲，似甲骨文"丘"。 🔲，似甲骨文"午"。 🔲，会意"八

月"。 🔲，似甲骨文"析"，从犬从斤，斧斤屠狗之型。 🔲，会意：

鹿渡河。 🔲，似水书"甲"。 🔲，似甲骨文"立"。 🔲，似甲骨文"戊"。

🔲，似甲骨文"绎祭"，似水书"风"。 🔲，似甲骨文"木"。 🔲，似

甲骨文"雨"。 🔲，似甲骨文"弗"。 🔲，似甲骨文"兹"。 🔲，似

甲骨文"舌"。 🔲，似甲骨文"火"。 🔲，似甲骨文"章"。 🔲，似

甲骨文"卯"，似水书的"问、介绍"。 🔲，🔲，似甲骨文"鬼魅"。 🔲，

似甲骨文"亡"。 🔲，似甲骨文"旬"。 🔲，似甲骨文"出"。 🔲，似

甲骨文"丑"。 🔲，似甲骨文"西日"，会意"落日"。 🔲，似甲骨文

"祝"。 🔲，似甲骨文"自"。 🔲，似甲骨文"血"。 🔲，似甲骨文

"既、监"。 🔲，🔲，似甲骨文"厚"，左偏旁🔲，似甲骨文"年"。

🔲，下部为甲骨文"舟"，会意为"航"。 🔲，似甲骨文"片"。 🔲

似甲骨文"目"。

　　QC001 石刻文包含的内容有居住环境：有家、有泉、有月、有落日、
有树、有鸟、有河、有马、有猪、有鹿、有犬、有狈、有鬼魅、有下雨、

有刮风等。有人：王、祖、兄、子等。有人的活动：滴血祭祀、屠狗、祝祷、划舟、出行、流泪等。有时间：卯、癸、辰、旬、午等。有灾祸、有死亡等等。

再看 MJ35 中的象形字，似"目"。似"众"。似"四"。似"方"。可以会意为"睡眠的鸟儿"。似"月亮"。似"田"。似"土"。似"钓饵"。似"鱼"。这样上下文就可以解读为："看到众人从四方（来）。鸟睡的月夜（众人）还在田里推土劳作，钓鱼。"

一个比较独特的字符，也很值得研究。在 QC078 中是这样的，在 QC085（1）中也是这样的，似佛教中的"万字符"，又被称为"彼岸花"，在中国，"彼岸花"代表着吉祥的意思。在 QC092 中是这样的，似甲骨文"风"。在水书中字符，是九星之一的"破军星"。字符，在水书中是二十八宿之一的"心月狐"。在花山壁画中也有相似图案，被解读为铜鼓图案。在调查中笔者发现，文山的壮族村寨高末村的陆绍全家就有与之相似的瓦当。在王明富、金洪编著的《云南壮族"莱瓦"艺术》（云南人民出版社 2013 年版）一书中的第 113 页和 154 页，介绍的砚山卡子岩画和文山市红字冲岩画，也有类似甘桑石刻文的图案。这些图案是 、、。所有这些是否可以证明这个符号是骆越民族所特有，还有待专家的研究解读。

第二部分
甘桑石刻文字的图像叙事①

甘桑石刻文，因发现于壮族文化腹地平果县甘桑古城而得名。这些文字被刻在一些石片之上，由简单的线条和图案组成，被认为是一种被新发现的"表意的古壮侗文"。②甘桑石刻文中多处有类似左江崖壁画正身人的形像，与广西各地、西江流域发现的陶文、青铜器铭文亦有相似之处。随着考古和研究工作的推进，该文字被认为来源于古骆越文化。经过考古样本检验，甘桑石刻文所用的石块已有 3000 年左右的历史，但学界对于该文字产生的时间则尚存争议，故而阻碍了进一步的探索工作。在使用单纯的考古手段无法解决该问题的情况下，通过对石刻文文字叙事的解读与图像叙事剖析，并将石刻文置于文化叙事语境下进行整体考察，将有望对甘桑石刻文的民族属性、历史渊源等进行判断。

一、甘桑石刻文字的图像叙事

根据笔者统计，现已发现的甘桑石刻文约有 1.8 万个字符，笔者在前言中已有介绍，平果县博物馆收藏和出土的字符数约有 2000 个左右，在民间收藏的新旧石器上有字符 5000 个左右，笔者收藏的石块上有一万个左右字符，其中最大一块有 2500 多个字符，经过多位专家分析，该块石刻文已经具备长篇记叙文的特征。甘桑石刻文与甲骨文、水书、彝文存在相似的字符。水书专家三都水族自治县档案局周泽亮曾对甘桑三块约 300 个石刻文字符号进行研究和释读，认为三块石刻中的文字约有 30%与水书文字一致。③彝文专家中国民族语文翻译局的覃忠群认为"甘桑石刻文有彝文的影子"④。此

---

① 本部分曾在《民族文学研究》2016 年第 2 期发表。

② 班弨、肖荣钦：《甘桑石刻文初步研究》，《文化遗产》2013 年第 5 期。

③ 三都县档案信息网，2012-08-27。

④ 南方都市网，2013-01-29。

外，类似甲骨文的"王"字，在笔者收集的每块石刻文中都有出现。虽然有相同之处，但用水书、彝文、甲骨文的拼读规则又无法完全释读甘桑石刻文，需要我们另辟蹊径，进一步研究它的文字结构和叙事内容。

甘桑石刻文字有前后两个阶段的风格差异，前期的石刻文字笔画较少，结构也较简单，后期的文字则与甲骨文更相似，通过偏旁来构建文字。从整体来看，甘桑石刻文已经基本脱离象形字阶段，只有个别的象形字，但还没有发展用形声字阶段，大部分是指事字和会意字。这类文字的存在，说明文字的创造者已超越了单纯使用图案来表达某个具体事物的早期创造阶段，而迈向了使用更为复杂的图案与线条组合，来表达更为复杂内容的思想。这使甘桑石刻文的文字图案具有了更突出鲜明的图像叙事特征。

笔者搜集的其中一块石块（下图 QC018），图片中有字符 126 个，其中与甲骨文相似或借用边旁的字符约 60 个，组成的文字是一种表意文字。其中，⿰是由甲骨文"爪"和"目"组成，是合体字、会意字，手掌放眼睛上方，可推测其为"瞭望、观看"之意，因南方阳光强烈，隔山相望常用手掌放于眼睛上方遮阳，并有助于集中视线，易于观察。又如，⿱由甲骨文"舟"和"王"组成，可推测其意为"王者之舟"，在壮族先民生活的岭南地区，江河纵横，舟楫为常用的交通工具，在社会已产生阶级分化的情况下，用专有词来记录这一事件在情理之中。⿰田田则由甲骨文"田"垒起来，推测其意为"梯田"。岭南壮族先民是传统的稻作族群，他们不但是世界上最早种植水稻的民族之一，也很早就掌握了稻田灌溉的有效方法。这使得他们能够在广西的山区中开辟梯田，提高稻米产量，解决温饱问题。⿰左边由甲骨文的上下两个"力"组成，中间上是甲骨文的"火"，下是甲骨文的"言"，右边是甲骨文的"舟"。虽然目前难以猜测此字的意思，但该文字图像反映的内容，与壮族先民的祭祀文化密切相关，舟楫是壮族先民日常的交通工具，其中的"言"或与巫师预言有关，在骆越铜鼓上，多见舟楫祭祀之图，船上搭载巫师及各类士兵、祭祀之物，铜鼓中间的芒星也代表着太阳与火。在壮族的神话中，天底下最先出现的四个火苗，有天火、图额（壮族水神）之火、森林之火以及人类之火，在使用舟楫祭祀的语境下，此字中的"火"则可能与太阳或水中之图额有关。由此可见，甘桑石刻文虽然借用了甲骨文的偏旁符号，但其所表示的意义与甲骨文完全不同。

甘桑石刻文在后期字体上显示出更多甲骨文书写法的影响，它的创造者同样处于将文字逐步抽象化的过程，这使得文字具有了更多图像叙事的内容，力图通过一个简单的文字图案，表达一个更抽象、更完整的含义。文字中对于舟楫、田地、种植的强调，使它透露出浓厚的壮族先民——骆越文化的色彩。在目前无法释读甘桑石刻全文的情况下，要确定这种文字是否属于古骆越的文字，还需要考察"图像叙事背后的文化传统"。

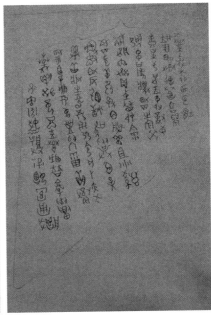

图 QC018

二、甘桑石刻文的文化叙事传统

平果甘桑石刻文扎根于右江流域，这片土地具有悠久的历史与丰厚的文化传统。借助叶舒宪的四重证据法和五种叙事的研究范式①，可以进一步解读甘桑石刻文图像叙事背后的文化传统，探索其所保留的早期文化基因。

位于广西西南部的平果县，地处右江中游，地理位置特殊，文化现象独特。平果县境内主要世居着壮、汉、瑶三个民族，散居着苗、侗、仫佬、回、彝、水、仡佬、满、蒙古、土家、布依等民族。2014 年，壮族人口仍占全县总人口的 90%左右。平果县属于古壮字的中心区域，盛传用古壮字保存下来的民歌——嘹歌，是西南茶马古道的重要集散地之一。平果县至今仍保存广西乃至全国最大的土司墓、明代土司州府城堡、石塔及摩崖石刻、崖洞葬棺等。平果县既保持了浓厚的壮族文化传统，在历史进程中又

---

① 叶舒宪：《人类学的文学转向及"写"文化的多种叙事》，《百色学院学报》2009 年第 5 期。

吸纳了以汉族文化为主的多民族文化。

1. 右江河谷关于"文字"的口传叙事

甘桑石刻文的出现，凸显了壮族地区较为深厚的书写传统。壮族先民借用汉族偏旁部首创造的古壮字，成为当地民歌——嘹歌的重要载体。对文字的重视也体现在当地丰富的造字传说之中。

如关于"三宝造文字传授嘹歌"的古老传说。传说很久以前在蛇摩山上来了个仙女三宝。她教人们谈诗唱歌，在树皮及石片上写字。一片欢声笑语，惊动了山下的水猴，水猴怒不可遏，想方设法把人们赶尽杀绝，在危难时刻，三宝挺身而出，打败了水猴，逃难的乡亲们又得以回到家园安居乐业，重新与三宝纵情歌唱。每逢农闲或重大节日，少时几十个，多时上百个青年男女聚在一起唱歌，动听的歌声引来了岑顺王，他走到三宝传歌的洞口，看见三宝容貌端庄，欲占为妾，但碍人多怕犯众怒，就好言相邀到他的王宫。三宝提出对歌定终身。岑顺王嘶哑的嗓音引来众人大笑，三宝唱歌取笑岑顺王的麻脸，岑顺王恼羞成怒，抓起三把黄泥，把三宝堵死在洞内。人们为纪念三宝之功德，在山上修建了一座三宝庙，从此这里形成一个歌圩和朝拜三宝的地方。[①]从民间神话传说和《壮族麽经布洛陀》[②]的描述来看，右江河谷一带存在着先进的部落文明，被称为鸟部落，布洛陀是部落的首领。布洛陀这位神祇具有氏族酋长性质的身份——他是父系氏族社会时代壮族先民部落联盟的领袖，一方面，他兼有祭司的职能，已成为麽教信仰中的主神，具有至高无上的尊崇地位，另一方面，他也是行政首领、军事首领。在他身上，体现了本氏族部落的兴衰过程。在《壮族麽经布洛陀》的第六篇造文字历书中是这样解释文字起源的："古时候没有书，人们做什么都是盲目的；到后来，吃禾苗的蝗虫和螟虫在纸上爬来爬去，爬成了文字，并成为皇书和官书。从此土官皇帝照书治理。"这是古骆越民族对文字起源生动形象的解释，但比三宝造字的传说显然晚了许多。

造字口传叙事记载了古骆越民族对天地万物起源的认识，记录了古骆越民族古老的历史文化，同时活态化地传承着古骆越民族的民俗、农事、教化等方面的内容。

2. 右江流域的书写传统

通过上述的口头传统可以看出，壮族先民所采用的早期文字，以刻画文为主。接受汉族文化之后，则采用古壮字书写为主。至今，在右江流域，仍保持了古壮字的书写传统。右江流域流传的布洛陀经诗，全部使用古壮

---

① 2013年7月14日由都阳三板屯都阳土司黄流的后代、村党支部书记黄宪群讲述。

② 张声震：《壮族麽经布洛陀译注》，广西民族出版社2004年版。

字书写。

平果县的师公、道公也保留有大量的古壮字经书,每年应约举办各种道场仪式。这些仪式也承载着丰富的文化密码,不同的道场喃唱不同的经书,光是一个丧场的经书就有十多本,要喃唱三天三夜。在丧葬仪式上,道公所颂的经文为传承手抄本,又称"金书"。如平果县凤梧镇韦锦利师公的经书包括这样几类:(1)丧葬用书。这些经书主要唱述各个神的故事。(2)打斋用书。这类经书主要是祭祀、驱鬼治病。(3)受戒用书。各类经书不下百本。

平果县还是壮族民歌标志性文化作品——嘹歌的发祥地,嘹歌流传于平果一带,明代已产生,文本使用古壮字(土俗字)传抄,主要反映壮族人民生产、生活、历史等方面的内容。民歌传承着古老民族的文化密码,特别是古壮字中有上百个偏旁符号不是来自汉字的偏旁,应与古骆越文化传统有关。如"米"旁,在《古壮字字典》中,含"米"意义的就有15个词条,这些字表现的是南方壮族主食大米的习俗,既有动词也有名词,名词中有米的种类、用米做成的食品、量米淘米的器具等,如"米兵""米林""米只"等。

3. 甘桑石刻文与古骆越文化传统

平果县所属的右江流域,在商周时代被认为是骆越方国的管辖范围。骆越方国存在的一千多年的时间里,创造了璀璨的稻作文化、大石铲文化、龙母文化、青铜文化、铜鼓文化、花山文化、歌圩文化、坡芽歌书文化、女子太阳节文化等。在与平果县毗邻的大明山武鸣县马头镇,曾发现近千座商周时期的古墓群。经郑超雄等壮族考古专家论证,认为武鸣县马头镇就是古骆越方国的都城。①在这些墓葬中出土的文字符号,与周边的县城隆安、田东、龙州等地发现一些文字符号相同,都被认定是古骆越文字,与新石器时代的大石铲文化同期②。

经过这多年的调查研究,广西骆越文化研究会又在贵港、合浦、龙州、南宁等地陆续发现了一批文字石、文字陶片、文字玉片等古骆越文字载体。并整理了古骆越文2000多个单字,取得了初步的研究成果。③2010年秋,在龙州县的左江上游金河段上出水了一把石戈,石戈上刻有字迹清晰的6个字,经广西骆越文化研究会的专家谢寿球确认为古骆越文字。该石戈的形状与甘桑新发现的数个石锛(民间收藏)很相似,为打磨精美的石铲形,

① 郑超雄:《壮族文明起源研究》,广西人民出版社2005年版,第209页。
② 刘建安:《考古新发现:骆越文化也是中华文化的一个重要源头》,《中国民族》2012年1月6日。
③ 骆越文化网,2015-12-01。

中间刻有整齐排列的字符。此外，在左江上游金河段也打捞出来了古骆越卜辞石戈，在新石器时代，左江流域是壮族先民古骆越人活动的主要地域，石戈上的文字很明显是古骆越人的文字。据李锦芳研究团队近年的调查研究，在隆安还发现了骆越文卜辞骨片约上百件，在宾阳露圩发现甲刻文甲片，在扶绥发现骨刻文骨片，在梧州发现陶刻文陶罐，在西江流域一带也打捞出许多古文字的陶片。文字有不少与甲骨文相同，所写的内容据推断包括卜辞、祭祀求雨、记载等用。类似这样的刻画文字在骆越文化的故地和旧址多有发现。这些地方的文字文物虽与甘桑文材质不太一样，但是字符的构造和形状都十分相似，至少可以证明在骆越故地出现的甘桑石刻文现象并不是孤立的，也可以明确这类刻画文并不是外来族群带入的遗存，它有自己明显的标志性特征。甘桑石刻文的出现，也应是骆越方国强大的经济和政治文化背景的产物。

在甘桑石刻文上，还出现了春秋战国时期铜鼓的图案符号。甘桑石刻文就有类似铜鼓的太阳纹图案。该符号曾出现在田东县祥周镇联福村出土的两面战国万家坝型铜鼓上，该铜鼓是迄今被发现的年代最早的铜鼓之一。在历史上，铜鼓作为壮族先民的宗教祭祀礼器，备受重视。直至隋朝，《隋书·地理志》还说壮族先民"俚僚贵铜鼓，岭南二十五郡处处有之"，"诸僚铸铜为大鼓"，其"俗好相攻，多构仇怨，欲相攻则鸣此鼓，到者如云。有鼓者号为'都老'，群情推服"。此外，此符号还出现在云南文山岩画和坡芽歌书之中。此符号出现在甘桑石刻文中决不能被视为偶然的现象，而更应是统一文化传统使然。

平果县东南方，有神秘的宁明花山壁画。这些壁画线条粗犷，造型古朴，历经数千年风雨侵蚀，依然清晰可见。据专家考证，花山岩画的绘制年代早期可追溯到春秋战国时期，历经战国、西汉、东汉等多个历史时期的不断完善，距今有 2500 多年的历史①。壁画的许多符号，如太阳图案、蛙人舞蹈图案，在甘桑石刻文中也有出现。

在富宁县坡芽村还发现了"坡芽歌书"，周有光先生称之为"文字之芽"，亦被视为古骆越文化的遗存。但从坡芽歌书的表意属性看，它与甘桑石刻文属于不同的文字系统，甘桑石刻文的表意属性更复杂多样。

4. 甘桑石刻文与古骆越祭祀活动

20 世纪 60 年代初以来，广西西南部地区考古发现了许多大石铲，尤其左、右江交汇地带及其下游一带是大石铲遗存分布的中心地区。许多遗址或地点的石铲在出土时呈直立状，多数刃部朝天，柄部朝下；有的则几件

---

① 蒋廷瑜：《左江"花山岩画"奇观》，《大众考古》，2015-07-20。

或十多件竖立排列成行，或竖立围成圆圈，或侧立围成椭圆形，如武鸣县太平乡葛阳村附近的塘灾岭发现的一组共22件石铲，排成一个椭圆形，内底有一层灰烬和红烧土。隆安县大龙潭遗址亦发现两组侧立或直立成圆圈的大石铲，圈内底有一层红烧土和灰烬。上述的石铲排列形式，应是人为有意置放的结果，有的很可能是当时人们使用石铲来举行某种与农业生产密切相关的宗教祭祀仪式。将特制的大石铲作为祭祀的礼器，组合成各种形式并配合相应的仪式祭祀神灵，祈求风调雨顺，作物丰收。正因为如此，这类石铲在出土时，多柄部朝下，刃部朝天，数件并立，或围成圆圈，中间有烧火时遗留的灰烬和红烧土①。至今，在隆安县出土的大石铲上尚未发现古文字符号，但在本书收录的大小石铲图片中都有古文字符号。其所记载的内容或许就跟用大石铲祭祀有关。无论如何，在古骆越文化区域内，甘桑石刻文作为单独选择石头作为书写材料的文字记录，与大石铲文化和祭祀应有一定联系。

总之，通过分析甘桑石刻文图像背后的文化叙事，可以看出它具有古骆越民族文化的显著特征，与在古骆越地区的遗留的花山壁画、刻画符号、祭祀活动有诸多联系。甘桑石刻文图像背后的文化叙事，展示了骆越文化独特的文化基因代码。

三

通过对甘桑石刻文进行深入的图像及其文化传统考察能够发现，甘桑石刻文是一种起源于先秦的古文字，具有丰富的表意功能，有基本成熟的象形、指事、会意造字方法，文字产生年代与甲骨文基本并行，从其中一些石块上可以读出少量的类似甲骨文的文字符号。刻划的年代约为从旧石器时代至新石器时代，因为文字最初是刻在随处可得的石片上，到后来逐渐刻在磨制得非常规则的精美石铲和石锛等石器上，推测刻划文字的部落中有来自中原地区的族群，他们逐渐融入古骆越族群之中。甘桑石刻文是古骆越民族共同的母语文字。

平果甘桑遗址或许是骆越方国最早的祭祀、文献保存中心，花山壁画是该部落的祭祀中心。骆越方国的始祖是鸟部落的布洛陀和姆勒甲。活态化的西畴古歌是保存最古老的部落口传文学。用古壮字记录的《麼经布洛陀》和《嘹歌》是活态化的口传文学和书面文学。麼公和师公传唱的经文是古骆越祭祀文化的活态呈现。古骆越民族的文化传播路线主要是往云南方向，右江流域的云南文山和百色为古骆越文化的主要积存地。

---

① 覃义生、覃彩銮：《大石铲的发现及其有关问题的探讨》，《广西民族研究》2001年第4期。

　　据明代《白山司志》中记载"甘桑城在丹良七塘山后，有瀑布穿城而下，相传亦岑瑛所筑，其修筑年月不可考，仅存基址"。说明甘桑遗址与当地土司岑氏家族有密切关系。至今发现的刻有上万个字符的甘桑石刻文石片，或为岑氏一族的先祖所保有的先秦祭祀用具，记载的内容与古骆越民族的图腾崇拜、祭祀、族群迁徙、部落战争、狩猎、耕作、欢庆、求偶等相关，这些内容因有人专职掌管，不可能如情歌那样为大众口头流传，只能由主管祭祀的巫师所吟诵，记载在石刻、经文之中。岑氏先祖或许就是骆越古文字的创造者与保存者。

第三部分
甘桑石刻文字释读

一、文字释读方向

本书所收藏的石刻文字有两种形态，早期文字基本是以线条为主，文字比较抽象、简单，早期甘桑石刻文都是刻在石片上的，后期文字既有刻在石片上，也有刻在精美的石器上的。后期文字多是象形字和会意字。前期文字释读方向比较复杂，文字方向上下左右颠倒。如 QC002，"QC002"意为"志强博物馆收藏第二片"（潘荣冠 2013 年送笔者），见图 3-1。

图 3-1　QC002 属早期文字

QC002

从字符 ⿴ （字符集标识为：QC002-11-04，集字顺序参考了班弨的《甘桑石刻文——摹片及字符集》，2013 年）等字可以判断，释读方向是从上到下，但一些字符明显是倒的，如 ⿰ ，标识为：QC002-09-01。有个字符是横向的，如 ⿰ ，标识为：QC002-04-06。前期文字的释读方向在文字未能通读之前难以判断。

再如图 3-2，标识为 PB03，意为平果博物馆藏第三片，这些石片是班弨的《甘桑石刻文——摹片及字符集》未收录的，是黄武治馆长发来给笔者的。

图 3-2　PB03 属早期文字

PB03

同一个似甲骨文"生"的字符 ⿰ ，标识为：PB02-01-02，释读方向是从上而下，但标识为 PB02-03-01 的 ⿰ ，却是横向的。QC022 和 PB04 也属于早期的甘桑石刻文字。

后期文字释读方向基本可以判定为从右往左，从上而下。以 QC001 为例。见图 3-3。

图 3-3　QC001 属晚期文字

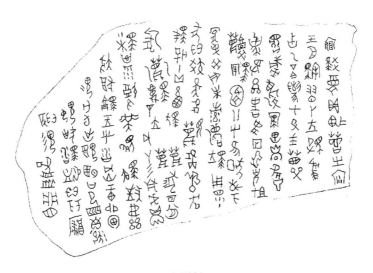

QC001

　　右起第一字 ，标识为：QC001-01-01，字符集的集字顺序也是采取

这个顺序。，似甲骨文"宿"，内有人形和床形，可以会意为"居所"。

石块最后一字 ，标识为：QC001-15-06，意为"眼睛"。石块左边的空

间大于右边，结合篆刻手法是右起笔，所以判定释读的顺序是从右往左，

从上而下。

　　再如 QC015（1）为例，见图 3-4。

图 3-4（正面）QC015 属晚期文字

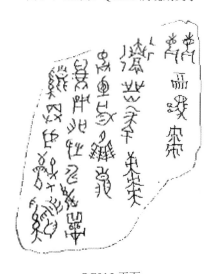

QC015 正面

以 QC015 为例，文字的释读方向也是从上到下，从右往左。右起第一个字符 ![鹿]，似甲骨文"鹿"，这是并行的两只鹿，正面标识为：QC015（1）-01-01。

第三个字是"马" ![马]，标识为：QC015（1）-01-03。因为字符 ![凤]，似甲骨文"凤"，后面还有空间，所以可以确定为该石块的最后一个字符，标识为：QC015（1）-05-05。

二、字符集取字方式

　　取字方式是从左往右,采用纵向的方式。取字与摹写都是用放大镜,用手电筒从四个角度仔细确认笔画走向,笔形尽力保持与原字符相似,有些石片的摹写与原石片的外形大小一样,字也几乎大小一样。对于难以识别的字不摹写、不集字。取字参考了班弨的《甘桑石刻文——摹片及字符集》。依据一是按字符结构的紧密程度,结构紧密虽是独立结构的字符,也取为一个字符,如 QC023 中的 、,这两个字符都有上中下三部分,但它们之间的笔画有交接和包含,按形意取为一个字符。二是与甲骨文类似,如 QC027 中的 ,可作为形意字,意为"王乘车出门"。三是已有类似的字符在不同石片出现的情况。有的结构比较复杂的字的切分,按形意取字,如 QC023 中的 ,字符的上部难独立成字,在照片中两个字符之间虽有间隙也取为一字。

三、甘桑石刻文初步释读

　　甘桑石刻文中有大量形似甲骨文的字符,可以从人体形态、交通出行、天干、数字等方面分类释读。①

(一)甘桑石刻文中的人体形态

　　字符 ,标识 QC001-10-05,与甲骨文的"王"相似, 与甲骨文"立"相似。甲骨文的"人",在 QC003 中就有 、、,在 QC021 中有 、,在 QC110 中有 、。QC003 中字符 ,与甲骨文"儿"相似。QC117 中的字符 ,与甲骨文"女"相似。

---

① 唐冶泽:《甲骨文字趣释》,重庆出版社 2002 年版。

在 QC011 中就有 〔符〕，与甲骨文的"几案"和"子"相似。在 QC011 和 QC014 中有羽人之形 〔符〕，似甲骨文"燕"。QC010 中的字符 〔符〕，与甲骨文的"北"相似，如二人相背而立，是会意字，后被假借为"北"。在 QC007 中有两个小孩在崖洞中 〔符〕。在 QC021 中字符 〔符〕，左似甲骨文"亦"，右似甲骨文"人"。QC092 中，字符 〔符〕，把手放眼睛上，会意为"遮阳瞭望、看"。QC093 〔符〕、MJ23 〔符〕，似甲骨文"比"。在 MJ35 中字符 〔符〕，似甲骨文"从"。MJ22 〔符〕似甲骨文"缶"。在 QC110 字符 〔符〕，如一人挑两人。其他的人形字符还有：QC025 有 〔符〕。QC026 〔符〕如蛙状。QC085（1）〔符〕如幼儿的坐状。MJ22 〔符〕类似甲骨文的"弟"。MJ22 〔符〕似甲骨文"共"，〔符〕似"儿"。〔符〕似甲骨文"舞"。QC001 和 MJ27 有 〔符〕、〔符〕会意为"落泪"。MJ27 〔符〕似甲骨文"囚"。QC053 中字符 〔符〕，似甲骨文"口"。MJ01 和 MJ21 有 〔符〕、〔符〕似甲骨文"牙齿"。QC090 中字符 〔符〕，似甲骨文"妻"。QC001 〔符〕，似甲骨文的"白"。MJ35 〔符〕，似甲骨文"老"。MJ41 〔符〕，似舞者，似甲骨文"吴"，下部似甲骨文"夭"，QC027 中有相同字符。MJ41 〔符〕，双人并行，似甲骨文"夭夭"。MJ18（2）〔符〕，似甲骨文"旨"。QC045 〔符〕，似甲骨文"见"。

（二）甘桑石刻文中的衣饰装扮

QC090 右似甲骨文"妻、若"。QC012（1）有 似甲骨文"求"。
QC024 有 ，似甲骨文"裘"。QC001、MJ35 都有 ，似甲骨文"贝"。

（三）甘桑石刻文中的饮食习俗

QC002 似碾米的中轴。

（四）甘桑石刻文中的建筑居止

QC007 似小孩在山洞。MJ22 ，上部为洞穴，下部为"失"。

（五）甘桑石刻文中的交通出行

QC021 中有棚车 ，，。QC023 有站在小舟上的人 。
QC025 如人撑小舟 ，似甲骨文"航"。QC027 中的 ，可作为形意字，意为"王乘车出门"。QC028 ，似人立车上。QC085（2） 如在河中行舟。QC086（2），如乘车出行。QC087（2），如"涉"。
QC003 中 ，似甲骨文"亡"。

（六）甘桑石刻文中的繁衍生养

QC021 ，似两人在坡前，其中一人有身孕。QC090 似人有身孕。MJ23 似甲骨文的"生"。

（七）甘桑石刻文中的田猎活动

在 QC021 中的 ，似鸟。QC029 ，似青蛙。QC090 ，似小

鹿。QC091 ，似鸡鸣。QC091 ，似鹿+京 。QC031 ，似

甲骨文的"虎"。QC036 ，似飞翔的鸟。QC036 ，似"鱼"。QC036

有禽类 。QC085（2），似猴。QC086（1），似中箭的

虎。QC106 ，似甲骨文"虎"。MJ27 ，似狗。MJ27 ，似虎。

似鹿。MJ13（2），似乌龟。MJ38 似乌龟。MJ35 ，似甲骨

文"狐"。MJ40 还有人和动物组合的字符 ，女子和动物组合的字

符 。

（八）甘桑石刻文中的攻战征讨

QC021 ，似甲骨文的"旅"。QC021 ，右偏旁似甲骨文"族"，

左似"女"，会意"女族"。QC085（2），似弓箭。QC106 ，似射

箭。MJ21 ，似"戎"。MJ35 ，似甲骨文"才"，表守御。MJ35 ，

似甲骨文"协"。

（九）甘桑石刻文中的农业经济

QC021 中的字符 ，左偏旁似甲骨文"米"，右偏旁似甲骨文"斗"，

会意为"一斗米"。QC021 ，似米满屋。QC021 ，似甲骨文"鱼"。

QC085（1），似昆虫。MJ36 ，似甲骨文"载"。MJ46 ，

蝗虫。MJ46 ，左似两只手，右为虫形，会意为"捉虫"。

（十）甘桑石刻文中的畜牧养殖

在 QC005 中有犬 ，QC024 中有鼠 。在 QC003 中、QC015、

QC011（1），有鹿 、，有马 ，有凤 。QC011 ，

有凤、扇动翅膀的鸟。QC021 中有土堆旁的蛇 和似甲骨文"蛇"

的字符 。QC014 中有"凤" 。QC021 中有 ，会意为：多目多

手在围捕鸟类。MJ41 中有猪 。MJ41 中有狗 。MJ46 中有喝鹿

奶的小儿 。QC086（2）中字符 ，是甲骨文"鹿"和"京"的组合。

（十一）甘桑石刻文中的祭祀占卜

QC018 ，似祭拜，祭祀案桌 。QC021（2），似发出热气

的贡品。QC024 ，如多样的贡品。QC031 中的字符 ，似器皿上放

了钱"贝"。QC078 和 QC085（1），似佛教中的"万字符"。QC085

（2），如肉在供桌上。MJ22 ，似手拿贡品。QC053 ，似甲

骨文"卜"。QC003 中 ，似甲骨文"亡"。MJ12（1），似甲

骨文"令"。

（十二）甘桑石刻文中的科学文化

QC092 ，似"风"。QC123 ，似"雨"。QC011（2），似下雨。

MJ35 ，似甲骨文"月"。QC078 ，似甲骨文"冬"。QC021 ，似甲骨文"伊"。QC021 ，似甲骨文"昕"，日将出的样子。

（十三）数字

QC001 ，似甲骨文"七"。QC007 、 似甲骨文"五"、"六"。MJ35 ，似甲骨文"四"。MJ35 ，似甲骨文"一"。MJ35 ，似甲骨文"三"。MJ36 ，似甲骨文"八"。

（十四）干支

MJ01 ，似甲骨文"甲"。 似甲骨文"乙"。QC003 ，似甲骨文"丙"。QC003 ，似甲骨文"卯"。QC007 ，似甲骨文"午"。QC007 ，似甲骨文"亥"。MJ36 ，似甲骨文"寅"或"矢"。QC003 ，似甲骨文的"癸"。

第四部分
甘桑石刻文字摹本集（图片+摹本）

一、志强博物馆收藏 **QC001** 至 **QC133**

平果甘桑石刻文：QC001
地表采集
强藏
2013年11月16日

QC001

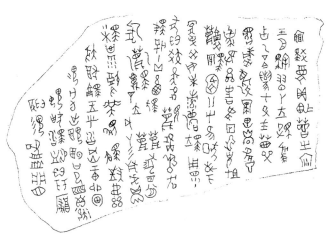

QC001

平果甘桑石刻文：QC002
地表采集
强藏
2013年11月16日

QC002

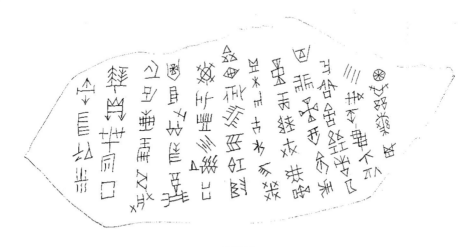

QC002

QC003

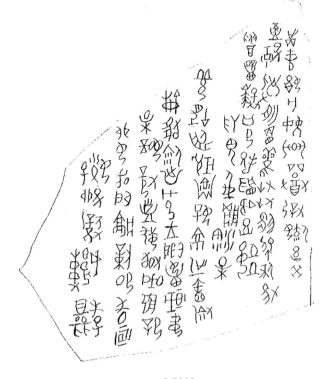

QC003

平果甘桑石刻文：QC004
地表采集
强藏
2013年11月16日

QC004

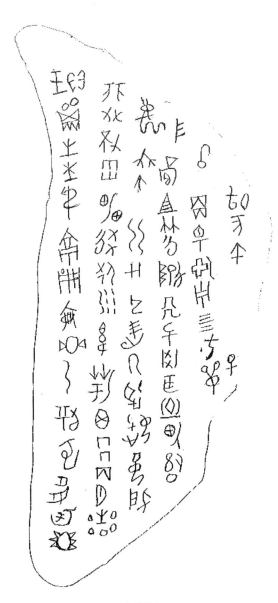

QC004

QC005

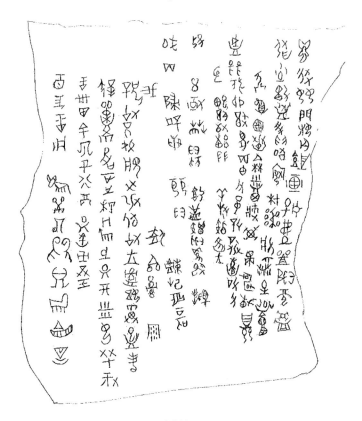

QC005

QC006

QC006

QC007

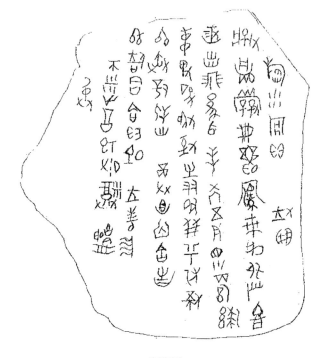

QC007

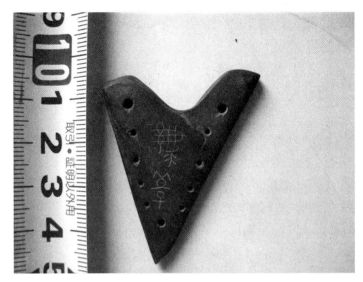

QC008（1）

QC008（2）

QC008（1）

QC008（2）

QC009

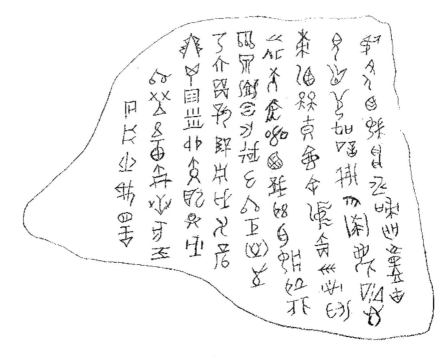

QC009

平果甘桑石刻文：QC010
地表采集
强藏
2015年1月2日

QC010

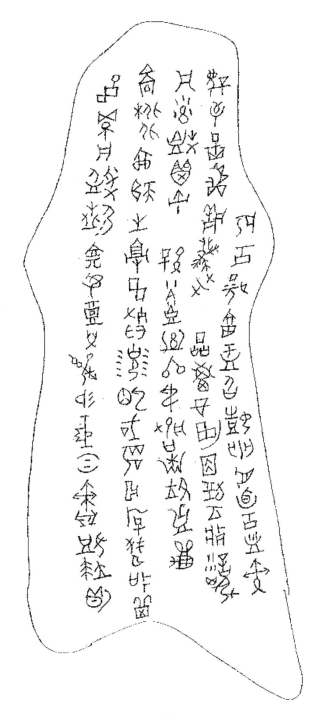

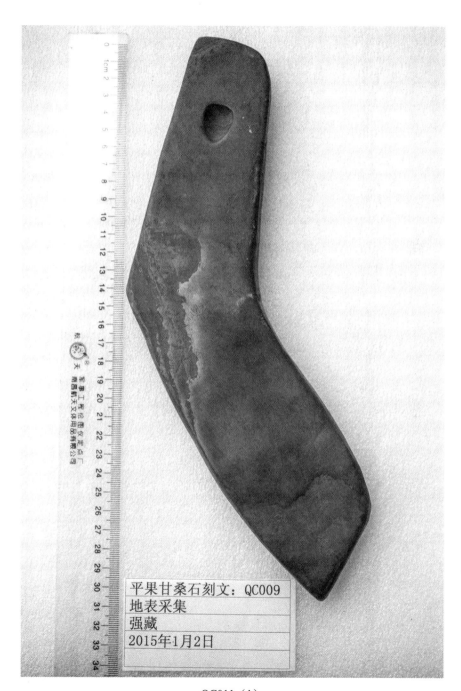

平果甘桑石刻文：QC009
地表采集
强藏
2015年1月2日

QC011（1）

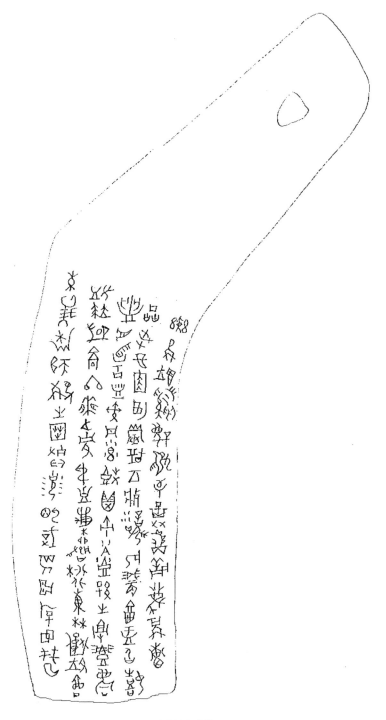

QC011（1）

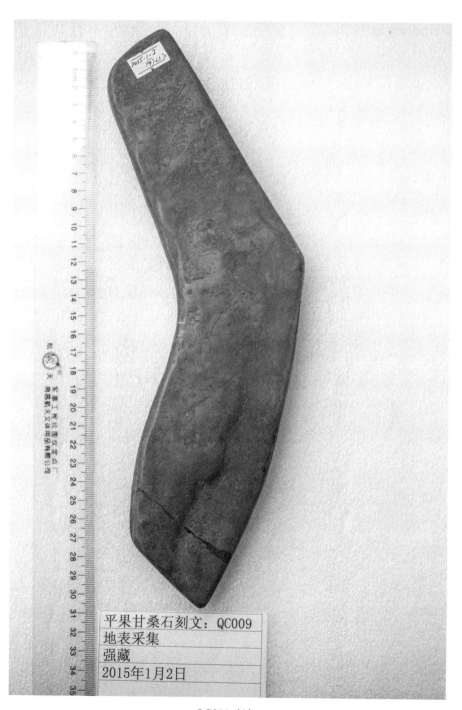

平果甘桑石刻文：QC009
地表采集
强藏
2015年1月2日

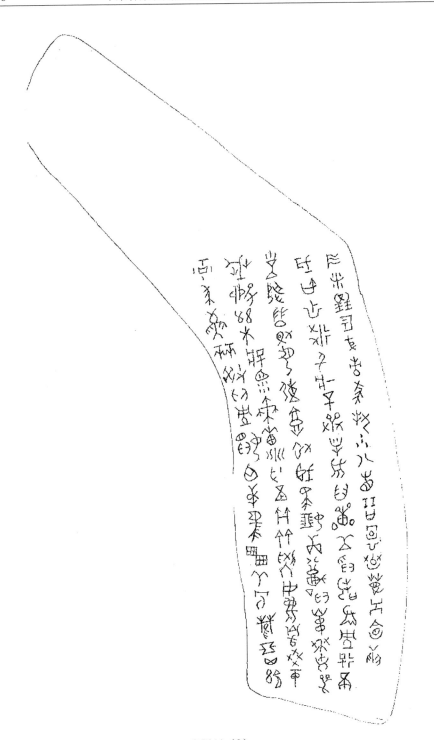

平果甘桑石刻文：QC008
地表采集
强藏
2015年1月2日

QC012（1）

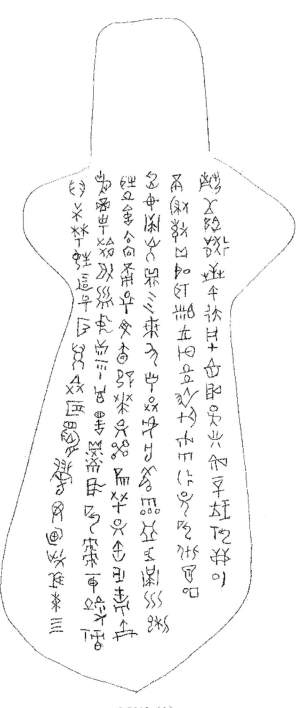

QC012（1）

平果甘桑石刻文：QC008
地表采集
强藏
2015年1月2日

QC012（2）

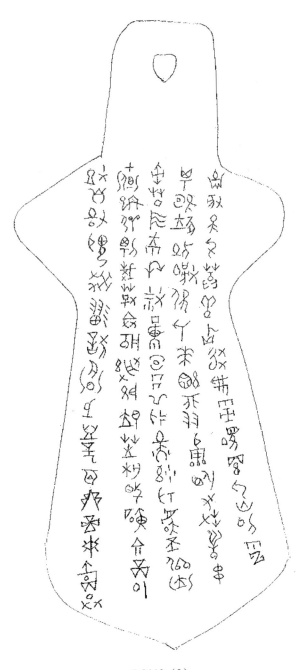

QC012（2）

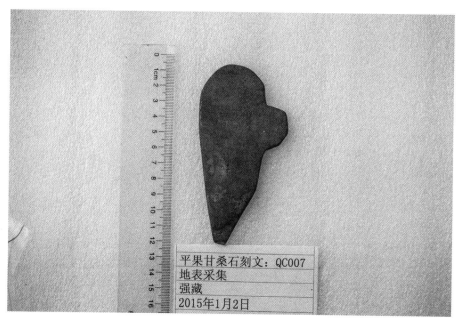

QC013（1）

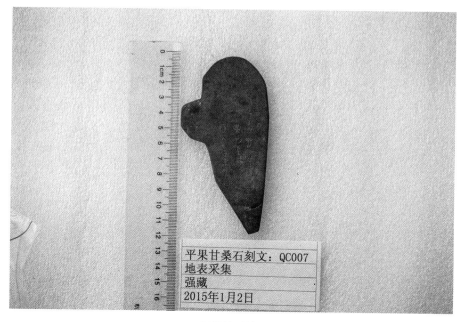

QC013（2）

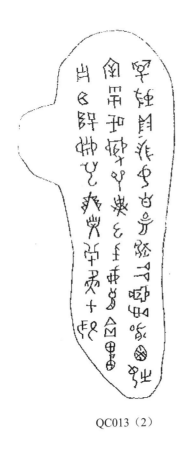

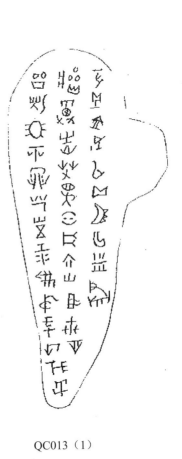

QC013（2）　　　　　　　　　　QC013（1）

平果甘桑石刻文：QC006
地表采集
强藏
2015年1月2日

QC014

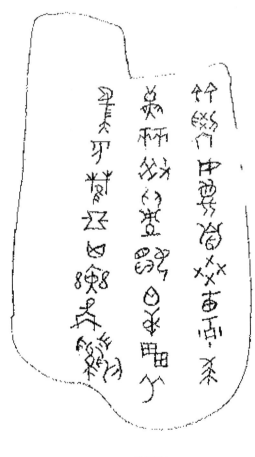

QC014

QC015（1）

平果甘桑石刻文：QC007
地表采集
强藏
2015年1月2日

QC015（2）

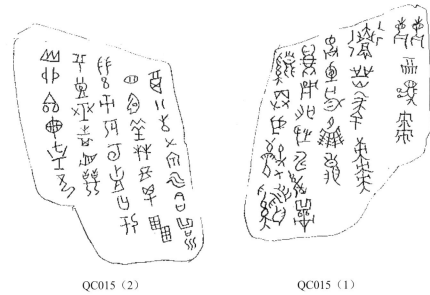

QC015（2）　　　　　　　　　　　　　　QC015（1）

平果甘桑石刻文：QC005
地表采集
强藏
2015年1月2日

QC016（1）

平果甘桑石刻文：QC005
地表采集
强藏

QC016（2）

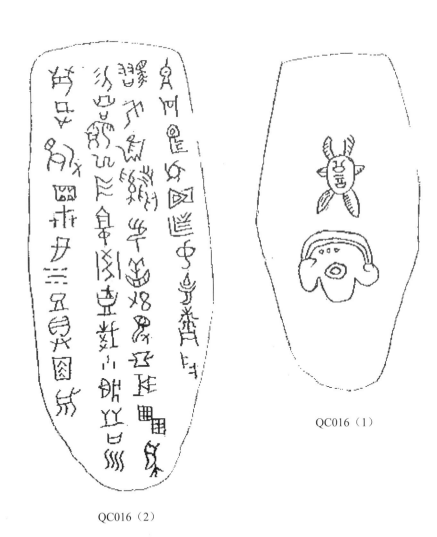

QC016（1）

QC016（2）

平果甘桑石刻文：QC004
地表采集
强藏
2015年1月2日

QC017

QC017

QC018

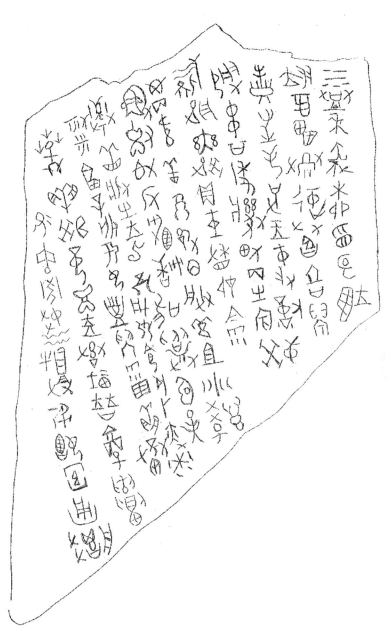

QC018

平果甘桑石刻文：QC002
地表采集
强藏
2015年1月2日

QC019

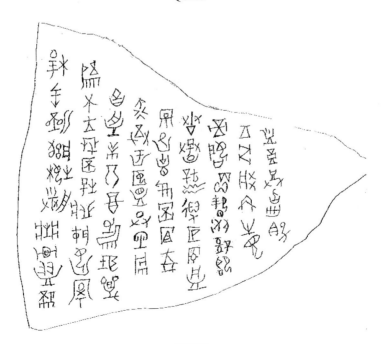

QC019

QC020

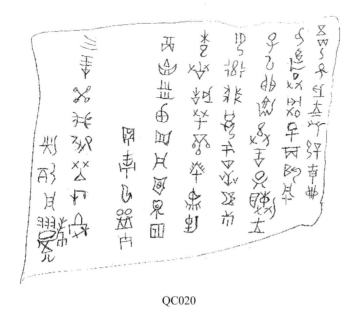

QC020

平果甘桑石刻文：QC011
地表采集
强藏
2015年1月2日

QC021（1）

QC021（1）

平果甘桑石刻文：QC011
地表采集
强藏
2015年1月2日

QC021（2）

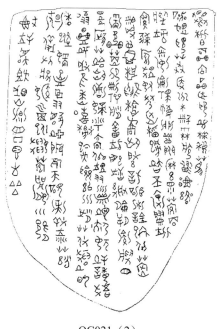

QC021（2）

QC022

QC022

平果甘桑石刻文：QC015
地表采集
强藏
2015年7月7日

QC023

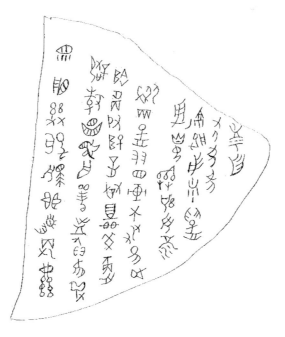

QC023

平果甘桑石刻文：QC014
地表采集
强藏
2015年7月7日

QC024

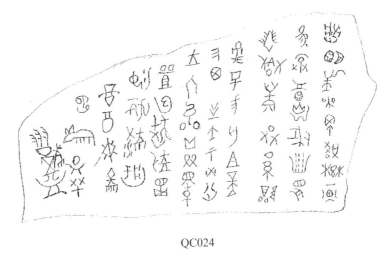

QC024

平果甘桑石刻文：QC013
地表采集
强藏
2015年7月7日

QC025

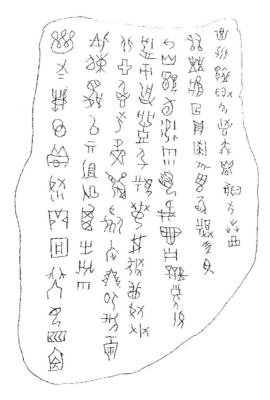

QC025

QC026

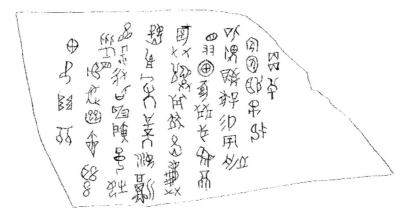

QC026

平果甘桑石刻文：QC011
地表采集
强藏
2015年7月7日

QC027

QC027

平果甘桑石刻文：QC010
地表采集
强藏
2015年7月7日

QC028

QC028

平果甘桑石刻文：QC009
地表采集
强藏
2015年7月7日

QC029

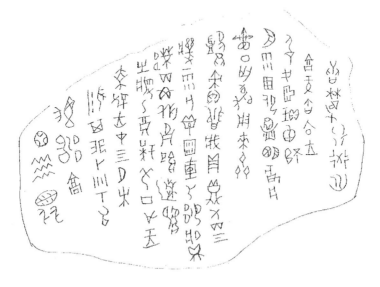

QC029

平果甘桑石刻文：QC008
地表采集
强藏
2015年7月7日

QC030

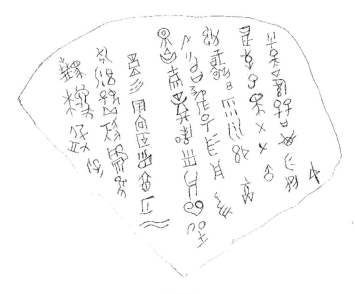

QC030

QC031

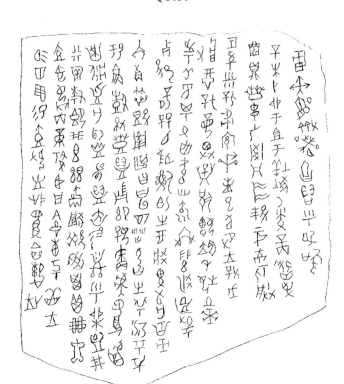

QC031

QC032

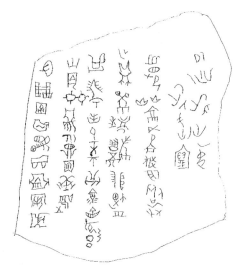

QC032

QC033

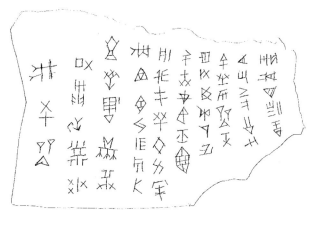

QC033

平果甘桑石刻文：QC004
地表采集
强藏
2015年7月7日

QC034

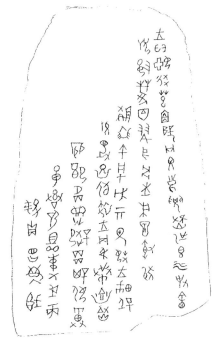

QC034

平果甘桑石刻文：QC003
地表采集
强藏
2015年7月7日

QC035

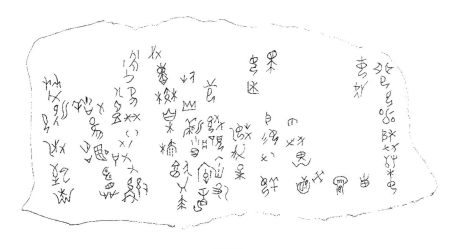

QC035

平果甘桑石刻文：QC002
地表采集
强藏
2015年7月7日

QC036

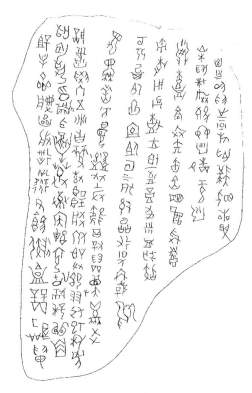

QC036

QC037

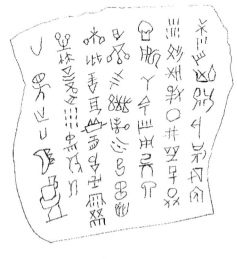

QC037

C038

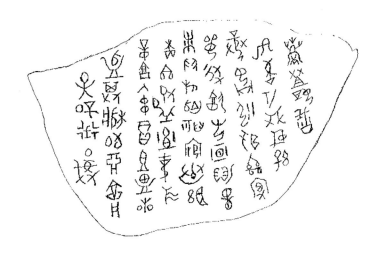

C038

平果甘桑石刻文：QC020
地表采集
强藏
2015年7月7日

QC039

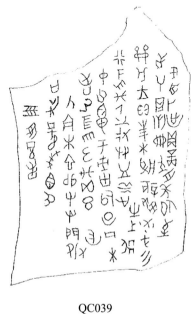

QC039

QC040（1）

QC040（1）

QC040（2）

QC040（2）

QC040（3）

QC040（3）

平果甘桑石刻文：QC022
地表采集
强藏
2015年7月7日

QC041

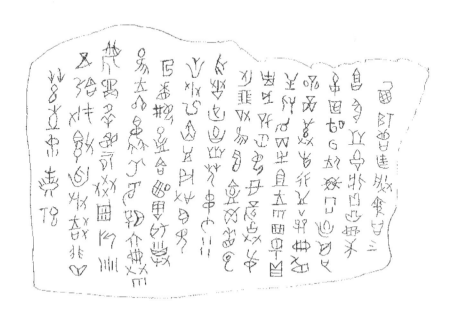

QC041

QC042

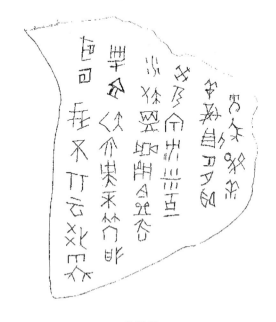

QC042

平果甘桑石刻文：QC024
地表采集
强藏
2015年7月7日

QC043

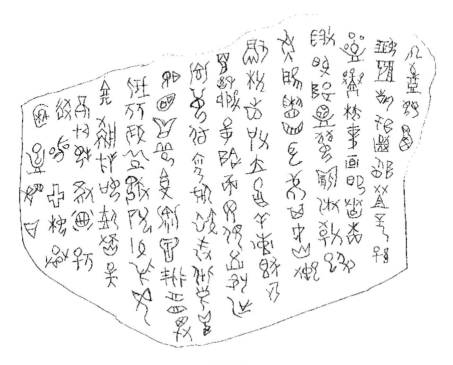

QC043

QC044

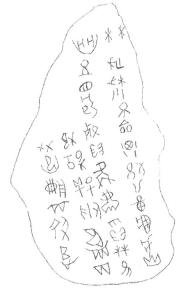

QC044

平果甘桑石刻文：QC026
地表采集
强藏
2015年7月7日

QC045

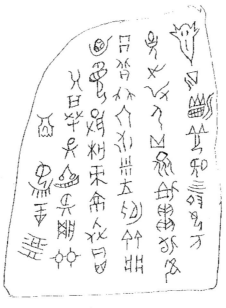

QC045

QC046

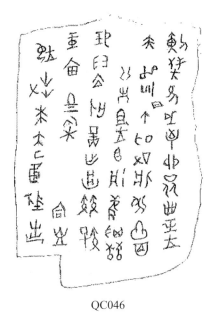

QC046

平果甘桑石刻文：QC028
地表采集
强藏
2015年7月7日

QC047

QC047

QC048

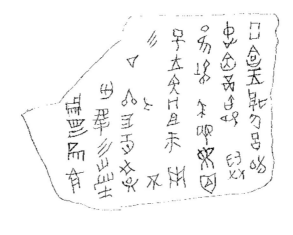

QC048

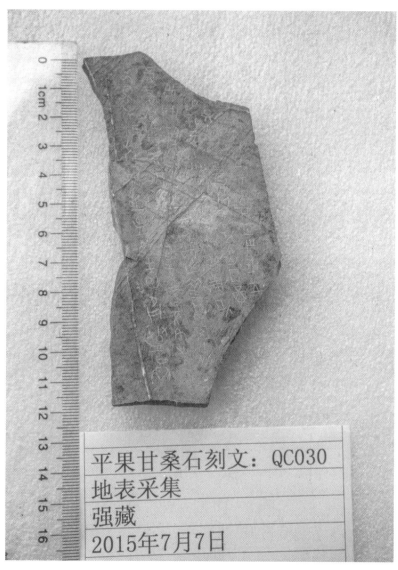

平果甘桑石刻文：QC030
地表采集
强藏
2015年7月7日

QC049

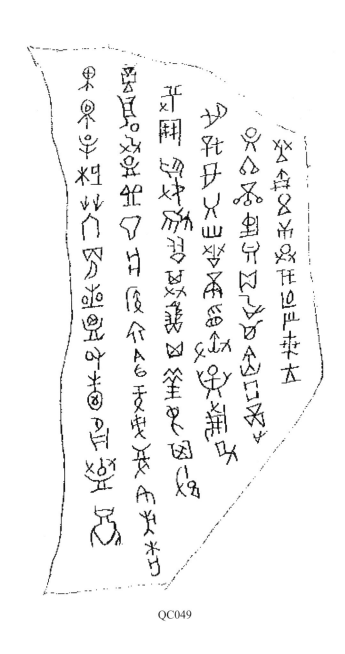

QC049

平果甘桑石刻文：QC031
地表采集
强藏
2015年7月7日

QC050

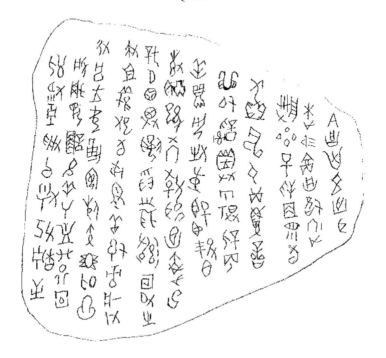

QC050

QC051

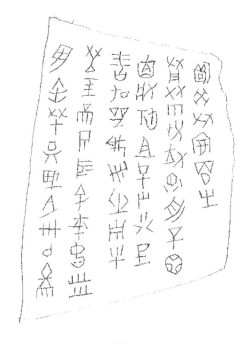

QC051

平果甘桑石刻文：QC033
地表采集
强藏
2015年7月7日

QC052

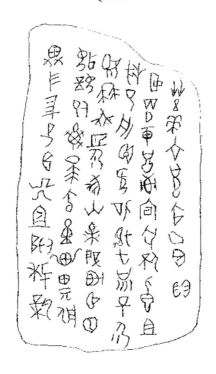

QC052

平果甘桑石刻文：QC034
地表采集
强藏
2015年7月7日

QC053

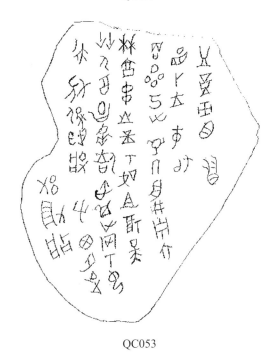

QC053

平果甘桑石刻文：QC035
地表采集
强藏
2015年7月7日

QC054

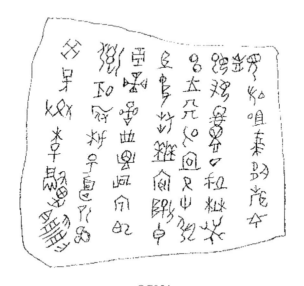

QC054

QC055

QC055

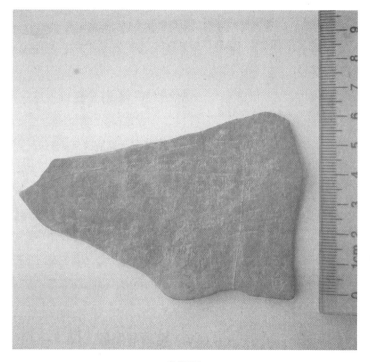

QC056

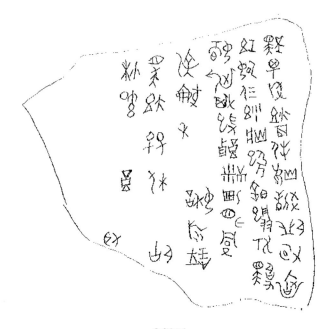

QC056

QC057

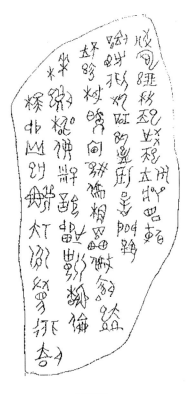

QC057

平果甘桑石刻文：QC039
地表采集
强藏
2015年7月7日

QC058

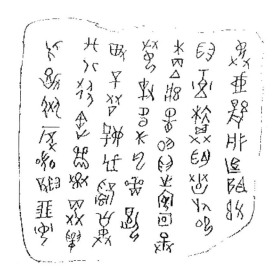

QC058

平果甘桑石刻文：QC040
地表采集
强藏
2015年7月7日

QC059

QC059

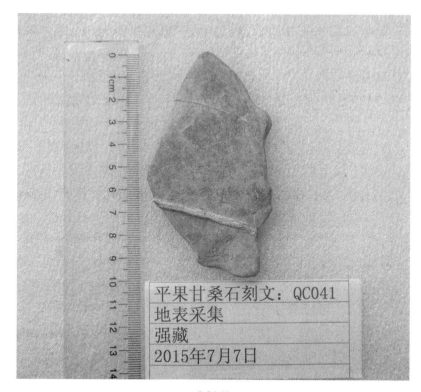

平果甘桑石刻文：QC041
地表采集
强藏
2015年7月7日

QC060

QC060

QC061

QC061

平果甘桑石刻文：QC043
地表采集
强藏
2015年7月7日

QC062

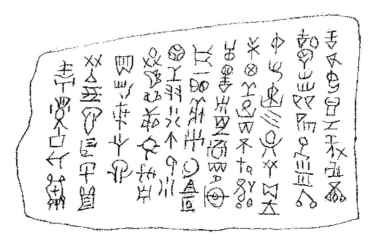

QC062

QC063

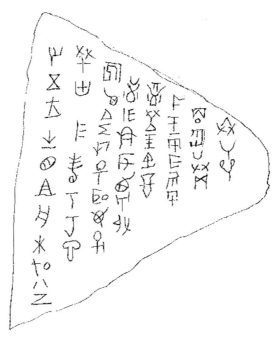

QC063

QC064

QC064

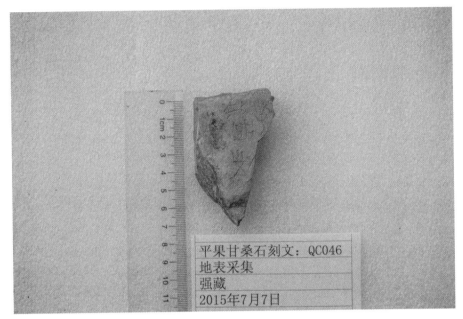

QC065

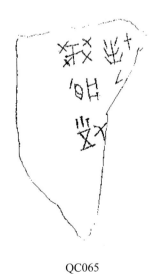

QC065

QC066

QC066

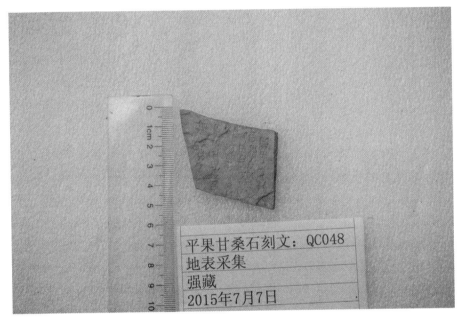

QC067

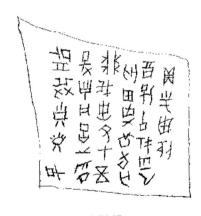

QC067

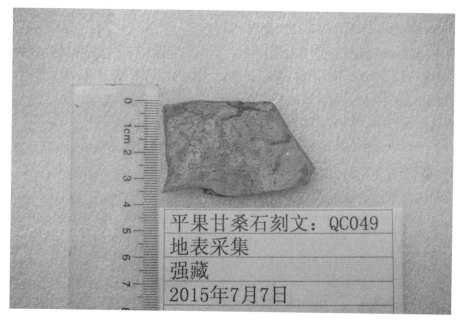

QC068

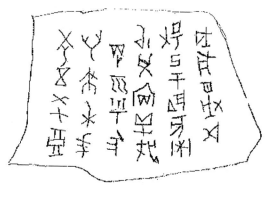

QC068

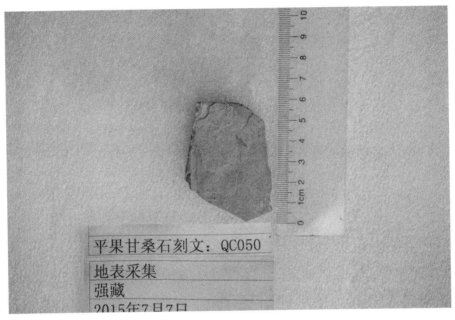

QC069

QC069

QC070

QC070

平果甘桑石刻文：QC052
地表采集
强藏
2015年7月7日

QC071

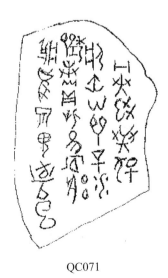

QC071

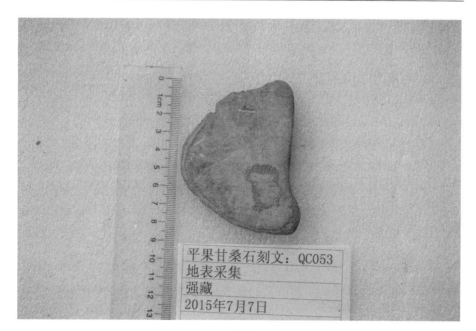

平果甘桑石刻文：QC053
地表采集
强藏
2015年7月7日

QC072

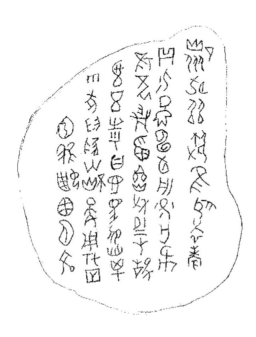

QC072

QC073

QC073

平果甘桑石刻文：QC055
地表采集
强藏
2015年7月7日

QC074

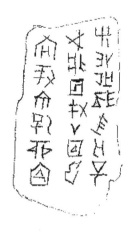

QC074

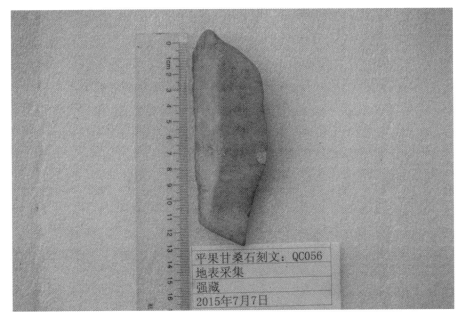

QC075

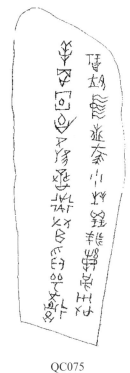

QC075

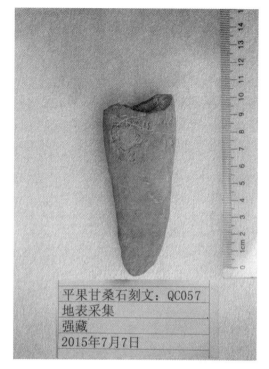

QC076（1）

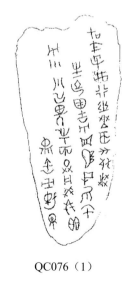

QC076（1）

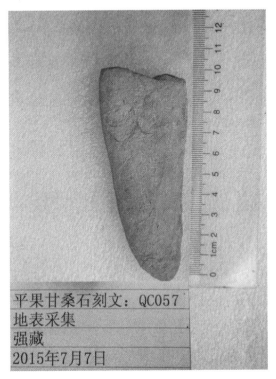

QC076（2）

QC076（2）

QC077

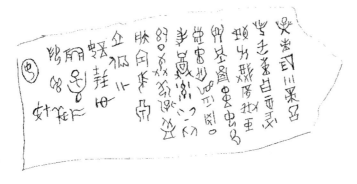

QC077

QC078

QC078

QC079（1）

QC079（1）

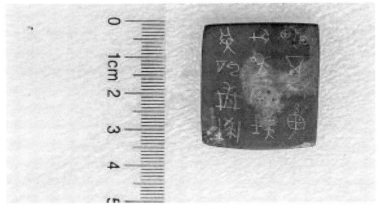

QC079（2）

QC079（2）

QC080（1）

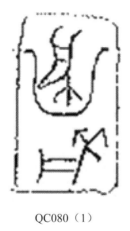

QC080（1）

QC080（2）

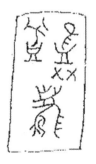

QC080（2）

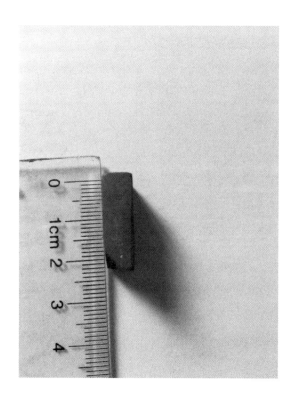

QC080（3）

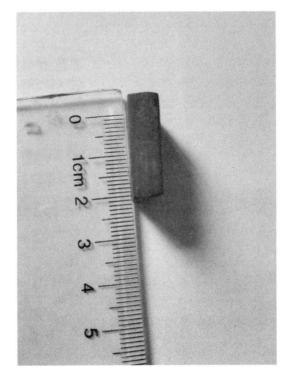

QC080（4）

QC080（4）

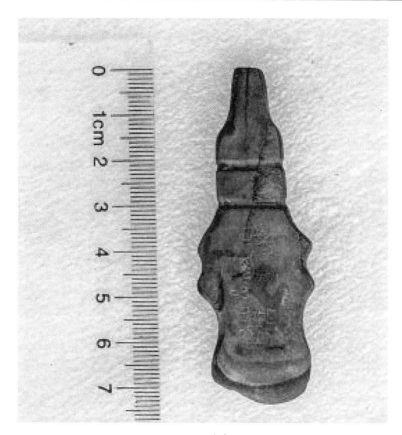

QC081（1）

QC081（1）

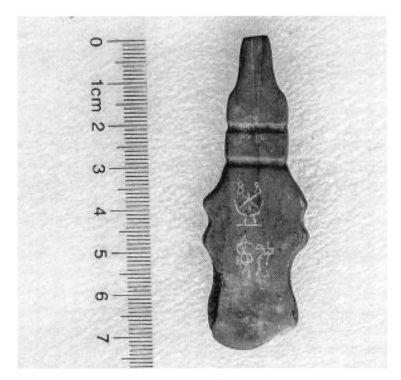

QC081（2）

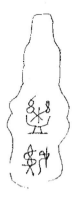

QC081（2）

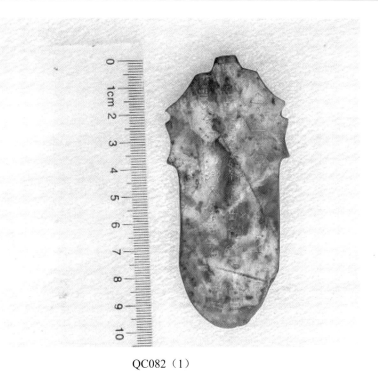

QC082（1）

QC082（1）

QC082（2）

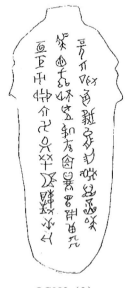

QC082（2）

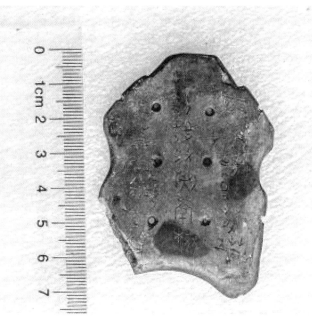

QC083

QC083

QC084（1）

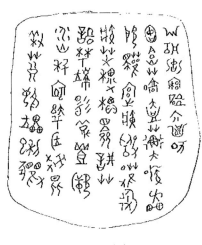

QC084（1）

QC084（2）

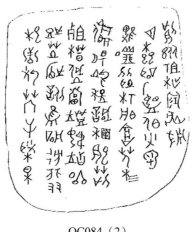

QC084（2）

QC085（1）

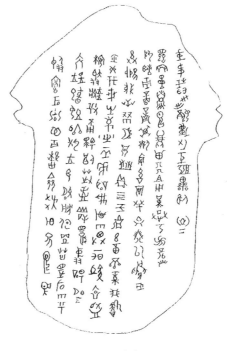

QC085（1）

QC085（2）

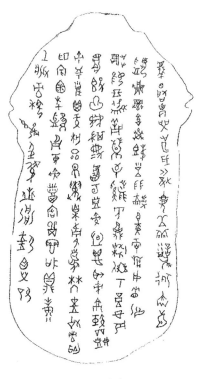

QC085（2）

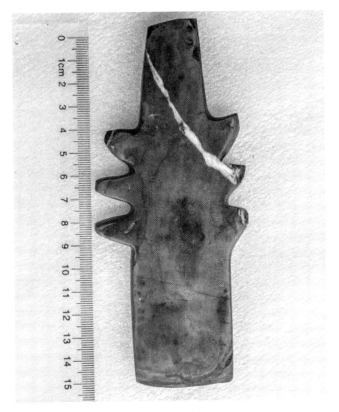

QC086（1）

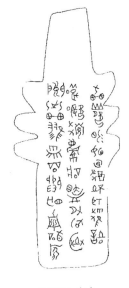

QC086（1）

QC086（2）

QC086（2）

QC087（1）

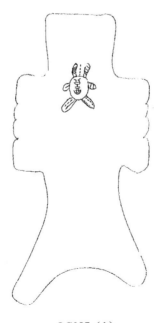

QC087（1）

QC087（2）

QC087（2）

QC088

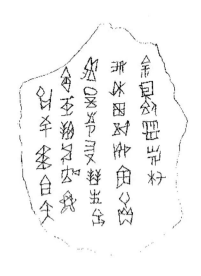

QC088

QC089

QC089

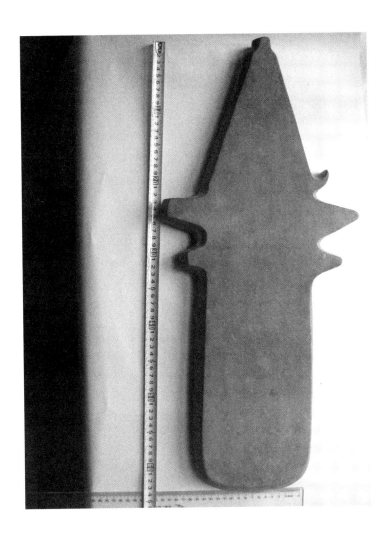

QC090

QC090

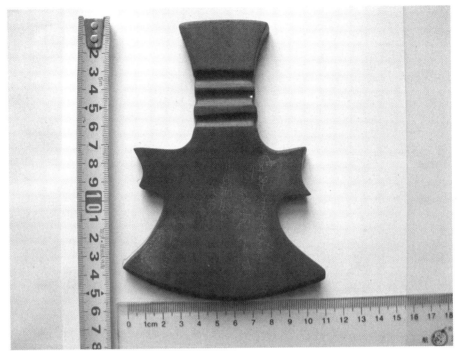

QC091（1）

QC091（1）

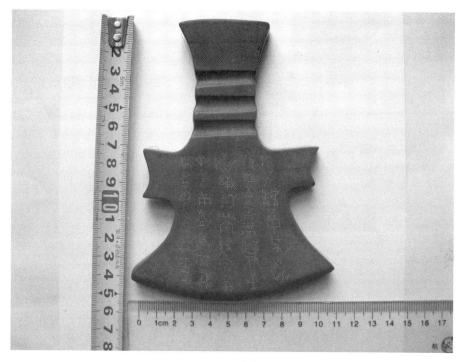

QC091（2）

QC091（2）

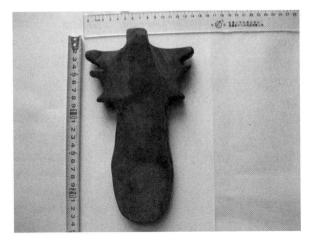

QC092

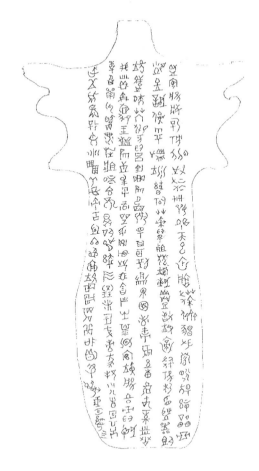

QC092

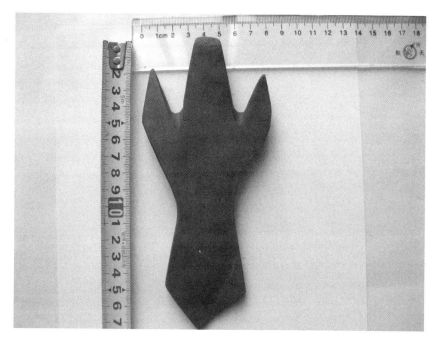

QC093

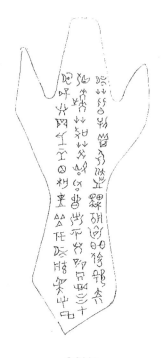

QC093

QC094

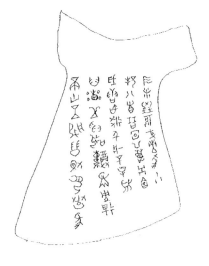

QC094

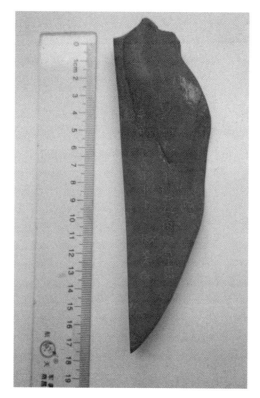

QC095

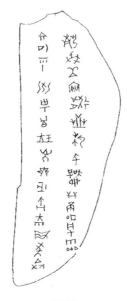

QC095

QC096

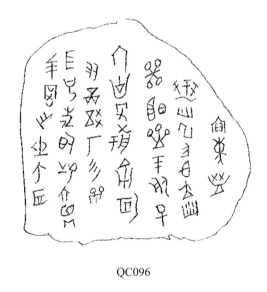

QC096

QC097

QC097

QC098

QC098

QC099

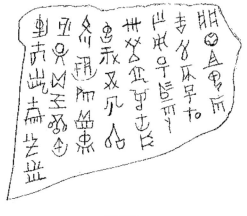

QC099

QC100

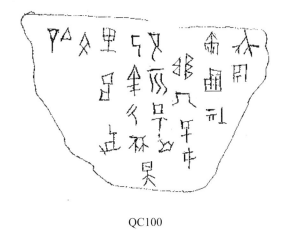

QC100

QC101

QC101

QC102

QC102

QC103

QC103

QC104

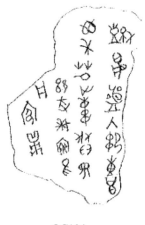

QC104

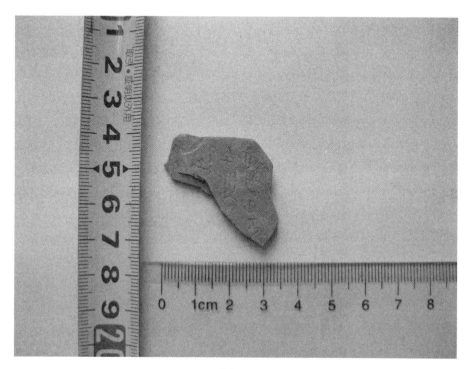

QC105

QC105

QC106

QC106

QC107

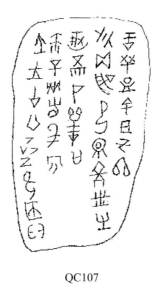

QC107

QC108

QC108

QC109

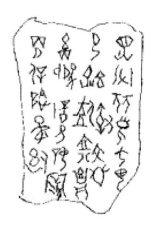

QC109

QC110

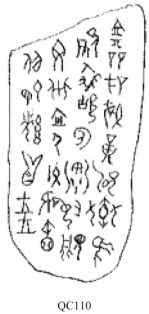

QC110

QC111

QC111

QC112

QC112

QC113

QC113

QC114

QC114

QC115

QC115

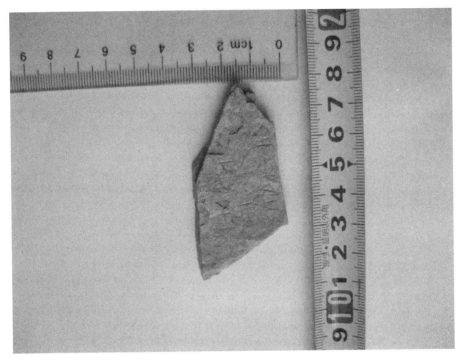

QC116

QC116

QC117

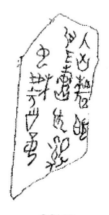

QC117

QC118

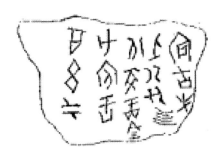

QC118

QC119

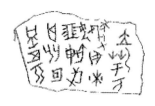

QC119

QC120

QC120

QC121

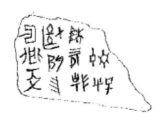

QC121

QC122

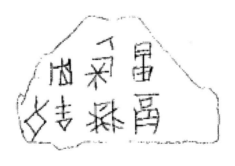

QC122

QC123

QC123

QC124

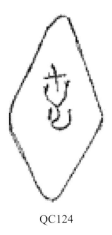

QC124

QC125

QC125

QC126

QC126

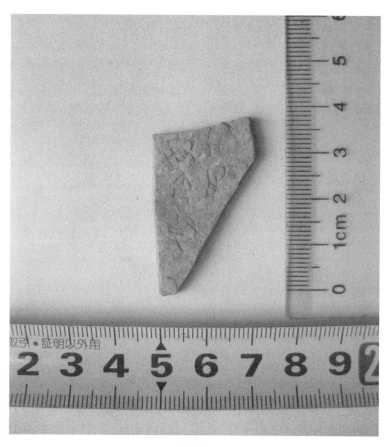

QC127

QC127

QC128

QC128

QC129

QC129

QC130

QC130

QC131

QC131

QC132

QC132

QC133

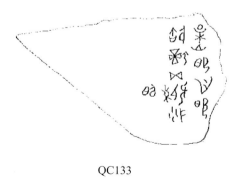

QC133

二、平果县博物馆收藏（未摹写）PB01 至 PB05

PB01

PB01

PB02

PB02

PB03

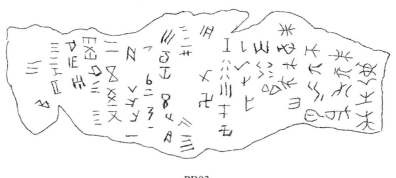

PB03

PB04

PB04

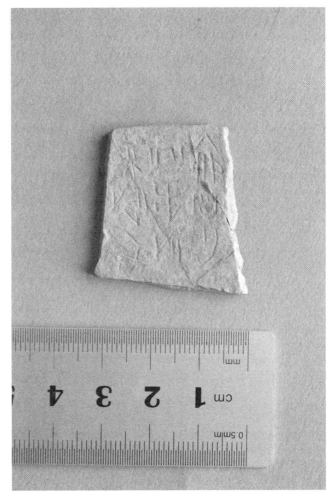

PB05

PB05

三、民间收藏 MJ01 至 MJ46

MJ01

MJ01

MJ02（1）

MJ02（1）

MJ02（2）

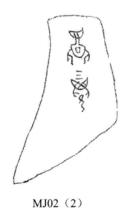

MJ02（2）

MJ03（1）

MJ03（1）

MJ03（2）

MJ03（2）

MJ03（3）　　　　MJ03（4）　　　　MJ03（5）　　　　MJ03（6）

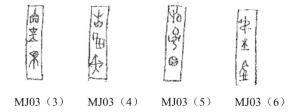

MJ03（3）　　MJ03（4）　　MJ03（5）　　MJ03（6）

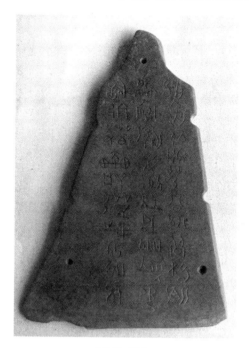

MJ04（1）

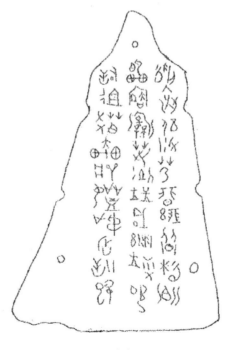

MJ04（1）

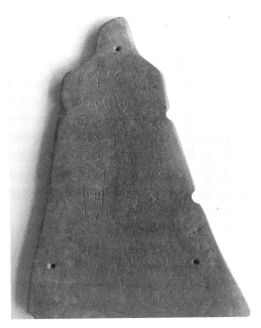

MJ04（2）

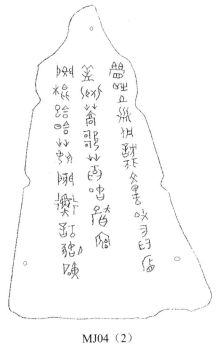

MJ04（2）

MJ05

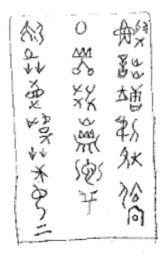

MJ05

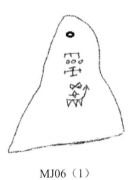

MJ06（1）　　　　　　　　MJ06（1）

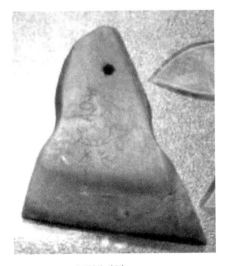

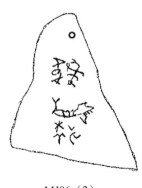

MJ06（2）　　　　　　　　MJ06（2）

MJ07（1）　　　　　　MJ07（1）

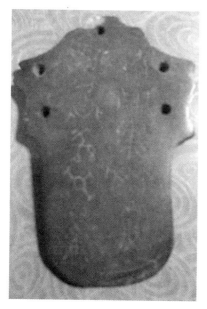

MJ07（2）　　　　　　MJ07（2）

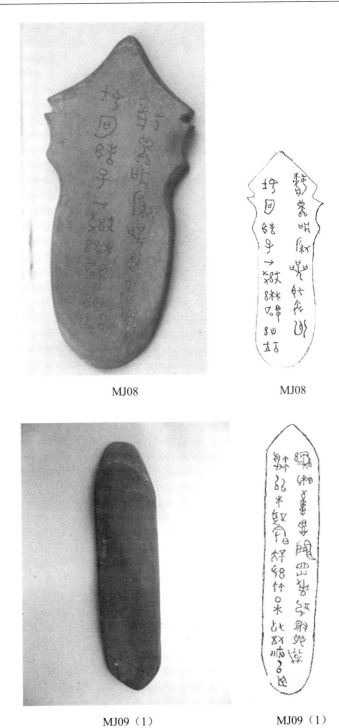

MJ08　　　　　　　　　　　　MJ08

MJ09（1）　　　　　　　　　　MJ09（1）

MJ09（2）　　　　　　　　MJ09（2）

MJ10（1）　　　　　　　　MJ10（1）

MJ10（2）

MJ10（2）

MJ11（1）

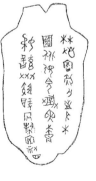

MJ11（1）

MJ11（2）　　　　　　　　　　　　MJ11（2）

MJ12（1）　　　　　　　　　　　　MJ12（1）

MJ12（2）　　　　　　　　　　MJ12（2）

MJ13（1）　　　　　　　　　　MJ13（1）

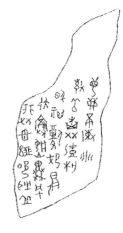

MJ13（2）　　　　　　MJ13（2）

MJ14（1）

MJ14（1）

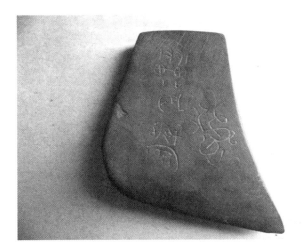

MJ14（2）

MJ14（2）

MJ15

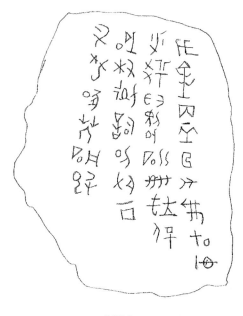

MJ15

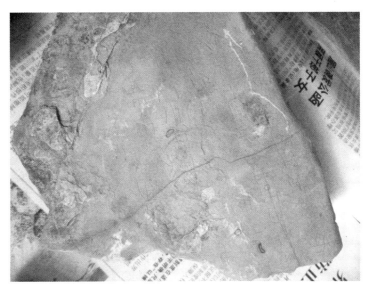

MJ16

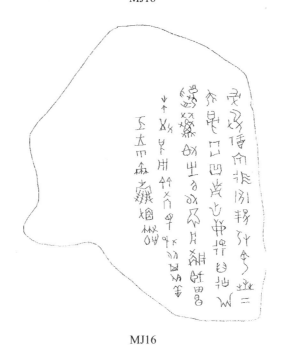

MJ16

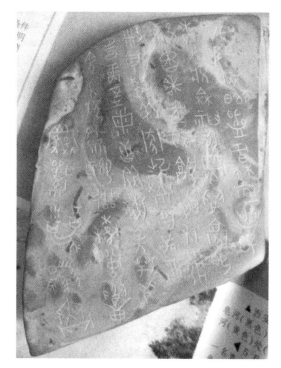

MJ17（1）

MJ17（1）

MJ17（2）

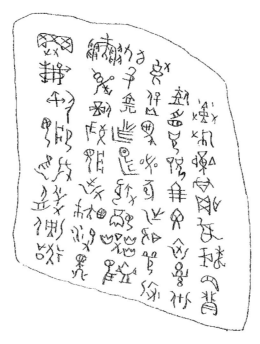

MJ17（2）

MJ18（1）

MJ18（1）

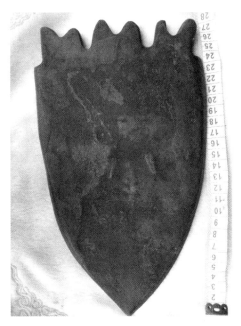

MJ18（2）

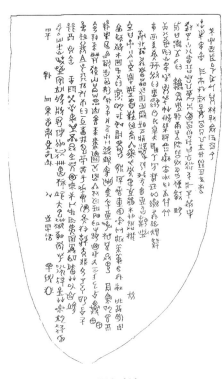

MJ18（2）

MJ19（1）

MJ19（1）

MJ19（2）

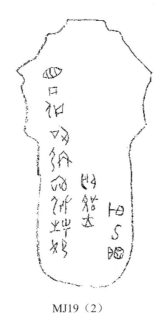

MJ19（2）

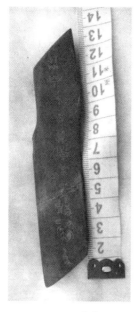 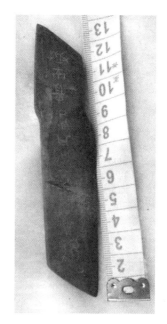

MJ20（1）　　　　　　　　　　MJ20（2）

MJ20（1）　　　　　　　　　　MJ20（2）

MJ21

MJ21

MJ22

MJ22

MJ23

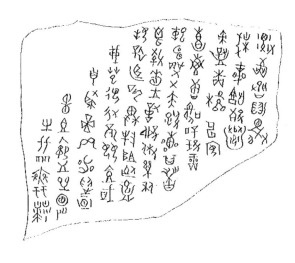

MJ23

MJ24

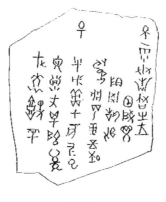

MJ24

MJ25

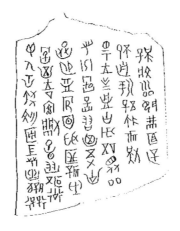

MJ25

MJ26

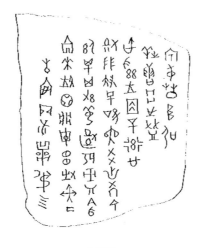

MJ26

MJ27

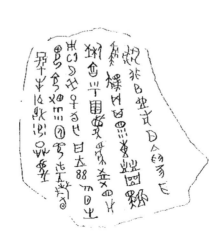

MJ27

MJ28

MJ28

MJ29

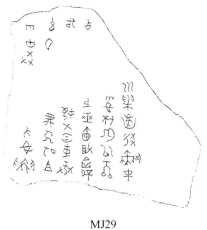

MJ29

MJ30

MJ30

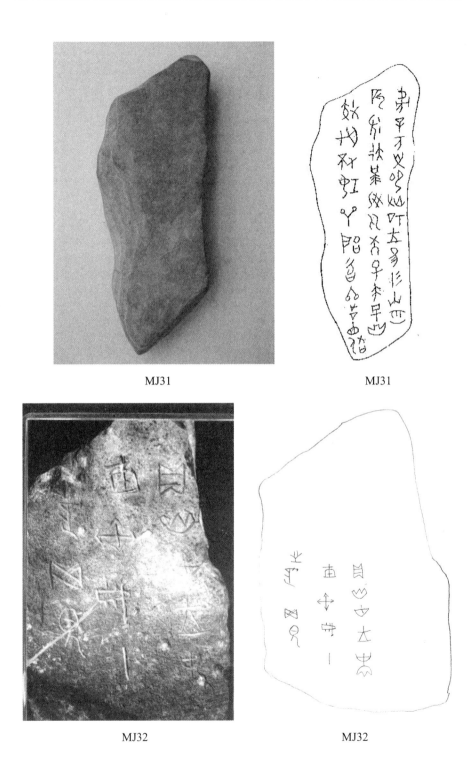

MJ31　　　　　　　　　　　　　　MJ31

MJ32　　　　　　　　　　　　　　MJ32

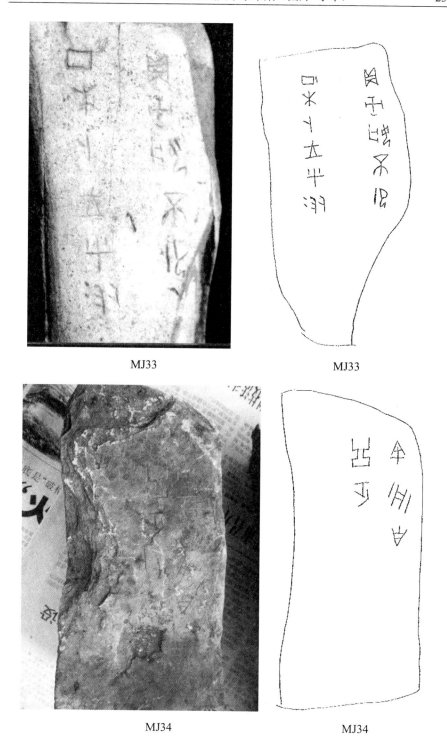

MJ33　　　　　　　　　　　　　　MJ33

MJ34　　　　　　　　　　　　　　MJ34

MJ35

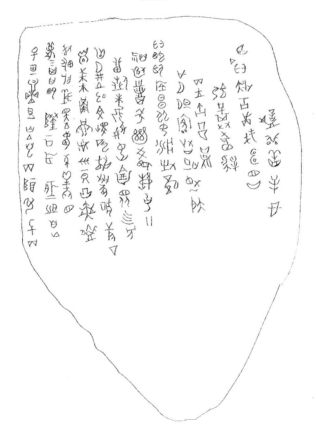

MJ35

MJ36

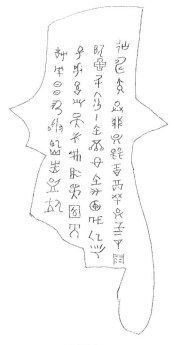

MJ36

MJ37

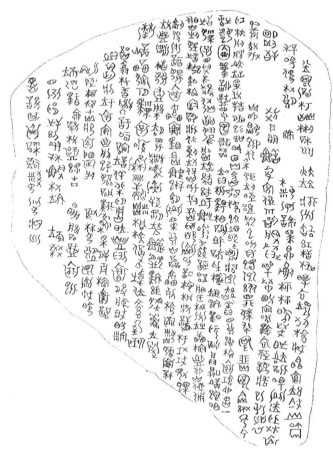

MJ37　长宽 190*160

MJ38　长宽 186*170

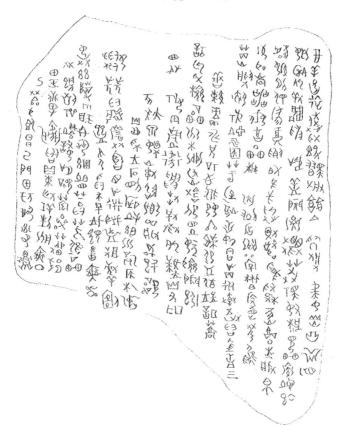

MJ38

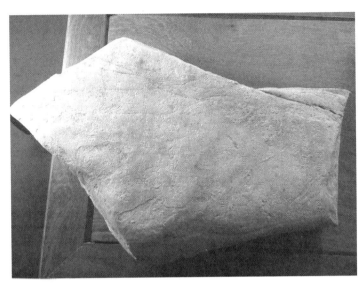

MJ39

MJ39

MJ40

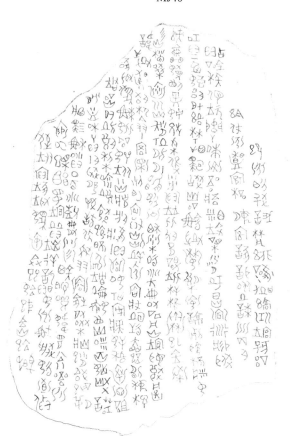

MJ40

MJ41

MJ41

MJ42

MJ42

MJ43（1）

MJ43（2）

MJ43（2）　　　　　　　　MJ43（1）　长宽 74*65

MJ44（1）

MJ44（2） 长宽厚 60*60*10

MJ44（3）

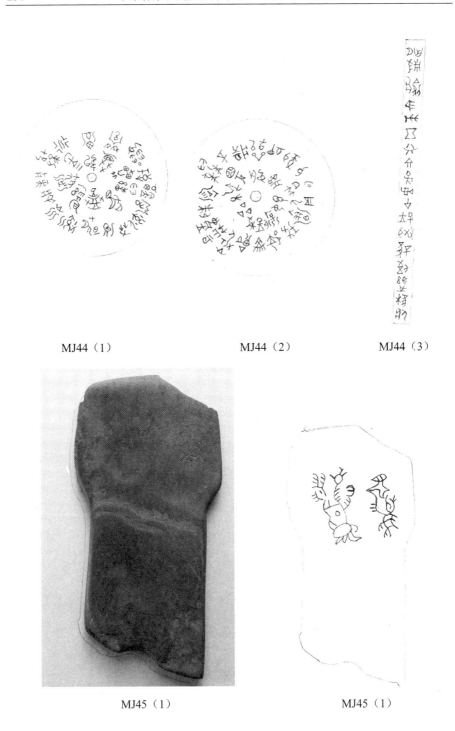

MJ44（1） MJ44（2） MJ44（3）

MJ45（1） MJ45（1）

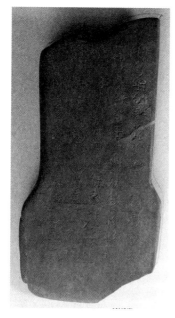

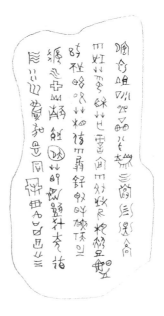

MJ45（2）　长宽 110*60　　　　　　MJ45（2）

MJ46　长宽 764*74　　　　　　　MJ46

四、隆安县博物馆收藏 **LB01** 至 **LB02**

LB01

LB01

LB02

LB02

第五部分
甘桑石刻文字符集

一、志强博物馆收藏 QC001 至 QC133

QC001（139字）

QC001—01—01

QC001—01—02

QC001—01—03

QC001—01—04

QC001—01—05

QC001—01—06

QC001—01—07

QC001—01—08

QC001—02—01

QC001—02—02

QC001—02—03

QC001—02—04

QC001—02—05

QC001—02—06

QC001—02—07

QC001—02—08

QC001—03—01

QC001—03—02

QC001—03—03

QC001—03—04

QC001—03—05

QC001—03—06

QC001—03—07

QC001—03—08

QC001—03—09

QC001—03—10

QC001—04—01

QC001—04—02

QC001—04—03

QC001—04—04

QC001—04—05

QC001—04—06

QC001—04—07

QC001—04—08

QC001—04—09

QC001—04—10

QC001—05—01

QC001—05—02

QC001—05—03

QC001—05—04

QC001—05—05

QC001—05—06

QC001—05—07

QC001—05—08

QC001—05—09

QC001—06—01

QC001—06—02

QC001—06—03

QC001—06—04

QC001—06—05

QC001—06—06

QC001—06—07

QC001—06—08

QC001—06—09

QC001—06—10

QC001—07—01

QC001—07—02

QC001—07—03

QC001—07—04

QC001—07—05

QC001—07—06

QC001—07—07

QC001—07—08

QC001—07—09

QC001—07—10

QC001—08—01

QC001—08—02

QC001—08—03

QC001—08—04

QC001—08—05

QC001—08—06

QC001—08—07

QC001—08—08

QC001—08—09

QC001—09—01

QC001—09—02

QC001—09—03

QC001—09—04

QC001—09—05

QC001—09—06

QC001—09—07

QC001—09—08

QC001—09—09

QC001—09—10

QC001—10—01

QC001—10—02

QC001—10—03

QC001—10—04

QC001—10—05

QC001—10—06

QC001—10—07

QC001—10—08

QC001—10—09

QC001—10—10

QC001—10—11

QC001—11—01

QC001—11—02

QC001—11—03

QC001—11—04

QC001—11—05

QC001—11—06

QC001—11—07

QC001—11—08

QC001—11—09

QC001—11—10

QC001—11—11

QC001—12—01

QC001—12—02

QC001—12—03

QC001—12—04

QC001—12—05

QC001—12—06

QC001—12—07

QC001—12—08

QC001—12—09

QC001—12—10

QC001—13—01

QC001—13—02

QC001—13—03

QC001—13—04

QC001—13—05

QC001—13—06

QC001—13—07

QC001—13—08

QC001—13—09

QC001—13—10

QC001—13—11

QC001—14—01

QC001—14—02

QC001—14—03

QC001—14—04

QC001—14—05

QC001—14—06

QC001—14—07

QC001—15—01

QC001—15—02

QC001—15—03

QC001—15—04

QC001—15—05

QC001—15—06

QC002（59字）

	QC002—01—01
	QC002—01—02
	QC002—01—03
	QC002—01—04
	QC002—01—05
	QC002—02—01
	QC002—02—02
	QC002—02—03
	QC002—02—04
	QC002—02—05
	QC002—02—06
	QC002—03—01
	QC002—03—02
	QC002—03—03
	QC002—03—04
	QC002—03—05
	QC002—03—06
	QC002—04—01
	QC002—04—02

	QC002—04—03
	QC002—04—04
	QC002—04—05
	QC002—04—06
	QC002—05—01
	QC002—05—02
	QC002—05—03
	QC002—05—04
	QC002—05—05
	QC002—05—06
	QC002—06—01
	QC002—06—02
	QC002—06—03
	QC002—06—04
	QC002—06—05
	QC002—06—06
	QC002—06—07
	QC002—07—01
	QC002—07—02

QC002—07—03

QC002—07—04

QC002—07—05

QC002—07—06

QC002—07—07

QC002—08—01

QC002—08—02

QC002—08—03

QC002—08—04

QC002—08—05

QC002—08—06

QC002—09—01

QC002—09—02

QC002—09—03

QC002—09—04

QC002—09—05

QC002—10—01

QC002—10—02

QC002—10—03

QC002—10—04

QC002—10—05

QC002—10—06

QC002—11—01

QC002—11—02

QC002—11—03

QC002—11—04

QC002—11—05

QC002—12—01

QC002—12—02

QC002—12—03

QC002—12—04

QC003（86 字）

QC003—01—01

QC003—01—02

QC003—01—03

QC003—01—04

QC003—01—05

QC003—01—06

QC003—01—07

QC003—01—08

QC003—01—09

QC003—01—10

QC003—01—11

QC003—01—12

QC003—01—13

QC003—01—14

QC003—01—15

QC003—02—01

QC003—02—02

QC003—02—03

QC003—02—04

QC003—02—05

QC003—02—06

QC003—02—07

QC003—02—08

QC003—02—09

QC003—02—10

QC003—02—11

QC003—03—01

QC003—03—02

QC003—03—03

QC003—03—04

QC003—03—05

QC003—03—06

QC003—03—07

QC003—03—08

QC003—03—09

QC003—03—10

QC003—04—01

QC003—04—02

QC003—04—03

QC003—04—04

QC003—04—05

QC003—04—06

QC003—05—01

QC003—05—02

QC003—05—03

QC003—05—04

QC003—05—05

QC003—05—06

QC003—05—07

QC003—05—08

QC003—05—09

QC003—05—10

QC003—06—01

QC003—06—02

QC003—06—03

QC003—06—04

QC003—06—05

QC003—06—06

QC003—06—07

QC003—06—08

QC003—06—09

QC003—06—10

QC003—06—11

QC003—07—01

QC003—07—02

QC003—07—03

QC003—07—04

QC003—07—05

QC003—07—06

QC003—07—07

QC003—07—08

QC003—07—09

QC003—08—01

QC003—08—02

QC003—08—03

QC003—08—04

QC003—08—05

QC003—08—06

QC003—08—07

QC003—08—08

QC003—08—09

QC003—09—01

QC003—09—02

QC003—09—03

QC003—09—04

QC003—09—05

QC004（67 字）

QC004—01—01

QC004—01—02

QC004—01—03

QC004—01—04

QC004—02—01

QC004—02—02

QC004—02—03

QC004—02—04

QC004—02—05

QC004—02—06

QC004—02—07

QC004—02—08

QC004—03—01

QC004—03—02

QC004—03—03

QC004—03—04

QC004—03—05

QC004—03—06

QC004—03—07

QC004—03—08

QC004—03—09

QC004—03—10

QC004—03—11

QC004—03—12

QC004—03—13

QC004—04—01

QC004—04—02

QC004—04—03

QC004—04—04

QC004—04—05

QC004—04—06

QC004—04—07

QC004—04—08

QC004—04—09

QC004—04—10

QC004—04—11

QC004—04—12

QC004—05—01

QC004—05—02

QC004—05—03

QC004—05—04

QC004—05—05

QC004—05—06

QC004—05—07

QC004—05—08

QC004—05—09

QC004—05—10

QC004—05—11

QC004—05—12

QC004—05—13

QC004—05—14

QC004—05—15

QC004—06—01

QC004—06—02

QC004—06—03

QC004—06—04

QC004—06—05

QC004—06—06

QC004—06—07

QC004—06—08

QC004—06—09

QC004—06—10

QC004—06—11

QC004—06—12

QC004—06—13

QC004—06—14

QC004—06—15

QC005（156 字）

QC005—01—01

QC005—01—02

QC005—01—03

QC005—01—04

QC005—01—05

QC005—01—06

QC005—01—07

QC005—01—08

QC005—01—09

QC005—01—10

QC005—01—11

QC005—01—12

QC005—01—13

QC005—01—14

QC005—01—15

QC005—02—01

QC005—02—02

QC005—02—03

QC005—02—04

QC005—02—05

QC005—02—06

QC005—02—07

QC005—02—08

QC005—02—09

QC005—02—10

QC005—02—11

QC005—02—12

QC005—02—13

QC005—02—14

QC005—02—15

QC005—03—01

QC005—03—02

QC005—03—03

QC005—03—04

QC005—03—05

QC005—03—06

QC005—03—07

QC005—03—08

QC005—03—09

QC005—03—10

QC005—03—11

QC005—03—12

QC005—03—13

QC005—03—14

QC005—04—01

QC005—04—02

QC005—04—03

QC005—04—04

QC005—04—05

QC005—04—06

QC005—04—07

QC005—04—08

QC005—04—09

QC005—04—10

QC005—04—11

QC005—04—12

QC005—04—13

QC005—04—14

	QC005—04—15
	QC005—05—01
	QC005—05—02
	QC005—05—03
	QC005—05—04
	QC005—05—05
	QC005—05—06
	QC005—05—07
	QC005—05—08
	QC005—05—09
	QC005—05—10
	QC005—05—11
	QC005—06—01
	QC005—06—02
	QC005—06—03
	QC005—06—04
	QC005—06—05
	QC005—06—06
	QC005—06—07
	QC005—06—08
	QC005—06—09
	QC005—06—10

	QC005—06—11
	QC005—06—12
	QC005—06—13
	QC005—07—01
	QC005—07—02
	QC005—07—03
	QC005—07—04
	QC005—07—05
	QC005—07—06
	QC005—07—07
	QC005—07—08
	QC005—07—09
	QC005—07—10
	QC005—07—11
	QC005—07—12
	QC005—08—01
	QC005—08—02
	QC005—08—03
	QC005—08—04
	QC005—08—05
	QC005—09—01

QC005—09—02

QC005—09—03

QC005—09—04

QC005—09—05

QC005—09—06

QC005—09—07

QC005—09—08

QC005—09—09

QC005—09—10

QC005—09—11

QC005—09—12

QC005—09—13

QC005—09—14

QC005—09—15

QC005—09—16

QC005—10—01

QC005—10—02

QC005—10—03

QC005—10—04

QC005—10—05

QC005—10—06

QC005—10—07

QC005—10—08

QC005—10—09

QC005—10—10

QC005—10—11

QC005—10—12

QC005—10—13

QC005—10—14

QC005—10—15

QC005—11—01

QC005—11—02

QC005—11—03

QC005—11—04

QC005—11—05

QC005—11—06

QC005—11—07

QC005—11—08

QC005—11—09

QC005—11—10

QC005—11—11

QC005—11—12

QC005—11—13

QC005—12—01

QC005—12—02

QC005—12—03

QC005—12—04

QC005—12—05

QC005—12—06

QC005—12—07

QC005—12—08

QC005—12—09

QC005—12—10

QC005—12—11

QC005—12—12

QC006（10 字）

QC006—01—01

QC006—02—01

QC006—02—02

QC006—02—03

QC006—03—01

QC006—03—02

QC006—04—01

QC006—04—02

QC006—04—03

QC006—04—04

QC007（73 字）

QC007—01—01

QC007—01—02

QC007—01—03

QC007—01—04

QC007—01—05

QC007—01—06

QC007—02—01

QC007—02—02

QC007—02—03

QC007—02—04

QC007—02—05

QC007—02—06

QC007—02—07

QC007—02—08

QC007—02—09

QC007—02—10

QC007—02—11

QC007—02—12

QC007—03—01

QC007—03—02

QC007—03—03

QC007—03—04

QC007—03—05

QC007—03—06

QC007—03—07

QC007—03—08

QC007—03—09

QC007—03—10

QC007—03—11

QC007—03—12

QC007—03—13

QC007—03—14

QC007—04—01

QC007—04—02

QC007—04—03

QC007—04—04

QC007—04—05

QC007—04—06

QC007—04—07

QC007—04—08

QC007—04—09

QC007—04—10

QC007—04—11

QC007—04—12

QC007—05—01

QC007—05—02

QC007—05—03

QC007—05—04

QC007—05—05

QC007—05—06

QC007—05—07

QC007—05—08

QC007—05—09

QC007—05—10

QC007—05—11

QC007—06—01

QC007—06—02

QC007—06—03

QC007—06—04

QC007—06—05

QC007—06—06

QC007—06—07

QC007—06—08

QC007—06—09

QC007—07—01

QC007—07—02

QC007—07—03

QC007—07—04

QC007—07—05

QC007—07—06

QC007—07—07

QC007—07—08

QC007—08—01

QC008（4 字）

QC008（1）—01—01

QC008（1）—01—02

QC008（2）—01—01

QC008（2）—01—02

QC009（89 字）

QC009—01—01

QC009—01—02

QC009—01—03

QC009—01—04

QC009—01—05

QC009—01—06

QC009—01—07
QC009—01—08
QC009—01—09
QC009—01—10
QC009—01—11
QC009—01—12
QC009—02—01
QC009—02—02
QC009—02—03
QC009—02—04
QC009—02—05
QC009—02—06
QC009—02—07
QC009—02—08
QC009—02—09
QC009—02—10
QC009—02—11
QC009—03—01
QC009—03—02
QC009—03—03
QC009—03—04
QC009—03—05
QC009—03—06
QC009—03—07
QC009—03—08
QC009—03—09
QC009—03—10
QC009—03—11
QC009—04—01
QC009—04—02
QC009—04—03
QC009—04—04
QC009—04—05
QC009—04—06
QC009—04—07
QC009—04—08
QC009—04—09
QC009—04—10
QC009—04—11
QC009—04—12
QC009—05—01
QC009—05—02
QC009—05—03
QC009—05—04
QC009—05—05
QC009—05—06
QC009—05—07
QC009—05—08
QC009—05—09
QC009—05—10
QC009—05—11
QC009—06—01
QC009—06—02
QC009—06—03
QC009—06—04
QC009—06—05

QC009—06—06
QC009—06—07
QC009—06—08
QC009—06—09
QC009—07—01
QC009—07—02
QC009—07—03
QC009—07—04
QC009—07—05
QC009—07—06
QC009—07—07
QC009—07—08
QC009—07—09
QC009—08—01
QC009—08—02
QC009—08—03
QC009—08—04
QC009—08—05
QC009—08—06
QC009—08—07
QC009—08—08
QC009—09—01
QC009—09—02
QC009—09—03
QC009—09—04
QC009—09—05
QC009—09—06

QC010（82 字）

QC010—01—01
QC010—01—02
QC010—01—03
QC010—01—04
QC010—01—05
QC010—01—06
QC010—01—07
QC010—01—08
QC010—01—09
QC010—01—10
QC010—01—11
QC010—01—12
QC010—01—13
QC010—02—01
QC010—02—02
QC010—02—03
QC010—02—04
QC010—02—05
QC010—02—06
QC010—02—07
QC010—02—08
QC010—02—09
QC010—02—10
QC010—02—11

	QC010—02—12
	QC010—02—13
	QC010—02—14
	QC010—02—15
	QC010—02—16
	QC010—03—01
	QC010—03—02
	QC010—03—03
	QC010—03—04
	QC010—03—05
	QC010—03—06
	QC010—03—07
	QC010—02—08
	QC010—03—09
	QC010—03—10
	QC010—03—11
	QC010—03—12
	QC010—03—13
	QC010—03—14
	QC010—03—15
	QC010—03—16
	QC010—04—01
	QC010—04—02
	QC010—04—03
	QC010—04—04
	QC010—04—05
	QC010—04—06
	QC010—04—07

	QC010—04—08
	QC010—04—09
	QC010—04—10
	QC010—04—11
	QC010—04—12
	QC010—04—13
	QC010—04—14
	QC010—04—15
	QC010—04—16
	QC010—04—17
	QC010—04—18
	QC010—05—01
	QC010—05—02
	QC010—05—03
	QC010—05—04
	QC010—05—05
	QC010—05—06
	QC010—05—07
	QC010—05—08
	QC010—05—09
	QC010—05—10
	QC010—05—11
	QC010—05—12
	QC010—05—13
	QC010—05—14
	QC010—05—15
	QC010—05—16
	QC010—05—17

QC010—05—18

QC010—05—19

QC011（185 字）

QC011（1）—01—01

QC011（1）—01—02

QC011（1）—01—03

QC011（1）—01—04

QC011（1）—01—05

QC011（1）—01—06

QC011（1）—01—07

QC011（1）—01—08

QC011（1）—01—09

QC011（1）—01—10

QC011（1）—01—11

QC011（1）—01—12

QC011（1）—01—13

QC011（1）—01—14

QC011（1）—02—01

QC011（1）—02—02

QC011（1）—02—03

QC011（1）—02—04

QC011（1）—02—05

QC011（1）—02—06

QC011（1）—02—07

QC011（1）—02—08

QC011（1）—02—09

QC011（1）—02—10

QC011（1）—02—11

QC011（1）—02—12

QC011（1）—02—13

QC011（1）—02—14

QC011（1）—02—15

QC011（1）—02—16

QC011（1）—03—01

QC011（1）—03—02

QC011（1）—03—03

QC011（1）—03—04

QC011（1）—03—05

QC011（1）—03—06

QC011（1）—03—07

QC011（1）—03—08

QC011（1）—03—09

QC011（1）—03—10

QC011（1）—03—11

QC011（1）—03—12

QC011（1）—03—13

QC011（1）—03—14

QC011（1）—03—15

QC011（1）—03—16

QC011（1）—03—17

QC011（1）—03—18

QC011（1）—04—01

QC011（1）—04—02

QC011（1）—04—03

QC011（1）—04—04

QC011（1）—04—05

QC011（1）—04—06

QC011（1）—04—07

QC011（1）—04—08

QC011（1）—04—09

QC011（1）—04—10

QC011（1）—04—11

QC011（1）—04—12

QC011（1）—04—13

QC011（1）—04—14

QC011（1）—04—15

QC011（1）—04—16

QC011（1）—04—17

QC011（1）—04—18

QC011（1）—04—19

QC011（1）—04—20

QC011（1）—04—21

QC011（1）—04—22

QC011（1）—05—01

QC011（1）—05—02

QC011（1）—05—03

QC011（1）—05—04

QC011（1）—05—05

QC011（1）—05—06

QC011（1）—05—07

QC011（1）—05—08

QC011（1）—05—09

QC011（1）—05—10

QC011（1）—05—11

QC011（1）—05—12

QC011（1）—05—13

QC011（1）—05—14

QC011（1）—05—15

QC011（1）—05—16

QC011（1）—05—17

QC011（1）—05—18

QC011（2）—01—01

QC011（2）—01—02

QC011（2）—01—03

QC011（2）—01—04

QC011（2）—01—05

QC011（2）—01—06

QC011（2）—01—07

QC011（2）—01—08

QC011（2）—01—09

QC011（2）—01—10

QC011（2）—01—11

QC011（2）—01—12

QC011（2）—01—13
QC011（2）—01—14
QC011（2）—01—15
QC011（2）—01—16

QC011（2）—01—17
QC011（2）—01—18
QC011（2）—01—19
QC011（2）—01—20
QC011（2）—02—01
QC011（2）—02—02
QC011（2）—02—03

QC011（2）—02—04
QC011（2）—02—05
QC011（2）—02—06
QC011（2）—02—07
QC011（2）—02—08

QC011（2）—02—09
QC011（2）—02—10
QC011（2）—02—11
QC011（2）—02—12
QC011（2）—02—13
QC011（2）—02—14

QC011（2）—02—15
QC011（2）—02—16
QC011（2）—02—17
QC011（2）—02—18
QC011（2）—02—19
QC011（2）—03—01

QC011（2）—03—02
QC011（2）—03—03
QC011（2）—03—04

QC011（2）—03—05
QC011（2）—03—06

QC011（2）—03—07
QC011（2）—03—08
QC011（2）—03—09

QC011（2）—03—10

QC011（2）—03—11
QC011（2）—03—12
QC011（2）—03—13

QC011（2）—03—14
QC011（2）—03—15
QC011（2）—03—16

QC011（2）—03—17
QC011（2）—03—18
QC011（2）—03—19

QC011（2）—03—20

QC011（2）—04—01

QC011（2）—04—02

QC011（2）—04—03

QC011（2）—04—04

QC011（2）—04—05

QC011（2）—04—06

QC011（2）—04—07

	QC011（2）—04—08
	QC011（2）—04—09
	QC011（2）—04—10
	QC011（2）—04—11
	QC011（2）—04—12
	QC011（2）—04—13
	QC011（2）—04—14
	QC011（2）—04—15
	QC011（2）—04—16
	QC011（2）—04—17
	QC011（2）—04—18
	QC011（2）—04—19
	QC011（2）—04—20
	QC011（2）—04—21
	QC011（2）—05—01
	QC011（2）—05—02
	QC011（2）—05—03
	QC011（2）—05—04
	QC011（2）—05—05
	QC011（2）—05—06
	QC011（2）—05—07
	QC011（2）—05—08
	QC011（2）—05—09
	QC011（2）—05—10
	QC011（2）—05—11
	QC011（2）—05—12
	QC011（2）—05—13

	QC011（2）—05—14
	QC011（2）—05—15
	QC011（2）—05—16
	QC011（2）—05—17
	QC011（2）—05—18

QC012（203 字）

	QC012（1）—01—01
	QC012（1）—01—02
	QC012（1）—01—03
	QC012（1）—01—04
	QC012（1）—01—05
	QC012（1）—01—06
	QC012（1）—01—07
	QC012（1）—01—08
	QC012（1）—01—09
	QC012（1）—01—10
	QC012（1）—01—11
	QC012（1）—01—12
	QC012（1）—01—13
	QC012（1）—01—14
	QC012（1）—01—15
	QC012（1）—01—16
	QC012（1）—01—17
	QC012（1）—01—18
	QC012（1）—01—19
	QC012（1）—02—01
	QC012（1）—02—02
	QC012（1）—02—03
	QC012（1）—02—04

QC012（1）—02—05
QC012（1）—02—06
QC012（1）—02—07
QC012（1）—02—08
QC012（1）—02—09
QC012（1）—02—10
QC012（1）—02—11
QC012（1）—02—12
QC012（1）—02—13
QC012（1）—02—14
QC012（1）—02—15
QC012（1）—02—16
QC012（1）—02—17
QC012（1）—02—18
QC012（1）—02—19
QC012（1）—02—20
QC012（1）—03—01
QC012（1）—03—02
QC012（1）—03—03
QC012（1）—03—04
QC012（1）—03—05
QC012（1）—03—06
QC012（1）—03—07
QC012（1）—03—08
QC012（1）—03—09
QC012（1）—03—10
QC012（1）—03—11
QC012（1）—03—12

QC012（1）—03—13
QC012（1）—03—14
QC012（1）—03—15
QC012（1）—03—16
QC012（1）—03—17
QC012（1）—03—18
QC012（1）—03—19
QC012（1）—04—01
QC012（1）—04—02
QC012（1）—04—03
QC012（1）—04—04
QC012（1）—04—05
QC012（1）—04—06
QC012（1）—04—07
QC012（1）—04—08
QC012（1）—04—09
QC012（1）—04—10
QC012（1）—04—11
QC012（1）—04—12
QC012（1）—04—13
QC012（1）—04—14
QC012（1）—04—15
QC012（1）—04—16
QC012（1）—04—17
QC012（1）—04—18
QC012（1）—04—19
QC012（1）—05—01
QC012（1）—05—02

QC012（1）—05—03

QC012（1）—05—04

QC012（1）—05—05

QC012（1）—05—06

QC012（1）—05—07

QC012（1）—05—08

QC012（1）—05—09

QC012（1）—05—10

QC012（1）—05—11

QC012（1）—05—12

QC012（1）—05—13

QC012（1）—05—14

QC012（1）—05—15

QC012（1）—05—16

QC012（1）—05—17

QC012（1）—05—18

QC012（1）—06—01

QC012（1）—06—02

QC012（1）—06—03

QC012（1）—06—04

QC012（1）—06—05

QC012（1）—06—06

QC012（1）—06—07

QC012（1）—06—08

QC012（1）—06—09

QC012（1）—06—10

QC012（1）—06—11

QC012（1）—06—12

QC012（1）—06—13

QC012（1）—06—14

QC012（1）—06—15

QC012（1）—06—16

QC012（1）—06—17

QC012（1）—06—18

QC012（2）—01—01

QC012（2）—01—02

QC012（2）—01—03

QC012（2）—01—04

QC012（2）—01—05

QC012（2）—01—06

QC012（2）—01—07

QC012（2）—01—08

QC012（2）—01—09

QC012（2）—01—10

QC012（2）—01—11

QC012（2）—01—12

QC012（2）—01—13

QC012（2）—01—14

QC012（2）—01—15

QC012（2）—01—16

QC012（2）—01—17

	QC012（2）—02—01
	QC012（2）—02—02
	QC012（2）—02—03
	QC012（2）—02—04
	QC012（2）—02—05
	QC012（2）—02—06
	QC012（2）—02—07
	QC012（2）—02—08
	QC012（2）—02—09
	QC012（2）—02—10
	QC012（2）—02—11
	QC012（2）—02—12
	QC012（2）—02—13
	QC012（2）—02—14
	QC012（2）—02—15
	QC012（2）—02—16
	QC012（2）—02—17
	QC012（2）—03—01
	QC012（2）—03—02
	QC012（2）—03—03
	QC012（2）—03—04
	QC012（2）—03—05
	QC012（2）—03—06
	QC012（2）—03—07
	QC012（2）—03—08
	QC012（2）—03—09
	QC012（2）—03—10

	QC012（2）—03—11
	QC012（2）—03—12
	QC012（2）—03—13
	QC012（2）—03—14
	QC012（2）—03—15
	QC012（2）—03—16
	QC012（2）—03—17
	QC012（2）—03—18
	QC012（2）—04—01
	QC012（2）—04—02
	QC012（2）—04—03
	QC012（2）—04—04
	QC012（2）—04—05
	QC012（2）—04—06
	QC012（2）—04—07
	QC012（2）—04—08
	QC012（2）—04—09
	QC012（2）—04—10
	QC012（2）—04—11
	QC012（2）—04—12
	QC012（2）—04—13
	QC012（2）—04—14
	QC012（2）—04—15
	QC012（2）—04—16
	QC012（2）—04—17
	QC012（2）—04—18
	QC012（2）—04—19
	QC012（2）—04—20
	QC012（2）—04—21

QC012（2）—05—01
QC012（2）—05—02
QC012（2）—05—03

QC012（2）—05—04
QC012（2）—05—05

QC012（2）—05—06

QC012（2）—05—07

QC012（2）—05—08
QC012（2）—05—09
QC012（2）—05—10

QC012（2）—05—11
QC012（2）—05—12

QC012（2）—05—13
QC012（2）—05—14

QC012（2）—05—15

QC012（2）—05—16
QC012（2）—05—17

QC013（74字）

QC013（1）—01—01
QC013（1）—01—02
QC013（1）—01—03
QC013（1）—01—04
QC013（1）—01—05
QC013（1）—01—06
QC013（1）—01—07

QC013（1）—01—08
QC013（1）—01—09

QC013（1）—01—10

QC013（1）—02—01

QC013（1）—02—02

QC013（1）—02—03

QC013（1）—02—04

QC013（1）—02—05

QC013（1）—02—06

QC013（1）—02—07
QC013（1）—02—08
QC013（1）—02—09

QC013（1）—02—10

QC013（1）—02—11
QC013（1）—02—12

QC013（1）—03—01
QC013（1）—03—02

QC013（1）—03—03

QC013（1）—03—04

QC013（1）—03—05

QC013（1）—03—06

QC013（1）—03—07

QC013（1）—03—08
QC013（1）—03—09

QC013（1）—03—10
QC013（1）—03—11

QC013（1）—03—12

QC013（1）—03—13

QC013（2）—01—01

QC013（2）—01—02

QC013（2）—01—03

QC013（2）—01—04

QC013（2）—01—05

QC013（2）—01—06

QC013（2）—01—07

QC013（2）—01—08

QC013（2）—01—09

QC013（2）—01—10

QC013（2）—01—11

QC013（2）—01—12

QC013（2）—01—13

QC013（2）—01—14

QC013（2）—02—01

QC013（2）—02—02

QC013（2）—02—03

QC013（2）—02—04

QC013（2）—02—05

QC013（2）—02—06

QC013（2）—02—07

QC013（2）—02—08

QC013（2）—02—09

QC013（2）—02—10

QC013（2）—02—11

QC013（2）—02—12

QC013（2）—02—13

QC013（2）—02—14

QC013（2）—03—01

QC013（2）—03—02

QC013（2）—03—03

QC013（2）—03—04

QC013（2）—03—05

QC013（2）—03—06

QC013（2）—03—07

QC013（2）—03—08

QC013（2）—03—09

QC013（2）—03—10

QC013（2）—03—11

QC014（26字）

QC014—01—01

QC014—01—02

QC014—01—03

QC014—01—04

QC014—01—05

QC014—01—06

QC014—01—07

QC014—01—08

QC014—01—09

QC014—02—01

QC014—02—02

QC014—02—03

QC014—02—04

QC014—02—05

QC014—02—06

QC014—02—07

QC014—02—08
QC014—02—09

QC014—03—01
QC014—03—02

QC014—03—03
QC014—03—04
QC014—03—05
QC014—03—06
QC014—03—07
QC014—03—08

QC015（62字）

QC015（1）—01—01
QC015（1）—01—02
QC015（1）—01—03
QC015（1）—01—04

QC015（1）—02—01
QC015（1）—02—02

QC015（1）—02—03

QC015（1）—02—04
QC015（1）—03—01
QC015（1）—03—02

QC015（1）—03—03

QC015（1）—03—04

QC015（1）—03—05

QC015（1）—04—01
QC015（1）—04—02
QC015（1）—04—03
QC015（1）—04—04
QC015（1）—04—05
QC015（1）—04—06

QC015（1）—04—07

QC015（1）—05—01
QC015（1）—05—02
QC015（1）—05—03
QC015（1）—05—04

QC015（1）—05—05
QC015（2）—01—01
QC015（2）—01—02
QC015（2）—01—03
QC015（2）—01—04
QC015（2）—01—05
QC015（2）—01—06
QC015（2）—01—07
QC015（2）—01—08
QC015（2）—01—09

QC015（2）—01—10

QC015（2）—02—01

QC015（2）—02—02

QC015（2）—02—03

QC015（2）—02—04

QC015（2）—02—05

QC015（2）—02—06

QC015（2）—02—07

QC015（2）—03—01

QC015（2）—03—02

QC015（2）—03—03

QC015（2）—03—04

QC015（2）—03—05

QC015（2）—03—06

QC015（2）—03—07

QC015（2）—04—01

QC015（2）—04—02

QC015（2）—04—03

QC015（2）—04—04

QC015（2）—04—05

QC015（2）—04—06

QC015（2）—04—07

QC015（2）—05—01

QC015（2）—05—02

QC015（2）—05—03

QC015（2）—05—04

QC015（2）—05—05

QC015（2）—05—06

QC016（47字）

QC016（1）—01—01

QC016（1）—01—02

QC016（2）—01—01

QC016（2）—01—02

QC016（2）—01—03

QC016（2）—01—04

QC016（2）—01—05

QC016（2）—01—06

QC016（2）—01—07

QC016（2）—01—08

QC016（2）—01—09

QC016（2）—01—10

QC016（2）—02—01

QC016（2）—02—02

QC016（2）—02—03

QC016（2）—02—04

QC016（2）—02—05

QC016（2）—02—06

QC016（2）—02—07

QC016（2）—02—08

QC016（2）—02—09

QC016（2）—02—10

QC016（2）—02—11

QC016（2）—02—12

QC016（2）—03—01

QC016（2）—03—02

QC016（2）—03—03

QC016（2）—03—04

QC016（2）—03—05

QC016（2）—03—06

QC016（2）—03—07

QC016（2）—03—08

QC016（2）—03—09

QC016（2）—03—10

QC016（2）—03—11

QC016（2）—03—12

QC016（2）—03—13

QC016（2）—03—14

QC016（2）—04—01

QC016（2）—04—02

QC016（2）—04—03

QC016（2）—04—04

QC016（2）—04—05

QC016（2）—04—06

QC016（2）—04—07

QC016（2）—04—08

QC016（2）—04—09

QC016（2）—04—10

QC016（2）—04—11

QC017（7字）

QC017—01—01

QC017—01—02

QC017—01—03

QC017—01—04

QC017—01—05

QC017—01—06

QC017—01—07

QC018（123字）

QC018—01—01

QC018—01—02

QC018—01—03

QC018—01—04

QC018—01—05

QC018—01—06

QC018—01—07

QC018—01—08

QC018—01—09

QC018—01—10

QC018—02—01

QC018—02—02

QC018—02—03

QC018—02—04

QC018—02—05

QC018—02—06

QC018—02—07

QC018—02—08

QC018—02—09

QC018—02—10

QC018—02—11

QC018—03—01

QC018—03—02

QC018—03—03

QC018—03—04

QC018—03—05

QC018—03—06

QC018—03—07

QC018—03—08

QC018—03—09

QC018—04—01

QC018—04—02

QC018—04—03

QC018—04—04

QC018—04—05

QC018—04—06

QC018—04—07

QC018—04—08

QC018—04—09

QC018—04—10

QC018—05—01

QC018—05—02

QC018—05—03

QC018—05—04

QC018—05—05

QC018—05—06

QC018—05—07

QC018—05—08

QC018—05—09

QC018—05—10

QC018—06—01

QC018—06—02

QC018—06—03

QC018—06—04

QC018—06—05

QC018—06—06

QC018—06—07

QC018—06—08

QC018—06—09

QC018—06—10

QC018—06—11

QC018—06—12

QC018—07—01

QC018—07—02

QC018—07—03

QC018—07—04

QC018—07—05

QC018—07—06

QC018—07—07

QC018—07—08

QC018—07—09

QC018—07—10

QC018—08—01

QC018—08—02

QC018—08—03

QC018—08—04

QC018—08—05

QC018—08—06

QC018—08—07

QC018—08—08

QC018—08—09

QC018—08—10

QC018—08—11

QC018—08—12

QC018—08—13

QC018—08—14

QC018—09—01

QC018—09—02

QC018—09—03

QC018—09—04

QC018—09—05

QC018—09—06

QC018—09—07

QC018—09—08

QC018—09—09

QC018—09—10

QC018—09—11

QC018—09—12

QC018—09—13

QC018—09—14

QC018—10—01

QC018—10—02

QC018—10—03

QC018—10—04

QC018—10—05

QC018—10—06

QC018—10—07

QC018—10—08

QC018—10—09

QC018—10—10

QC018—10—11

QC018—10—12

QC018—11—01

QC018—11—02

QC018—11—03

QC018—11—04

QC018—11—05

QC018—11—06

QC018—11—07

QC018—11—08

QC018—11—09

QC018—11—10

QC018—11—11

QC019（70 字）

QC019—01—01

QC019—01—02

QC019—01—03

QC019—01—04

QC019—01—05

QC019—01—06

QC019—02—01

QC019—02—02

QC019—02—03

QC019—02—04

QC019—02—05

QC019—02—06

QC019—03—01

QC019—03—02

QC019—03—03

QC019—03—04

QC019—03—05

QC019—03—06

QC019—03—07

QC019—03—08

QC019—04—01

QC019—04—02

QC019—04—03

QC019—04—04

QC019—04—05

QC019—04—06

QC019—04—07

QC019—05—01

QC019—05—02

QC019—05—03

QC019—05—04

QC019—05—05

QC019—05—06

QC019—05—07

QC019—06—01

QC019—06—02

QC019—06—03

QC019—06—04

QC019—06—05

QC019—06—06

QC019—06—07

QC019—06—08

QC019—07—01

QC019—07—02

QC019—07—03

QC019—07—04

QC019—07—05

QC019—07—06

QC019—07—07

QC019—07—08

QC019—08—01

QC019—08—02

QC019—08—03

QC019—08—04

QC019—08—05

QC019—08—06

QC019—08—07

QC019—08—08

QC019—08—09

QC019—08—10

QC019—09—01

QC019—09—02

QC019—09—03

QC019—09—04

QC019—09—05

QC019—09—06

QC019—09—07

QC019—09—08

QC019—09—09

QC019—09—10

QC020（74字）

QC020—01—01

QC020—01—02

QC020—01—03

QC020—01—04

QC020—01—05

QC020—01—06

QC020—01—07

QC020—01—08

QC020—01—09

QC020—01—10

QC020—02—01

QC020—02—02

QC020—02—03

QC020—02—04

QC020—02—05

QC020—02—06

QC020—02—07

QC020—02—08

QC020—02—09

QC020—02—10

QC020—03—01

QC020—03—02

QC020—03—03

QC020—03—04

QC020—03—05

QC020—03—06

QC020—03—07

QC020—03—08

QC020—03—09

QC020—04—01

QC020—04—02

QC020—04—03

QC020—04—04

QC020—04—05

QC020—04—06

QC020—04—07

QC020—04—08

QC020—04—09

QC020—05—01

QC020—05—02

QC020—05—03

QC020—05—04

QC020—05—05

QC020—05—06

QC020—05—07

QC020—05—08

QC020—05—09

QC020—06—01

QC020—06—02

QC020—06—03

QC020—06—04

QC020—06—05

QC020—06—06

QC020—06—07

QC020—06—08

QC020—06—09

QC020—07—01

QC020—07—02

QC020—07—03

QC020—07—04

QC020—07—05

QC020—08—01

QC020—08—02

QC020—08—03

QC020—08—04

QC020—08—05

QC020—08—06

QC020—08—07

QC020—08—08

QC020—09—01

QC020—09—02

QC020—09—03

QC020—09—04

QC020—09—05

QC021（182 字）

QC021（1）—01—01

QC021（1）—02—01

QC021（1）—03—01

QC021（1）—03—02

QC021（2）—01—01

QC021（2）—01—02

QC021（2）—01—03

QC021（2）—01—04

QC021（2）—01—05

QC021（2）—01—06

QC021（2）—01—07

QC021（2）—01—08

QC021（2）—01—09

QC021（2）—01—10

QC021（2）—01—11

QC021（2）—01—12

QC021（2）—02—01

QC021（2）—02—02

QC021（2）—02—03

QC021（2）—02—04

QC021（2）—02—05

QC021（2）—02—06

QC021（2）—02—07

QC021（2）—02—08

QC021（2）—02—09

QC021（2）—02—10

QC021（2）—02—11

QC021（2）—02—12

QC021（2）—02—13

QC021（2）—02—14

QC021（2）—02—15

QC021（2）—03—01

QC021（2）—03—02

QC021（2）—03—03

QC021（2）—03—04

QC021（2）—03—05

QC021（2）—03—06

QC021（2）—03—07

QC021（2）—03—08

QC021（2）—03—09

QC021（2）—03—10

QC021（2）—03—11

QC021（2）—03—12

QC021（2）—03—13

QC021（2）—03—14

QC021（2）—03—15

QC021（2）—03—16

QC021（2）—03—17

QC021（2）—04—01

QC021（2）—04—02

QC021（2）—04—03

QC021（2）—04—04

QC021（2）—04—05

QC021（2）—04—06

QC021（2）—04—07

QC021（2）—04—08

QC021（2）—04—09

QC021（2）—04—10

QC021（2）—04—11

QC021（2）—04—12

QC021（2）—04—13

QC021（2）—04—14

QC021（2）—04—15

QC021（2）—05—01

QC021（2）—05—02

QC021（2）—05—03

QC021（2）—05—04

QC021（2）—05—05

QC021（2）—05—06

QC021（2）—05—07

QC021（2）—05—08

QC021（2）—05—09

QC021（2）—05—10

QC021（2）—05—11

QC021（2）—05—12

QC021（2）—05—13

QC021（2）—05—14

QC021（2）—05—15

QC021（2）—05—16

QC021（2）—05—17

QC021（2）—06—01

QC021（2）—06—02

QC021（2）—06—03

QC021（2）—06—04

QC021（2）—06—05

QC021（2）—06—06

QC021（2）—06—07

QC021（2）—06—08

QC021（2）—06—09

QC021（2）—06—10

QC021（2）—06—11

QC021（2）—06—12

QC021（2）—06—13

QC021（2）—06—14

QC021（2）—06—15

QC021（2）—06—16

QC021（2）—06—17

QC021（2）—06—18

QC021（2）—07—01

QC021（2）—07—02

QC021（2）—07—03

QC021（2）—07—04

QC021（2）—07—05

QC021（2）—07—06

QC021（2）—07—07

QC021（2）—07—08

QC021（2）—07—09

QC021（2）—07—10

QC021（2）—07—11

QC021（2）—07—12

QC021（2）—07—13

QC021（2）—07—14

QC021（2）—07—15

QC021（2）—07—16

QC021（2）—07—17

QC021（2）—07—18

QC021（2）—07—19

QC021（2）—07—20

QC021（2）—08—01

QC021（2）—08—02

QC021（2）—08—03

QC021（2）—08—04

QC021（2）—08—05

QC021（2）—08—06

QC021（2）—08—07

QC021（2）—08—08

QC021（2）—08—09

QC021（2）—08—10

QC021（2）—08—11

QC021（2）—08—12

QC021（2）—08—13

QC021（2）—08—14

QC021（2）—08—15

QC021（2）—08—16

QC021（2）—08—17

QC021（2）—08—18

QC021（2）—08—19

QC021（2）—09—01

QC021（2）—09—02

QC021（2）—09—03

QC021（2）—09—04

QC021（2）—09—05

QC021（2）—09—06

QC021（2）—09—07

QC021（2）—09—08

QC021（2）—09—09

QC021（2）—09—10

QC021（2）—09—11

QC021（2）—09—12

QC021（2）—09—13

QC021（2）—09—14

QC021（2）—09—15

QC021（2）—09—16

QC021（2）—09—17

QC021（2）—10—01

QC021（2）—10—02

QC021（2）—10—03

QC021（2）—10—04

QC021（2）—10—05

QC021（2）—10—06

QC021（2）—10—07

QC021（2）—10—08

QC021（2）—10—09

QC021（2）—10—10

QC021（2）—10—11

QC021（2）—10—12

QC021（2）—10—13

QC021（2）—10—14

QC021（2）—11—01

QC021（2）—11—02

QC021（2）—11—03

QC021（2）—11—04

QC021（2）—11—05

QC021（2）—11—06

QC021（2）—11—07

QC021（2）—11—08

QC021（2）—11—09

QC021（2）—11—10

QC021（2）—11—11

QC021（2）—11—12

QC021（2）—11—13

QC022（52字）

QC022—01—01

QC022—01—02

QC022—01—03

QC022—01—04

QC022—02—01

QC022—02—02

QC022—02—03

QC022—02—04

QC022—02—05

QC022—03—01

QC022—03—02

QC022—03—03

QC022—03—04

QC022—03—05

QC022—04—01
QC022—04—02
QC022—04—03

QC022—04—04

QC022—04—05
QC022—04—06
QC022—04—07
QC022—05—01
QC022—05—02
QC022—05—03
QC022—05—04
QC022—05—05
QC022—06—01
QC022—06—02
QC022—06—03
QC022—06—04
QC022—06—05
QC022—06—06
QC022—07—01
QC022—07—02
QC022—07—03
QC022—07—04
QC022—07—05

QC022—07—06
QC022—07—07

QC022—08—01
QC022—08—02
QC022—08—03
QC022—08—04
QC022—08—05
QC022—08—06

QC022—08—07
QC022—09—01
QC022—09—02
QC022—09—03
QC022—09—04
QC022—09—05
QC022—09—06

QC023（61字）

QC023—01—01

QC023—01—02

QC023—02—01

QC023—02—02

QC023—02—03

QC023—02—04

QC023—03—01

QC023—03—02

QC023—03—03

QC023—03—04

QC023—03—05

QC023—04—01

QC023—04—02

QC023—04—03

QC023—04—04

QC023—04—05

QC023—04—06

QC023—04—07

QC023—04—08

QC023—05—01

QC023—05—02

QC023—05—03

QC023—05—04

QC023—05—05

QC023—05—06

QC023—05—07

QC023—05—08

QC023—05—09

QC023—05—10

QC023—05—11

QC023—06—01

QC023—06—02

QC023—06—03

QC023—06—04

QC023—06—05

QC023—06—06

QC023—06—07

QC023—06—08

QC023—06—09

QC023—06—10

QC023—06—11

QC023—07—01

QC023—07—02

QC023—07—03

QC023—07—04

QC023—07—05

QC023—07—06

QC023—07—07

QC023—07—08

QC023—07—09

QC023—07—10

QC023—07—11

QC023—08—01

QC023—08—02

QC023—08—03

QC023—08—04

QC023—08—05

QC023—08—06

QC023—08—07

QC023—08—08

QC023—08—09

QC024（59字）

QC024—01—01

QC024—01—02

QC024—01—03

QC024—01—04

QC024—01—05

QC024—01—06

QC024—01—07

QC024—01—08

QC024—02—01

QC024—02—02

QC024—02—03

QC024—02—04

QC024—02—05

QC024—02—06

QC024—02—07

QC024—03—01

QC024—03—02

QC024—03—03

QC024—03—04

QC024—03—05

QC024—03—06

QC024—04—01

QC024—04—02

QC024—04—03

QC024—04—04

QC024—04—05

QC024—04—06

QC024—05—01

QC024—05—02

QC024—05—03

QC024—05—04

QC024—05—05

QC024—05—06

QC024—05—07

QC024—06—01

QC024—06—02

QC024—06—03

QC024—06—04

QC024—06—05

QC024—06—06

QC024—06—07

QC024—07—01

QC024—07—02

QC024—07—03

QC024—07—04

QC024—07—05

QC024—08—01

QC024—08—02

QC024—08—03

QC024—08—04

QC024—09—01

QC024—09—02

QC024—09—03

QC024—09—04

QC024—10—01

QC024—10—02

QC024—10—03

QC024—10—04

QC024—11—01

QC025（86 字）

QC025—01—01

QC025—01—02

QC025—01—03

QC025—01—04

QC025—01—05

QC025—01—06

QC025—01—07

QC025—01—08

QC025—01—09

QC025—01—10
QC025—01—11
QC025—01—12
QC025—02—01
QC025—02—02
QC025—02—03
QC025—02—04
QC025—02—05
QC025—02—06
QC025—02—07
QC025—02—08
QC025—02—09
QC025—02—10
QC025—02—11
QC025—02—12
QC025—03—01
QC025—03—02
QC025—03—03
QC025—03—04
QC025—03—05
QC025—03—06
QC025—03—07
QC025—03—08

QC025—03—09
QC025—03—10
QC025—03—11
QC025—03—12
QC025—03—13
QC025—04—01
QC025—04—02
QC025—04—03
QC025—04—04
QC025—04—05
QC025—04—06
QC025—04—07
QC025—04—08
QC025—04—09
QC025—04—10
QC025—04—11
QC025—04—12
QC025—05—01
QC025—05—02
QC025—05—03
QC025—05—04

QC025—05—05

QC025—05—06

QC025—05—07

QC025—05—08

QC025—05—09

QC025—05—10

QC025—05—11

QC025—05—12

QC025—05—13

QC025—06—01

QC025—06—02

QC025—06—03

QC025—06—04

QC025—06—05

QC025—06—06

QC025—06—07

QC025—06—08

QC025—06—09

QC025—06—10

QC025—06—11

QC025—07—01

QC025—07—02

QC025—07—03

QC025—07—04

QC025—07—05

QC025—07—06

QC025—07—07

QC025—07—08

QC025—07—09

QC025—07—10

QC025—07—11

QC025—07—12

QC025—07—13

QC026（55字）

QC026—01—01

QC026—01—02

QC026—02—01

QC026—02—02

QC026—02—03

QC026—02—04

QC026—02—05

QC026—03—01

QC026—03—02

QC026—03—03

QC026—03—04

QC026—03—05

QC026—03—06

QC026—03—07

QC026—04—01

QC026—04—02

QC026—04—03

QC026—04—04

QC026—04—05

QC026—04—06

QC026—04—07

QC026—04—08

QC026—05—01

QC026—05—02

QC026—05—03

QC026—05—04

QC026—05—05

QC026—05—06

QC026—05—07

QC026—05—08

QC026—06—01

QC026—06—02

QC026—06—03

QC026—06—04

QC026—06—05

QC026—06—06

QC026—06—07

QC026—07—01

QC026—07—02

QC026—07—03

QC026—07—04

QC026—07— 05

QC026—07—06

QC026—07—07

QC026—07—08

QC026—08—01

QC026—08—02

QC026—08—03

QC026—08—04

QC026—08—05

QC026—08—06

QC026—09—01

QC026—09—02

QC026—09—03

〔符号〕	QC026—09—04

QC027（129 字）

〔符号〕	QC027—01—01
〔符号〕	QC027—01—02
〔符号〕	QC027—01—03
〔符号〕	QC027—01—04
〔符号〕	QC027—01—05
〔符号〕	QC027—01—06
〔符号〕	QC027—01—07
〔符号〕	QC027—01—08
〔符号〕	QC027—01—09
〔符号〕	QC027—01—10
〔符号〕	QC027—01—11
〔符号〕	QC027—02—01
〔符号〕	QC027—02—02
〔符号〕	QC027—02—03
〔符号〕	QC027—02—04
〔符号〕	QC027—02—05
〔符号〕	QC027—02—06
〔符号〕	QC027—02—07
〔符号〕	QC027—02—08
〔符号〕	QC027—02—09
〔符号〕	QC027—03—01

〔符号〕	QC027—03—02
〔符号〕	QC027—03—03
〔符号〕	QC027—03—04
〔符号〕	QC027—03—05
〔符号〕	QC027—03—06
〔符号〕	QC027—03—07
〔符号〕	QC027—03—08
〔符号〕	QC027—03—09
〔符号〕	QC027—03—10
〔符号〕	QC027—04—01
〔符号〕	QC027—04—02
〔符号〕	QC027—04—03
〔符号〕	QC027—04—04
〔符号〕	QC027—04—05
〔符号〕	QC027—04—06
〔符号〕	QC027—04—07
〔符号〕	QC027—04—08
〔符号〕	QC027—04—09
〔符号〕	QC027—04—10
〔符号〕	QC027—04—11
〔符号〕	QC027—05—01
〔符号〕	QC027—05—02

QC027—05—03

QC027—05—04

QC027—05—05

QC027—05—06

QC027—05—07

QC027—05—08

QC027—05—09

QC027—05—10

QC027—05—11

QC027—06—01

QC027—06—02

QC027—06—03

QC027—06—04

QC027—06—05

QC027—06—06

QC027—06—07

QC027—06—08

QC027—06—09

QC027—06—10

QC027—06—11

QC027—07—01

QC027—07—02

QC027—07—03

QC027—07—04

QC027—07—05

QC027—07—06

QC027—07—07

QC027—07—08

QC027—07—09

QC027—07—10

QC027—07—11

QC027　07—12

QC027—07—13

QC027—08—01

QC027—08—02

QC027—08—03

QC027—08—04

QC027—08—05

QC027—08—06

QC027—08—07

QC027—08—08

QC027—08—09

QC027—08—10

QC027—08—11

QC027—08—12

QC027—08—13

QC027—09—01

QC027—09—02

QC027—09—03

QC027—09—04

QC027—09—05

QC027—09—06

QC027—09—07

QC027—09—08

QC027—09—09

QC027—09—10

QC027—09—11

QC027—09—12

QC027—09—13

QC027—10—01

QC027—10—02

QC027—10—03

QC027—10—04

QC027—10—05

QC027—10—06

QC027—10—07

QC027—10—08

QC027—10—09

QC027—10—10

QC027—10—11

QC027—10—12

QC027—10—13

QC027—11—01

QC027—11—02

QC027—11—03

QC027—11—04

QC027—11—05

QC027—11—06

QC027—11—07

QC027—11—08

QC027—11—09

QC027—11—10

QC027—11—11

QC027—11—12

QC027—11—13

QC027—11—14

QC028（128 字）

QC028—01—01

QC028—01—02

QC028—01—03

QC028—01—04

QC028—01—05

QC028—01—06

QC028—01—07

QC028—01—08

QC028—01—09

QC028—02—01

QC028—02—02

QC028—02—03

QC028—02—04

QC028—02—05

QC028—02—06

QC028—02—07

QC028—02—08

QC028—02—09

QC028—02—10

QC028—03—01

QC028—03—02

QC028—03—03

QC028—03—04

QC028—03—05

QC028—03—06

QC028—03—07

QC028—03—08

QC028—03—09

QC028—03—10

QC028—03—11

QC028—03—12

QC028—03—13

QC028—04—01

QC028—04—02

QC028—04—03

QC028—04—04

QC028—04—05

QC028—04—06

QC028—04—07

QC028—04—08

QC028—04—09

QC028—04—10

QC028—04—11

QC028—04—12

QC028—04—13

QC028—04—14

QC028—05—01

QC028—05—02

QC028—05—03

QC028—05—04

QC028—05—05

QC028—05—06

QC028—05—07

QC028—05—08

QC028—05—09

QC028—05—10

	QC028—05—11
	QC028—05—12
	QC028—05—13
	QC028—05—14
	QC028—05—15
	QC028—05—16
	QC028—05—17
	QC028—05—18
	QC028—06—01
	QC028—06—02
	QC028—06—03
	QC028—06—04
	QC028—06—05
	QC028—06—06
	QC028—06—07
	QC028—06—08
	QC028—06—09
	QC028—06—10
	QC028—06—11
	QC028—06—12
	QC028—06—13
	QC028—07—01
	QC028—07—02
	QC028—07—03
	QC028—07—04
	QC028—07—05
	QC028—07—06
	QC028—07—07
	QC028—07—08
	QC028—07—09
	QC028—07—10
	QC028—07—11
	QC028—08—01
	QC028—08—02
	QC028—08—03
	QC028—08—04
	QC028—08—05
	QC028—08—06
	QC028—08—07
	QC028—08—08
	QC028—08—09
	QC028—08—10
	QC028—08—11
	QC028—08—12
	QC028—09—01
	QC028—09—02
	QC028—09—03
	QC028—09—04
	QC028—09—05
	QC028—09—06

QC028—09—07

QC028—09—08

QC028—09—09

QC028—09—10

QC028—09—11

QC028—09—12

QC028—10—01

QC028—10—02

QC028—10—03

QC028—10—04

QC028—10—05

QC028—10—06

QC028—10—07

QC028—10—08

QC028—11—01

QC028—11—02

QC028—11—03

QC028—11—04

QC028—11—05

QC028—11—06

QC028—11—07

QC028—11—08

QC029（94字）

QC029—01—01

QC029—01—02

QC029—01—03

QC029—01—04

QC029—01—05

QC029—01—06

QC029—01—07

QC029—02—01

QC029—02—02

QC029—02—03

QC029—02—04

QC029—02—05

QC029—03—01

QC029—03—02

QC029—03—03

QC029—03—04

QC029—03—05

QC029—03—06

QC029—03—07

QC029—04—01

QC029—04—02

QC029—04—03

QC029—04—04

QC029—04—05

QC029—04—06

QC029—04—07

QC029—04—08

QC029—05—01

QC029—05—02

QC029—05—03

QC029—05—04

QC029—05—05

QC029—05—06

QC029—05—07

QC029—06—01

QC029—06—02

QC029—06—03

QC029—06—04

QC029—06—05

QC029—06—06

QC029—06—07

QC029—06—08

QC029—06—09

QC029—06—10

QC029—06—11

QC029—07—01

QC029—07—02

QC029—07—03

QC029—07—04

QC029—07—05

QC029—07—06

QC029—07—07

QC029—07—08

QC029—07—09

QC029—07—10

QC029—07—11

QC029—08—01

QC029—08—02

QC029—08—03

QC029—08—04

QC029—08—05

QC029—08—06

QC029—08—07

QC029—08—08

QC029—09—01

QC029—09—02

QC029—09—03

QC029—09—04

QC029—09—05

QC029—09—06

QC029—09—07

QC029—09—08

QC029—09—09

QC029—10—01

QC029—10—02

QC029—10—03

QC029—10—04

QC029—10—05

QC029—10—06

QC029—10—07

QC029—11—01

QC029—11—02

QC029—11—03

QC029—11—04

QC029—11—05

QC029—11—06

QC029—11—07

QC029—12—01

QC029—12—02

QC029—12—03

QC029—13—01

QC029—13—02

QC029—13—03

QC029—13—04

QC030（68 字）

QC030—01—01

QC030—02—01

QC030—02—02

QC030—02—03

QC030—02—04

QC030—02—05

QC030—02—06

QC030—02—07

QC030—02—08

QC030—02—09

QC030—03—01

QC030—03—02

QC030—03—03

QC030—03—04

QC030—03—05

QC030—03—06

QC030—03—07

QC030—04—01

QC030—04—02

QC030—04—03

QC030—04—04

QC030—04—05

QC030—04—06

QC030—04—07

QC030—04—08

QC030—04—09

QC030—05—01

QC030—05—02

QC030—05—03

QC030—05—04

QC030—05—05

QC030—05—06

QC030—05—07

QC030—05—08

QC030—06—01

QC030—06—02

QC030—06—03

QC030—06—04

QC030—06—05

QC030—06—06

QC030—06—07

QC030—06—08

QC030—06—09

QC030—07—01

QC030—07—02

QC030—07—03

QC030—07—04

QC030—07—05

QC030—07—06

QC030—07—07

QC030—07—08

QC030—07—09

QC030—08—01

QC030—08—02

QC030—08—03

QC030—08—04

QC030—08—05

QC030—08—06

QC030—08—07

QC030—09—01

QC030—09—02

QC030—09—03

QC030—09—04

QC031（183 字）

QC031—01—01

QC031—01—02

QC031—01—03

QC031—01—04

QC031—01—05

QC031—01—06

QC031—01—07

QC031—01—08

QC031—01—09

QC031—01—10

QC031—01—11

QC031—02—01

QC031—02—02

QC031—02—03

QC031—02—04

QC031—02—05

QC031—02—06

QC031—02—07

QC031—02—08

QC031—02—09

QC031—02—10

QC031—02—11

QC031—02—12

QC031—02—13

QC031—02—14

QC031—03—01

QC031—03—02

QC031—03—03

QC031—03—04

QC031—03—05

QC031—03—06

QC031—03—07

QC031—03—08

QC031—03—09

QC031—03—10

QC031—03—11

QC031—03—12

QC031—03—13

QC031—04—01

QC031—04—02

QC031—04—03

QC031—04—04

QC031—04—05

QC031—04—06

QC031—04—07

QC031—04—08

QC031—04—09

QC031—04—10

QC031—04—11

QC031—04—12

QC031—04—13

QC031—04—14

QC031—05—01

QC031—05—02

QC031—05—03

QC031—05—04

QC031—05—05

QC031—05—06

QC031—05—07

QC031—05—08

QC031—05—09

QC031—05—10

QC031—05—11

QC031—05—12

QC031—05—13

QC031—06—01

QC031—06—02

QC031—06—03

QC031—06—04

QC031—06—05

QC031—06—06

QC031—06—07

QC031—06—08

QC031—06—09

QC031—06—10

QC031—06—11

QC031—06—12

QC031—06—13

QC031—06—14

QC031—06—15

QC031—07—01

	QC031—07—02
	QC031—07—03
	QC031—07—04
	QC031—07—05
	QC031—07—06
	QC031—07—07
	QC031—07—08
	QC031—07—09
	QC031—07—10
	QC031—07　11
	QC031—07—12
	QC031—07—13
	QC031—07—14
	QC031—07—15
	QC031—07—16
	QC031—08—01
	QC031—08—02
	QC031—08—03
	QC031—08—04
	QC031—08—05
	QC031—08—06
	QC031—08—07
	QC031—08—08

	QC031—08—09
	QC031—08—10
	QC031—08—11
	QC031—08—12
	QC031—08—13
	QC031—08—14
	QC031—08—15
	QC031—08—16
	QC031—09—01
	QC031—09—02
	QC031—09—03
	QC031—09—04
	QC031—09—05
	QC031—09—06
	QC031—09—07
	QC031—09—08
	QC031—09—09
	QC031—09—10
	QC031—09—11
	QC031—09—12

QC031—09—13

QC031—10—01

QC031—10—02

QC031—10—03

QC031—10—04

QC031—10—05

QC031—10—06

QC031—10—07

QC031—10—08

QC031—10—09

QC031—10—10

QC031—10—11

QC031—10—12

QC031—10—13

QC031—10—14

QC031—10—15

QC031—10—16

QC031—11—01

QC031—11—02

QC031—11—03

QC031—11—04

QC031—11—05

QC031—11—06

QC031—11—07

QC031—11—08

QC031—11—09

QC031—11—10

QC031—11—11

QC031—11—12

QC031—11—13

QC031—11—14

QC031—11—15

QC031—12—01

QC031—12—02

QC031—12—03

QC031—12—04

QC031—12—05

QC031—12—06

QC031—12—07

QC031—12—08

QC031—12—09

QC031—12—10

QC031—12—11

QC031—12—12

QC031—12—13

QC031—12—14

QC031—13—01

QC031—13—02

QC031—13—03

QC031—13—04

QC031—13—05

QC031—13—06

QC031—13—07

QC031—13—08

QC031—13—09

QC031—13—10

QC031—13—11

QC031—13—12

QC031—13—13

QC032（54 字）

QC032—01—01

QC032—01—02

QC032—01—03

QC032—01—04

QC032—01—05

QC032—01—06

QC032—02—01

QC032—02—02

QC032—02—03

QC032—03—01

QC032—03—02

QC032—03—03

QC032—03—04

QC032—03—05

QC032—03—06

QC032—03—07

QC032—03—08

QC032—03—09

QC032—03—10

QC032—04—01

QC032—04—02

QC032—04—03

QC032—04—04

QC032—04—05

QC032—04—06

QC032—04—07
QC032—04—08

QC032—05—01

QC032—05—02
QC032—05—03

QC032—05—04

QC032—05—05

QC032—05—06
QC032—05—07

QC032—05—08

QC032—05—09
QC032—06—01

QC032—06—02

QC032—06—03

QC032—06—04
QC032—06—05
QC032—06—06

QC032—06—07

QC032—06—08

QC032—06—09

QC032—07—01

QC032—07—02

QC032—07—03

QC032—07—04

QC032—07—05
QC032—07—06

QC032—07—07

QC032—07—08

QC032—07—09

QC033（55字）

QC033—01—01
QC033—01—02
QC033—01—03

QC033—01—04

QC033—01—05

QC033—02—01

QC033—02—02
QC033—02—03

QC033—02—04

QC033—02—05

QC033—02—06

QC033—03—01

QC033—03—02

QC033—03—03

QC033—03—04

𐤉	QC033—03—05
𝕏	QC033—04—01
𝕏	QC033—04—02
𝕏	QC033—04—03
𝕏	QC033—04—04
𝕐	QC033—04—05
𝕏	QC033—04—06
𝕏	QC033—05—01
𝕏	QC033—05—02
𝕏	QC033—05—03
𝕏	QC033—05—04
𝕏	QC033—05—05
𝕏	QC033—05—06
𝕏	QC033—06—01
𝕏	QC033—06—02
𝕏	QC033—06—03
𝕏	QC033—06—04
𝕏	QC033—06—05
𝕏	QC033—06—06
𝕏	QC033—06—07
𝕏	QC033—07—01

𝕏	QC033—07—02
𝕏	QC033—07—03
𝕏	QC033—07—04
𝕏	QC033—07—05
𝕏	QC033—07—06
𝕏	QC033—07—07
𝕏	QC033—08—01
𝕏	QC033—08—02
𝕏	QC033—08—03
𝕏	QC033—08—04
𝕏	QC033—08—05
𝕏	QC033—09—01
𝕏	QC033—09—02
𝕏	QC033—09—03
𝕏	QC033—09—04
𝕏	QC033—09—05
𝕏	QC033—10—01
𝕏	QC033—10—02

QC033—10—03

QC034（76字）

QC034—01—01

QC034—01—02

QC034—01—03

QC034—01—04

QC034—01—05

QC034—01—06

QC034—01—07

QC034—01—08

QC034—01—09

QC034—01—10

QC034—01—11

QC034—01—12

QC034—01—13

QC034—01—14

QC034—01—15

QC034—01—16

QC034—01—17

QC034—02—01

QC034—02—02

QC034—02—03

QC034—02—04

QC034—02—05

QC034—02—06

QC034—02—07

QC034—02—08

QC034—02—09

QC034—02—10

QC034—02—11

QC034—02—12

QC034—02—13

QC034—02—14

QC034—03—01

QC034—03—02

QC034—03—03

QC034—03—04

QC034—03—05

QC034—03—06

QC034—03—07

QC034—03—08

QC034—03—09

QC034—03—10

QC034—03—11

QC034—04—01

QC034—04—02

QC034—04—03

QC034—04—04

QC034—04—05

QC034—04—06

QC034—04—07

QC034—04—08

QC034—04—09

QC034—04—10

QC034—04—11

QC034—05—01

QC034—05—02

QC034—05—03

QC034—05—04

QC034—05—05

QC034—05—06

QC034—05—07

QC034—05—08

QC034—05—09

QC034—05—10

QC034—06—01

QC034—06—02

QC034—06—03

QC034—06—04

QC034—06—05

QC034—06—06

QC034—06—07

QC034—06—08

QC034—07—01

QC034—07—02

QC034—07—03

QC034—07—04

QC034—07—05

QC035（75字）

QC035—01—01

QC035—01—02

QC035—01—03

QC035—01—04

QC035—01—05
QC035—01—06
QC035—01—07
QC035—01—08
QC035—01—09

QC035—02—01

QC035—02—02

QC035—02—03

QC035—03—01

QC035—04—01
QC035—05—01
QC035—05—02

QC035—05—03

QC035—05—04

QC035—06—01

QC035—06—02

QC035—06—03

QC035—06—04

QC035—06—05

QC035—07—01

QC035—07—02

QC035—08—01

QC035—08—02

QC035—08—03

QC035—09—01

QC035—09—02

QC035—09—03
QC035—09—04

QC035—09—05

QC035—09—06

QC035—10—01

QC035—10—02

QC035—10—03

QC035—10—04

QC035—10—05

QC035—10—06

QC035—11—01

QC035—11—02

QC035—11—03

QC035—11—04

QC035—11—05

QC035—11—06

QC035—11—07

QC035—11—08

QC035—12—01

QC035—12—02

QC035—12—03

QC035—12—04

QC035—12—05

QC035—12—06

QC035—12—07

QC035—12—08

QC035—13—01

QC035—13—02

QC035—13—03

QC035—14—01

QC035—15—01

QC035—15—02

QC035—15—03

QC035—15—04

QC035—15—05

QC035—15—06

QC035—16—01

QC035—16—02

QC035—16—03

QC035—17—01

QC035—17—02

QC035—17—03

QC035—17—04

QC035—17—05

QC035—17—06

QC036（136 字）

QC036—01—01

QC036—01—02

QC036—01—03

QC036—01—04

QC036—01—05

QC036—01—06

QC036—01—07

QC036—01—08

QC036—01—09

QC036—01—10

QC036—01—11

QC036—01—12

QC036—02—01
QC036—02—02

QC036—02—03

QC036—02—04

QC036—02—05

QC036—02—06

QC036—02—07

QC036—02—08

QC036—02—09

QC036—02—10

QC036—02—11

QC036—03—01

QC036—03—02

QC036—03—03

QC036—03—04

QC036—03—05

QC036—03—06

QC036—03—07

QC036—03—08

QC036—03—09

QC036—03—10

QC036—03—11

QC036—04—01

QC036—04—02

QC036—04—03

QC036—04—04

QC036—04—05

QC036—04—06

QC036—04—07

QC036—04—08

QC036—04—09

QC036—04—10

QC036—04—11

QC036—04—12

QC036—04—13

QC036—04—14

QC036—05—01

QC036—05—02

QC036—05—03

QC036—05—04

QC036—05—05

QC036—05—06

QC036—05—07

QC036—05—08

QC036—05—09

QC036—05—10

QC036—05—11

QC036—05—12

QC036—05—13

QC036—05—14

QC036—05—15

QC036—05—16

QC036—05—17

QC036—06—01

QC036—06—02

QC036—06—03

QC036—06—04

QC036—06—05

QC036—06—06

QC036—06—07

QC036—06—08

QC036—06—09

QC036—06—10

QC036—06—11

QC036—06—12

QC036—06—13

QC036—06—14

QC036—06—15

QC036—06—16

QC036—06—17

QC036—07—01

QC036—07—02

QC036—07—03

QC036—07—04

QC036—07—05

QC036—07—06

QC036—07—07

QC036—07—08

QC036—07—09

QC036—07—10

QC036—07—11

QC036—07—12

QC036—07—13

QC036—07—14

QC036—07—15

QC036—07—16

QC036—07—17

QC036—07—18

QC036—07—19

QC036—07—20

QC036—08—01

QC036—08—02

QC036—08—03

QC036—08—04

QC036—08—05

QC036—08—06

QC036—08—07

QC036—08—08

QC036—08—09

QC036—08—10

QC036—08—11

QC036—08—12

QC036—08—13

QC036—08—14

QC036—08—15

QC036—08—16

QC036—09—01

QC036—09—02

QC036—09—03

QC036—09—04

QC036—09—05

QC036—09—06

QC036—09—07

QC036—09—08

QC036—09—09

QC036—09—10

QC036—09—11

QC036—09—12

QC036—09—13

QC036—09—14
QC036—09—15
QC036—09—16
QC036—09—17
QC036—09—18

QC037（60 字）

QC037—01—01
QC037—01—02
QC037—01—03
QC037—01—04
QC037—01—05
QC037—01—06
QC037—01—07
QC037—01—08
QC037—01—09
QC037—02—01
QC037—02—02
QC037—02—03
QC037—02—04
QC037—02—05
QC037—02—06
QC037—02—07

QC037—02—08
QC037—02—09
QC037—03—01
QC037—03—02
QC037—03—03
QC037—03—04
QC037—03—05
QC037—03—06
QC037—03—07
QC037—03—08
QC037—04—01
QC037—04—02
QC037—04—03
QC037—04—04
QC037—04—05
QC037—04—06
QC037—04—07
QC037—04—08
QC037—04—09
QC037—05—01
QC037—05—02

QC037—05—03

QC037—05—04

QC037—05—05

QC037—05—06

QC037—05—07

QC037—05—08

QC037—05—09

QC037—05—10

QC037—06—01

QC037—06—02

QC037—06—03

QC037—06—04

QC037—06—05

QC037—06—06

QC037—06—07

QC037—06—08

QC037—06—09

QC037—07—01

QC037—07—02

QC037—07—03

QC037—07—04

QC037—07—05

QC037—07—06

QC038（57 字）

QC038—01—01

QC038—01—02

QC038—01—03

QC038—01—04

QC038—02—01

QC038—02—02

QC038—02—03

QC038—02—04

QC038—02—05

QC038—02—06

QC038—03—01

QC038—03—02

QC038—03—03

QC038—03—04

QC038—03—05

QC038—03—06

QC038—04—01

QC038—04—02

QC038—04—03

QC038—04—04

QC038—04—05

	QC038—04—06
	QC038—04—07
	QC038—05—01
	QC038—05—02
	QC038—05—03
	QC038—05—04
	QC038—05—05
	QC038—05—06
	QC038—05—07
	QC038—05—08
	QC038—06—01
	QC038—06—02
	QC038—06—03
	QC038—06—04
	QC038—06—05
	QC038—06—06
	QC038—06—07
	QC038—07—01
	QC038—07—02
	QC038—07—03
	QC038—07—04
	QC038—07—05
	QC038—07—06
	QC038—07—07
	QC038—07—08
	QC038—08—01

	QC038—08—02
	QC038—08—03
	QC038—08—04
	QC038—08—05
	QC038—08—06
	QC038—08—07
	QC038—09—01
	QC038—09—02
	QC038—09—03
	QC038—09—04

QC039（81字）

	QC039—01—01
	QC039—01—02
	QC039—01—03
	QC039—01—04
	QC039—01—05
	QC039—01—06
	QC039—01—07
	QC039—01—08
	QC039—01—09
	QC039—01—10
	QC039—02—01
	QC039—02—02

	QC039—02—03
	QC039—02—04
	QC039—02—05
	QC039—02—06
	QC039—03—01
	QC039—03—02
	QC039—03—03
	QC039—03—04
	QC039—03—05
	QC039—03—06
	QC039—03—07
	QC039—03—08
	QC039—03—09
	QC039—03—10
	QC039—03—11
	QC039—03—12
	QC039—04—01
	QC039—04—02
	QC039—04—03
	QC039—04—04
	QC039—04—05
	QC039—04—06
	QC039—04—07
	QC039—04—08
	QC039—04—09

	QC039—04—10
	QC039—04—11
	QC039—04—12
	QC039—04—13
	QC039—04—14
	QC039—05—01
	QC039—05—02
	QC039—05—03
	QC039—05—04
	QC039—05—05
	QC039—05—06
	QC039—05—07
	QC039—05—08
	QC039—05—09
	QC039—05—10
	QC039—06—01
	QC039—06—02
	QC039—06—03
	QC039—06—04
	QC039—06—05
	QC039—06—06
	QC039—06—07
	QC039—06—08
	QC039—06—09
	QC039—07—01

QC039—07—02

QC039—07—03

QC039—07—04

QC039—07—05

QC039—07—06

QC039—07—07

QC039—07—08

QC039—07—09

QC039—08—01

QC039—08—02

QC039—08—03

QC039—08—04

QC039—08—05

QC039—08—06

QC039—08—07

QC039—09—01

QC039—09—02

QC039—09—03

QC039—09—04

QC040（53 字）

QC040（1）—01—01

QC040（1）—01—02

QC040（1）—01—03

QC040（1）—01—04

QC040（1）—01—05

QC040（1）—02—01

QC040（1）—02—02

QC040（1）—02—03

QC040（1）—03—01

QC040（1）—03—02

QC040（1）—03—03

QC040（1）—04—01

QC040（1）—04—02

QC040（1）—04—03

QC040（1）—04—04

QC040（1）—04—05

QC040（1）—05—01

QC040（1）—05—02

QC040（1）—05—03

QC040（2）—01—01

QC040（2）—01—02

QC040（2）—01—03

QC040（2）—01—04

QC040（2）—01—05

QC040（2）—02—01

QC040（2）—03—01

QC040（2）—03—02

QC040（2）—04—01

QC040（2）—04—02

QC040（2）—04—03

QC040（2）—04—04

QC040（2）—05—01

QC040（2）—05—02

QC040（3）—01—01

QC040（3）—01—02

QC040（3）—01—03

QC040（3）—01—04

QC040（3）—01—05

QC040（3）—01—06

QC040（3）—01—07

QC040（3）—01—08

QC040（3）—01—09

QC040（3）—02—01

QC040（3）—02—02

QC040（3）—02—03

QC040（3）—02—04

QC040（3）—02—05

QC040（3）—03—01

QC040（3）—03—02

QC040（3）—03—03

QC040（3）—03—04

QC040（3）—03—05

QC040（3）—03—06

QC041（130 字）

QC041—01—01

QC041—01—02

QC041—01—03

QC041—01—04

QC041—01—05

QC041—01—06

QC041—01—07

QC041—01—08

QC041—01—09

QC041—01—10

QC041—02—01

QC041—02—02

QC041—02—03

QC041—02—04

QC041—02—05

QC041—02—06

QC041—02—07

QC041—02—08

QC041—02—09

QC041—03—01

QC041—03—02

QC041—03—03

QC041—03—04

QC041—03—05

〓	QC041—03—06		QC041—06—04
	QC041—03—07		QC041—06—05
	QC041—03—08		QC041—06—06
	QC041—03—09		QC041—06—07
	QC041—03—10		QC041—06—08
	QC041—04—01		QC041—06—09
	QC041—04—02		QC041—07—01
	QC041—04—03		QC041—07—02
	QC041—04—04		QC041—07—03
	QC041—04—05		QC041—07—04
	QC041—04—06		QC041—07—05
v	QC041—04—07		
	QC041—04—08		QC041—07—06
	QC041—04—09		QC041—07—07
	QC041—04—10		QC041—07—08
	QC041—05—01		QC041—07—09
	QC041—05—02		QC041—08—01
	QC041—05—03		QC041—08—02
	QC041—05—04		QC041—08—03
	QC041—05—05		QC041—08—04
	QC041—05—06		QC041—08—05
	QC041—05—07		QC041—08—06
	QC041—05—08		QC041—08—07
	QC041—05—09		QC041—08—08
	QC041—05—10		QC041—08—09
	QC041—05—11		
	QC041—06—01		QC041—09—01
	QC041—06—02		
	QC041—06—03		

QC041—09—02

QC041—09—03

QC041—09—04

QC041—09—05

QC041—09—06

QC041—09—07

QC041—09—08

QC041—09—09

QC041—10—01

QC041—10—02

QC041—10—03

QC041—10—04

QC041—10—05

QC041—10—06

QC041—10—07

QC041—10—08

QC041—10—09

QC041—11—01

QC041—11—02

QC041—11—03

QC041—11—04

QC041—11—05

QC041—11—06

QC041—11—07

QC041—11—08

QC041—11—09

QC041—11—10

QC041—12—01

QC041—12—02

QC041—12—03

QC041—12—04

QC041—12—05

QC041—12—06

QC041—12—07

QC041—12—08

QC041—12—09

QC041—12—10

QC041—13—01

QC041—13—02

QC041—13—03

QC041—13—04

QC041—13—05

QC041—13—06

QC041—13—07

QC041—13—08

QC041—13—09

QC041—14—01

QC041—14—02

QC041—14—03

QC041—14—04

QC041—14—05

QC041—14—06

QC042（42字）

QC042—01—01

QC042—01—02

QC042—01—03

QC042—01—04

QC042—02—01

QC042—02—02

QC042—02—03

QC042—02—04

QC042—02—05

QC042—02—06

QC042—03—01

QC042—03—02

QC042—03—03

QC042—03—04

QC042—03—05

QC042—03—06

QC042—04—01

QC042—04—02

QC042—04—03

QC042—04—04

QC042—04—05

QC042—04—06

QC042—04—07

QC042—04—08

QC042—05—01

QC042—05—02

QC042—05—03

QC042—05—04

QC042—05—05

QC042—05—06

QC042—05—07

QC042—05—08

QC042—05—09

QC042—06—01

QC042—06—02

QC042—06—03

QC042—06—04

QC042—06—05

QC042—06—06

QC042—06—07

QC042—06—08
QC042—06—09

QC043（114 字）

QC043—01—01

QC043—01—02

QC043—01—03

QC043—01—04

QC043—02—01

QC043—02—02

QC043—02—03

QC043—02—04

QC043—02—05

QC043—02—06

QC043—02—07

QC043—02—08

QC043—02—09

QC043—03—01

QC043—03—02

QC043—03—03

QC043—03—04

QC043—03—05

QC043—03—06

QC043—03—07

QC043—03—08

QC043—04—01

QC043—04—02

QC043—04—03

QC043—04—04

QC043—04—05

QC043—04—06

QC043—04—07

QC043—04—08

QC043—04—09

QC043—04—10

QC043—05—01

QC043—05—02

QC043—05—03

QC043—05—04

QC043—05—05

QC043—05—06

QC043—05—07

QC043—05—08

QC043—05—09

QC043—05—10

QC043—06—01

QC043—06—02

QC043—06—03

QC043—06—04

QC043—06—05

QC043—06—06

QC043—06—07

QC043—06—08

QC043—06—09

QC043—06—10

QC043—07—01

QC043—07—02

QC043—07—03

QC043—07—04

QC043—07—05

QC043—07—06

QC043—07—07

QC043—07—08

QC043—07—09

QC043—07—10

QC043—07—11

QC043—08—01

QC043—08—02

QC043—08—03

QC043—08—04

QC043—08—05

QC043—08—06

QC043—08—07

QC043—08—08

QC043—08—09

QC043—08—10

QC043—09—01

QC043—09— 02

QC043—09—03

QC043—09—04

QC043—09—05

QC043—09—06

QC043—09—07

QC043—09—08

QC043—09—09

QC043—09—10

QC043—09—11

QC043—10—01

QC043—10—02

QC043—10—03

QC043—10—04

QC043—10—05

QC043—10—06

QC043—10—07

QC043—10—08

QC043—10—09

QC043—11—01

QC043—11—02

QC043—11—03

QC043—11—04

QC043—11—05

QC043—11—06

QC043—11—07

QC043—12—01

QC043—12—02

QC043—12—03

QC043—12—04

QC043—12—05

QC043—12—06

QC043—13—01

QC043—13—02

QC043—13—03

QC043—13—04

QC043—13—05

QC043—14—01

QC043—14—02

QC043—14—03

QC043—14—04

QC044（38字）

QC044—01—01

QC044—01—02

QC044—01—03

QC044—01—04

QC044—01—05

QC044—01—06

QC044—01—07

QC044—01—08

QC044—01—09

QC044—01—10

QC044—01—11

QC044—01—12
QC044—01—13
QC044—02—01

QC044—02—02
QC044—02—03

QC044—02—04

QC044—02—05

QC044—02—06

QC044—02—07
QC044—02—08
QC044—02—09
QC044—02—10

QC044—02—11

QC044—02—12

QC044—03—01

QC044—03—02

QC044—03—03

QC044—03—04

QC044—03—05

QC044—03—06

QC044—04—01

QC044—04—02

QC044—04—03

QC044—04—04

QC044—04—05

QC044—04—06
QC044—04—07

QC045（50字）

QC045—01—01

QC045—01—02

QC045—01—03

QC045—01—04

QC045—01—05

QC045—01—06

QC045—01—07

QC045—01—08

QC045—01—09

QC045—02—01

QC045—02—02

QC045—02—03

QC045—02—04

QC045—02—05

QC045—02—06

QC045—02—07

QC045—02—08

QC045—02—09

QC045—02—10

QC045—03—01

QC045—03—02

QC045—03—03

QC045—03—04

QC045—03—05

QC045—03—06

QC045—03—07

QC045—03—08

QC045—03—09

QC045—03—10

QC045—04—01

QC045—04—02

QC045—04—03

QC045—04—04

QC045—04—05

QC045—04—06

QC045—04—07

QC045—04—08

QC045—04—09

QC045—05—01

QC045—05—02

QC045—05—03

QC045—05—04

QC045—05—05

QC045—05—06

QC045—05—07

QC045—05—08

QC045—06—01

QC045—06—02

QC045—06—03

QC045—06—04

QC046（53 字）

QC046—01—01

QC046—01—02

QC046—01—03

QC046—01—04

QC046—01—05

QC046—01—06

QC046—01—07

QC046—01—08

QC046—01—09

QC046—01—10

QC046—01—11

QC046—02—01

QC046—02—02

QC046—02—03

QC046—02—04

QC046—02—05

QC046—02—06

QC046—02—07

QC046—02—08

QC046—02—09

QC046—02—10

QC046—02—11

QC046—03—01

QC046—03—02

QC046—03—03

QC046—03—04

QC046—03—05

QC046—03—06

QC046—03—07

QC046—03—08

QC046—03—09

QC046—04—01

QC046—04—02

QC046—04—03

QC046—04—04

QC046—04—05

QC046—04—06

QC046—04—07

QC046—04—08

QC046—04—09

QC046—05—01

QC046—05—02

QC046—05—03

QC046—05—04

QC046—05—05

QC046—05—06

QC046—06—01

QC046—06—02

QC046—06—03

QC046—06—04

QC046—06—05
QC046—06—06
QC046—06—07
QC046—06—08
QC046—06—09

QC047（21字）

QC047—01—01
QC047—01—02
QC047—01—03

QC047—02—01
QC047—02—02
QC047—02—03
QC047—02—04

QC047—03—01
QC047—03—02
QC047—03—03
QC047—03—04

QC047—04—01
QC047—04—02

QC047—04—03
QC047—04—04

QC047—04—05

QC047—05—01

QC047—05—02
QC047—05—03
QC047—05—04
QC047—05—05

QC048（43字）

QC048—01—01
QC048—01—02
QC048—01—03
QC048—01—04
QC048—01—05
QC048—01—06
QC048—01—07
QC048—02—01
QC048—02—02
QC048—02—03
QC048—02—04
QC048—02—05
QC048—02—06
QC048—02—07
QC048—02—08

QC048—03—01

QC048—03—02

QC048—03—03

QC048—03—04

QC048—03—05

QC048—03—06

QC048—04—01

QC048—04—02

QC048—04—03

QC048—04—04

QC048—04—05

QC048—04—06

QC048—04—07

QC048—05—01

QC048—05—02

QC048—05—03

QC048—06—01

QC048—06—02

QC048—06—03

QC048—06—04

QC048—06—05

QC048—06—06

QC048—07—01

QC048—07—02

QC048—07—03

QC048—07—04

QC048—07—05

QC048—07—06

QC049（82字）

QC049—01—01

QC049—01—02

QC049—01—03

QC049—01—04

QC049—01—05

QC049—01—06

QC049—01—07

QC049—01—08

QC049—01—09

QC049—01—10

QC049—02—01

QC049—02—02

QC049—02—03

QC049—02—04

QC049—02—05

QC049—02—06

QC049—02—07

QC049—02—08

QC049—02—09

QC049—02—10

QC049—02—11

QC049—02—12

QC049—03—01

QC049—03—02

QC049—03—03

QC049—03—04

QC049—03—05

QC049—03—06

QC049—03—07

QC049—03—08

QC049—03—09

QC049—03—10

QC049—03—11

QC049—03—12

QC049—04—01

QC049—04—02

QC049—04—03

QC049—04—04

QC049—04—05

QC049—04—06

QC049—04—07

QC049—04—08

QC049—04—09

QC049—04—10

QC049—04—11

QC049—04—12

QC049—04—13

QC049—05—01

QC049—05—02

QC049—05—03

QC049—05—04

QC049—05—05

QC049—05—06

QC049—05—07

QC049—05—08

QC049—05—09

QC049—05—10

QC049—05—11

QC049—05—12

QC049—05—13

QC049—05—14

QC049—05—15

QC049—05—16

QC049—05—17

QC049—05—18

QC049—06—01

QC049—06—02

QC049—06—03

QC049—06—04

QC049—06—05

QC049—06—06

QC049—06—07

QC049—06—08

QC049—06—09

QC049—06—10

QC049—06—11

QC049—06—12

QC049—06—13

QC049—06—14

QC049—06—15

QC049—06—16

QC049—06—17

QC050（110字）

QC050—01—01

QC050—01—02

QC050—01—03

QC050—01—04

QC050—01—05

QC050—01—06

QC050—02—01

QC050—02—02

QC050—02—03

QC050—02—04

QC050—02—05

QC050—02—06

QC050—02—07

QC050—02—08

QC050—03—01

QC050—03—02

QC050—03—03

QC050—03—04

QC050—03—05

QC050—03—06

QC050—03—07

QC050—04—01

QC050—04—02

QC050—04—03

QC050—04—04

QC050—04—05

QC050—04—06

QC050—05—01

QC050—05—02

QC050—05—03

QC050—05—04

QC050—05—05

QC050—05—06

QC050—05—07

QC050—05—08

QC050—05—09

QC050—06—01

QC050—06—02

QC050—06—03

QC050—06—04

QC050—06—05

QC050—06—06

QC050—06—07

QC050—06—08

QC050—06—09

QC050—07—01

QC050—07—02

QC050—07—03

QC050—07—04

QC050—07—05

QC050—07—06

QC050—07—07

QC050—07—08

QC050—07—09

QC050—07—10

QC050—08—01

QC050—08—02

QC050—08—03

QC050—08—04

QC050—08—05

QC050—08—06

QC050—08—07

QC050—08—08

QC050—08—09

QC050—08—10

QC050—08—11

QC050—08—12

QC050—08—13

QC050—09—01

QC050—09—02

QC050—09—03

QC050—09—04

QC050—09—05

QC050—09—06

QC050—09—07

QC050—09—08

QC050—09—09

QC050—09—10

QC050—09—11

QC050—09—12

QC050—10—01

QC050—10—02

QC050—10—03

QC050—10—04

QC050—10—05

QC050—10—06

QC050—10—07

QC050—10—08

QC050—10—09

QC050—10—10

QC050—10—11

QC050—11—01

QC050—11—02

QC050—11—03

QC050—11—04

	QC050—11—05
	QC050—11—06
	QC050—11—07
	QC050—11—08
	QC050—11—09
	QC050—11—10
	QC050—11—11
	QC050—12—01
	QC050—12—02
	QC050—12—03
	QC050—12—04
	QC050—12—05
	QC050—12—06
	QC050—12—07
	QC050—12—08
	QC050—12—09

QC051（49 字）

	QC051—01—01
	QC051—01—02

	QC051—01—03
	QC051—01—04
	QC051—01—05
	QC051—01—06
	QC051—02—01
	QC051—02—02
	QC051—02—03
	QC051—02—04
	QC051—02—05
	QC051—02—06
	QC051—02—07
	QC051—02—08
	QC051—02—09
	QC051—03—01
	QC051—03—02
	QC051—03—03
	QC051—03—04
	QC051—03—05
	QC051—03—06
	QC051—03—07
	QC051—03—08

QC051—04—01

QC051—04—02

QC051—04—03

QC051—04—04

QC051—04—05

QC051—04—06

QC051—04—07

QC051—04—08

QC051—05—01

QC051—05—02

QC051—05—03

QC051—05—04

QC051—05—05

QC051—05—06

QC051—05—07

QC051—05—08

QC051—05—09

QC051—06—01

QC051—06—02

QC051—06—03

QC051—06—04

QC051—06—05

QC051—06—06

QC051—06—07

QC051—06—08

QC051—06—09

QC052（66 字）

QC052—01—01

QC052—01—02

QC052—01—03

QC052—01—04

QC052—01—05

QC052—01—06

QC052—01—07

QC052—01—08

QC052—01—09

QC052—02—01

QC052—02—02

QC052—02—03

QC052—02—04

QC052—02—05

QC052—02—06

QC052—02—07

QC052—02—08

QC052—02—09

QC052—02—10

QC052—02—11

QC052—02—12

QC052—03—01

QC052—03—02

QC052—03—03

QC052—03—04

QC052—03—05

QC052—03—06

QC052—03—07

QC052—03—08

QC052—03—09

QC052—03—10

QC052—03—11

QC052—04—01

QC052—04—02

QC052—04—03

QC052—04—04

QC052—04—05

QC052—04—06

QC052—04—07

QC052—04—08

QC052—04—09

QC052—04—10

QC052—04—11

QC052—04—12

QC052—05—01

QC052—05—02

QC052—05—03

QC052—05—04

QC052—05—05

QC052—05—06

QC052—05—07

QC052—05—08

QC052—05—09

QC052—05—10

QC052—05—11

QC052—06—01

QC052—06—02

QC052—06—03

QC052—06—04

QC052—06—05

QC052—06—06

QC052—06—07

QC052—06—08

QC052—06—09

QC052—06—10

QC052—06—11

QC053（57 字）

QC053—01—01

QC053—01—02

QC053—01—03

QC053—01—04

QC053—01—05

QC053—02—01

QC053—02—02

QC053—02—03

QC053—02—04

QC053—02—05

QC053—02—06

QC053—03—01

QC053—03—02

QC053—03—03

QC053—03—04

QC053—03—05

QC053—03—06

QC053—03—07

QC053—03—08

QC053—03—09

QC053—03—10

QC053—03—11

QC053—04—01

QC053—04—02

QC053—04—03

QC053—04—04

QC053—04—05

QC053—04—06

QC053—04—07

QC053—04—08

QC053—04—09

QC053—04—10

QC053—05—01

QC053—05—02

QC053—05—03

QC053—05—04

QC053—05—05

QC053—05—06

QC053—05—07

QC053—05—08

QC053—05—09

QC053—05—10

QC053—05—11

QC053—05—12

QC053—06—01

QC053—06—02

QC053—06—03

QC053—06—04

QC053—06—05

QC053—06—06

QC053—06—07

QC053—06—08

QC053—06—09

QC053—06—10

QC053—07—01

QC053—07—02

QC053—07—03

QC054（56字）

QC054—01—01

QC054—01—02

QC054—01—03

QC054—01—04

QC054—01—05

QC054—01—06

QC054—01—07

QC054—02—01

QC054—03—01

QC054—03—02

QC054—03—03

QC054—03—04

QC054—03—05

QC054—03—06

QC054—03—07

QC054—03—08

QC054—03—09

QC054—04—01

QC054—04—02

QC054—04—03

QC054—04—04

QC054—04—05

QC054—04—06

QC054—04—07

QC054—04—08

QC054—04—09

QC054—05—01

QC054—05—02

QC054—05—03

QC054—05—04

QC054—05—05

QC054—05—06

QC054—05—07

QC054—06—01

QC054—06—02

QC054—06—03

QC054—06—04

QC054—06—05

QC054—06—06

QC054—06—07

QC054—06—08

QC054—07—01

QC054—07—02

QC054—07—03

QC054—07—04

QC054—07—05

QC054—07—06

QC054—07—07

QC054—07—08

QC054—08—01

QC054—08—02

QC054—08—03

QC054—08—04

QC054—08—05

QC054—08—06

QC054—08—07

QC055（35字）

QC055—01—01

QC055—01—02

QC055—01—03

QC055—01—04

QC055—01—05

QC055—01—06

QC055—01—07

QC055—01—08

QC055—02—01

QC055—02—02

QC055—02—03

QC055—02—04

QC055—02—05

QC055—02—06

QC055—02—07

QC055—03—01

QC055—03—02

QC055—03—03

QC055—03—04

QC055—03—05

QC055—03—06

QC055—03—07

QC055—03—08

QC055—04—01

QC055—04—02

QC055—04—03

QC055—04—04

QC055—04—05

QC055—04—06

QC055—04—07

QC055—04—08

QC055—05—01

QC055—05—02

QC055—05—03

QC055—05—04

QC056（49字）

QC056—01—01

QC056—01—02

QC056—01—03

QC056—01—04

QC056—01—05

QC056—01—06

QC056—01—07

QC056—01—08

QC056—01—09

QC056—01—10

QC056—01—11

QC056—02—01

QC056—02—02

QC056—02—03

QC056—02—04

QC056—02—05

QC056—02—06

QC056—02—07

QC056—02—08

QC056—02—09

QC056—02—10

QC056—02—11

QC056—02—12

QC056—03—01

QC056—03—02

QC056—03—03

QC056—03—04

QC056—03—05

QC056—03—06

QC056—03—07

QC056—03—08

QC056—03—09

QC056—03—10

QC056—03—11

QC056—04—01

QC056—04—02

QC056—04—03

QC056—04—04

QC056—04—05

QC056—04—06

QC056—05—01

QC056—05—02

QC056—05—03

QC056—05—04

QC056—05—05

QC056—06—01

QC056—06—02

QC056—06—03

QC056—06—04

QC057（57字）

QC057—01—01

QC057—01—02

QC057—01—03

QC057—01—04

QC057—01—05

QC057—01—06

QC057—01—07

QC057—01—08

QC057—01—09

QC057—01—10

QC057—01—11

QC057—01—12

QC057—02—01

QC057—02—02

QC057—02—03

QC057—02—04

QC057—02—05

QC057—02—06

QC057—02—07

	QC057—02—08
	QC057—02—09
	QC057—02—10
	QC057—02—11
	QC057—03—01
	QC057—03—02
	QC057—03—03
	QC057—03—04
	QC057—03—05
	QC057—03—06
	QC057—03—07
	QC057—03—08
	QC057—03—09
	QC057—03—10
	QC057—03—11
	QC057—03—12
	QC057—04—01
	QC057—04—02
	QC057—04—03
	QC057—04—04
	QC057—04—05
	QC057—04—06

	QC057—04—07
	QC057—04—08
	QC057—04—09
	QC057—04—10
	QC057—04—11
	QC057—05—01
	QC057—05—02
	QC057—05—03
	QC057—05—04
	QC057—05—05
	QC057—05—06
	QC057—05—07
	QC057—05—08
	QC057—05—09
	QC057—05—10
	QC057—05—11

QC058（61字）

	QC058—01—01
	QC058—01—02
	QC058—01—03
	QC058—01—04

QC058—01—05

QC058—01—06

QC058—01—07

QC058—02—01

QC058—02—02

QC058—02—03

QC058—02—04

QC058—02—05

QC058—02—06

QC058—02—07

QC058—02—08

QC058—02—09

QC058—03—01

QC058—03—02

QC058—03—03

QC058—03—04

QC058—03—05

QC058—03—06

QC058—03—07

QC058—03—08

QC058—03—09

QC058—03—10

QC058—03—11

QC058—04—01

QC058—04—02

QC058—04—03

QC058—04—04

QC058—04—05

QC058—04—06

QC058—04—07

QC058—04—08

QC058—04—09

QC058—05—01

QC058—05—02

QC058—05—03

QC058—05—04

QC058—05—05

QC058—05—06

QC058—05—07

QC058—05—08

QC058—06—01

QC058—06—02

QC058—06—03

QC058—06—04

QC058—06—05

QC058—06—06

QC058—06—07

QC058—06—08

QC058—06—09

QC058—07—01

QC058—07—02

QC058—07—03

QC058—07—04

QC058—07—05

QC058—07—06

QC058—07—07

QC058—07—08

QC059（19字）

QC059—01—01

QC059—01—02

QC059—01—03

QC059—02—01

QC059—02—02

QC059—02—03

QC059—02—04

QC059—03—01

QC059—03—02

QC059—03—03

QC059—03—04

QC059—03—05

QC059—04—01

QC059—04—02

QC059—05—01

QC059—05—02

QC059—06—01

QC059—06—02

QC059—06—03

QC060（21字）

QC060—01—01

QC060—01—02

QC060—01—03

QC060—01—04

QC060—01—05

QC060—01—06

QC060—02—01

QC060—02—02

QC060—02—03

QC060—03—01

QC060—03—02

QC060—03—03

QC060—03—04

QC060—03—05

QC060—03—06

QC060—03—07

QC060—04—01

QC060—04—02

QC060—04—03

QC060—05—01

QC060—05—02

QC061（15字）

QC061—01—01

QC061—01—02

QC061—02—01

QC061—02—02

QC061—02—03

QC061—03—01

QC061—03—02

QC061—03—03

QC061—03—04

QC061—04—01

QC061—04—02

QC061—04—03

QC061—05—01

QC061—05—02

QC061—05—03

QC062（80字）

QC062—01—01

QC062—01—02

QC062—01—03

QC062—01—04

QC062—01—05

QC062—01—06

QC062—01—07

QC062—01—08

QC062—02—01

QC062—02—02

QC062—02—03

QC062—02—04

QC062—02—05

QC062—02—06

QC062—02—07

QC062—02—08

QC062—03—01

QC062—03—02

QC062—03—03
QC062—03—04

QC062—03—05
QC062—03—06
QC062—03—07
QC062—03—08

QC062—04—01
QC062—04—02
QC062—04—03

QC062—04—04
QC062—04—05
QC062—04—06
QC062—04—07

QC062—04—08

QC062—05—01

QC062—05—02
QC062—05—03
QC062—05—04
QC062—05—05
QC062—05—06
QC062—05—07
QC062—05—08

QC062—05—09

QC062—06—01
QC062—06—02
QC062—06—03

QC062—06—04

QC062—06—05
QC062—06—06

QC062—06—07
QC062—06—08

QC062—07—01
QC062—07—02
QC062—07—03
QC062—07—04
QC062—07—05

QC062—07—06

QC062—07—07

QC062—07—08

QC062—08—01

QC062—08—02
QC062—08—03

QC062—08—04

QC062—08—05
QC062—08—06

QC062—08—07

QC062—09—01
QC062—09—02

QC062—09—03

QC062—09—04

QC062—09—05

QC062—10—01

QC062—10—02

QC062—10—03

QC062—10—04

QC062—10—05

QC062—10—06

QC062—11—01

QC062—11—02

QC062—11—03

QC062—11—04

QC062—11—05

QC063（53字）

QC063—01—01

QC063—01—02

QC063—01—03

QC063—02—01

QC063—02—02

QC063—02—03

QC063—02—04

QC063—02—05

QC063—03—01

QC063—03—02

QC063—03—03

QC063—03—04

QC063—03—05

QC063—03—06

QC063—04—01

QC063—04—02

QC063—04—03

QC063—04—04

QC063—04—05

QC063—05—01

QC063—05—02

QC063—05—03

QC063—05—04

QC063—05—05

QC063—05—06

QC063—05—07

QC063—06—01

QC063—06—02

QC063—06—03

QC063—06—04

QC063—06—05

QC063—06—06

QC063—06—07

QC063—06—08

QC063—06—09

QC063—07—01

QC063—07—02

QC063—07—03

QC063—07—04

QC063—07—05

QC063—07—06

山	QC063—07—07
	QC063—08—01
	QC063—08—02
	QC063—08—03
	QC063—08—04
	QC063—08—05
	QC063—08—06
	QC063—08—07
	QC063—08—08
	QC063—08—09
	QC063—08—10
	QC063—08—11

QC064（39字）

	QC064—01—01
	QC064—01—02
	QC064—02—01
	QC064—02—02
	QC064—02—03
	QC064—02—04
	QC064—02—05
	QC064—03—01
	QC064—03—02
	QC064—03—03

	QC064—03—04
	QC064—04—01
	QC064—04—02
	QC064—04—03
	QC064—04—04
	QC064—04—05
	QC064—05—01
	QC064—05—02
	QC064—05—03
	QC064—05—04
	QC064—05—05
	QC064—05—06
	QC064—06—01
	QC064—06—02
	QC064—06—03
	QC064—06—04
	QC064—06—05
	QC064—07—01
	QC064—07—02
	QC064—07—03
	QC064—07—04

QC064—07—05

QC064—08—01

QC064—08—02

QC064—08—03

QC064—08—04

QC064—09—01

QC064—09—02

QC064—09—03

QC065（6字）

QC065—01—01

QC065—02—01

QC065—02—02

QC065—03—01

QC065—03—02

QC065—03—03

QC066（27字）

QC066—01—01

QC066—01—02

QC066—01—03

QC066—01—04

QC066—02—01

QC066—02—02

QC066—02—03

QC066—02—04

QC066—02—05

QC066—02—06

QC066—03—01

QC066—03—02

QC066—03—03

QC066—03—04

QC066—03—05

QC066—03—06

QC066—03—07

QC066—04—01

QC066—04—02

QC066—04—03

QC066—04—04

QC066—04—05

QC066—04—06

QC066—04—07

QC066—05—01

QC066—05—02

QC066—05—03

QC067（36字）

QC067—01—01

QC067—01—02

QC067—01—03

QC067—01—04

QC067—02—01

QC067—02—02

QC064—02—03

QC067—02—04

QC067—02—05

QC067—02—06

QC067—03—01

QC067—03—02

QC067—03—03

QC067—03—04

QC067—03—05

QC067—03—06

QC067—03—07

QC067—04—01

QC067—04—02

QC067—04—03

QC067—04—04

QC067—04—05

QC067—04—06

QC067—05—01

QC067—05—02

QC067—05—03

QC067—05—04

QC067—05—05

QC067—05—06

QC067—05—07

QC067—06—01

QC067—06—02

QC067—06—03

QC067—06—04

QC067—06—05

QC067—06—06

QC068（30字）

QC068—01—01

QC068—01—02

QC068—01—03

QC068—01—04

QC068—01—05

QC068—02—01

QC068—02—02

QC068—02—03

QC068—02—04

QC068—02—05

QC068—02—06

QC068—03—01

QC068—03—02

QC068—03—03

QC068—03—04

QC068—03—05

QC068—04—01

QC068—04—02

QC068—04—03

QC068—04—04

QC068—04—05

QC068—05—01

QC068—05—02

QC068—05—03

QC068—05—04

QC068—06—01

QC068—06—02

QC068—06—03

QC068—06—04

QC068—06—05

QC069（25字）

QC069—01—01

QC069—01—02

QC069—01—03

QC069—01—04

QC069—01—05

QC069—01—06

QC069—02—01

QC069—02—02

QC069—02—03

QC069—02—04

QC069—02—05

QC069—02—06

QC069—03—01

QC069—03—02

QC069—03—03

QC069—03—04

QC069—03—05

QC069—03—06

QC069—03—07

QC069—04—01

QC069—04—02

QC069—04—03

QC069—04—04

QC069—04—05

QC069—04—06

QC070（16字）

QC070—01—01

QC070—01—02

QC070—01—03

QC070—01—04

QC070—02—01

QC070—02—02

QC070—02—03

QC070—03—01

QC070—03—02

QC070—03—03

QC070—03—04

QC070—04—01

QC070—04—02

QC070—04—03

QC070—04—04

QC070—05—01

QC071（24字）

QC071—01—01

QC071—01—02

QC071—01—03

QC071—01—04

QC071—01—05

QC071—02—01

QC071—02—02

QC071—02—03

QC071—02—04

QC071—02—05

QC071—02—06

QC071—03—01

QC071—03—02

QC071—03—03

QC071—03—04

QC071—03—05

QC071—03—06

QC071—03—07

QC071—04—01

QC071—04—02

QC071—04—03

QC071—04—04

QC071—04—05

QC071—04—06

QC072（55字）

QC072—01—01

QC072—01—02

QC072—01—03

QC072—01—04

QC072—01—05

QC072—01—06

QC072—01—07

QC072—01—08

QC072—01—09

QC072—02—01

QC072—02—02

QC072—02—03

QC072—02—04

QC072—02—05

QC072—02—06

QC072—02—07

QC072—02—08

QC072—02—09

QC072—03—01

QC072—03—02

QC072—03—03

QC072—03—04

QC072—03—05

QC072—03—06

QC072—03—07

QC072—03—08

QC072—03—09

QC072—03—10

QC072—03—11

QC072—04—01

QC072—04—02

QC072—04—03

QC072—04—04

QC072—04—05

QC072—04—06

QC072—04—07

QC072—04—08

QC072—04—09

QC072—04—10

QC072—05—01

QC072—05—02

QC072—05—03

QC072—05—04

QC072—05—05

QC072—05—06

QC072—05—07

QC072—05—08

QC072—05—09

QC072—05—10

QC072—06—01

QC072—06—02

QC072—06—03

QC072—06—04

QC072—06—05

QC072—06—06

QC073（**29字**）

QC073—01—01

QC073—01—02

QC073—02—01

QC073—02—02

QC073—03—01

QC073—03—02

QC073—03—03

QC073—03—04

QC073—03—05

QC073—03—06

QC073—04—01

QC073—04—02

QC073—04—03

QC073—04—04

QC073—04—05

QC073—05—01

QC073—05—02

QC073—05—03

QC073—05—04

QC073—05—05

QC073—06—01

QC073—06—02

QC073—06—03

QC073—06—04

QC073—06—05

QC073—07—01

QC073—07—02

QC073—07—03

QC073—08—01

QC074（20字）

QC074—01—01

QC074—01—02

QC074—01—03

QC074—01—04

QC074—01—05

QC074—01—06

QC074—01—07

QC074—02—01

QC074—02—02

QC074—02—03

QC074—02—04

QC074—02—05

QC074—02—06

QC074—02—07

QC074—03—01

QC074—03—02

QC074—03—03

QC074—03—04

QC074—03—05

QC074—03—06

QC075（29 字）

QC075—01—01

QC075—01—02

QC075—01—03

QC075—01—04

QC075—01—05

QC075—01—06

QC075—01—07

QC075—01—08

QC075—01—09

QC075—01—10

QC075—01—11

QC075—01—12

QC075—01—13

QC075—02—01

QC075—02—02

QC075—02—03

QC075—02—04

QC075—02—05

QC075—02—06

QC075—02—07

QC075—02—08

QC075—02—09

QC075—02—10

QC075—02—11

QC075—02—12

QC075—02—13

QC075—02—14

QC075—02—15

QC075—02—16

QC076（85 字）

QC076（1）—01—01

QC076（1）—01—02

QC076（1）—01—03

QC076（1）—01—04

QC076（1）—01—05

QC076（1）—01—06

QC076（1）—01—07

QC076（1）—01—08

QC076（1）—01—09

QC076（1）—01—10

QC076（1）—01—11

QC076（1）—01—12

QC076（1）—02—01

QC076（1）—02—02

QC076（1）—02—03

QC076（1）—02—04

QC076（1）—02—05

QC076（1）—02—06

QC076（1）—02—07

QC076（1）—02—08

QC076（1）—02—09

QC076（1）—02—10

QC076（1）—02—11

QC076（1）—02—12

QC076（1）—02—13

QC076（1）—02—14

QC076（1）—03—01

QC076（1）—03—02

QC076（1）—03—03

QC076（1）—03—04

QC076（1）—03—05

QC076（1）—03—06

QC076（1）—03—07

QC076（1）—03—08

QC076（1）—03—09

QC076（1）—03—10

QC076（1）—03—11

QC076（1）—03—12

QC076（1）—04—01

QC076（1）—04—02

QC076（1）—04—03

QC076（1）—04—04

QC076（1）—04—05

QC076（1）—04—06

QC076（1）—04—07

QC076（1）—04—08

QC076（1）—04—09

QC076（1）—04—10

QC076（2）—01—01

QC076（2）—01—02

QC076（2）—01—03

QC076（2）—01—04

QC076（2）—01—05

QC076（2）—01—06

QC076（2）—01—07

QC076（2）—01—08

QC076（2）—01—09

QC076（2）—01—10

QC076（2）—01—11

QC076（2）—02—01
QC076（2）—02—02

QC076（2）—02—03

QC076（2）—02—04

QC076（2）—02—05

QC076（2）—02—06

QC076（2）—02—07

QC076（2）—02—08

QC076（2）—02—09

QC076（2）—02—10

QC076（2）—02—11

QC076（2）—03—01

QC076（2）—03—02

QC076（2）—03—03

QC076（2）—03—04

QC076（2）—03—05

QC076（2）—03—06

QC076（2）—03—07

QC076（2）—03—08

QC076（2）—03—09

QC076（2）—03—10

QC076（2）—03—11

QC076（2）—03—12

QC076（2）—04—01

QC076（2）—04—02

QC076（2）—04—03

QC076（2）—04—04

QC076（2）—04—05

QC077（60 字）

QC077—01—01
QC077—01—02

QC077—01—03

QC077—01—04

QC077—01—05

QC077—01—06

QC077—02—01

QC077—02—02

QC077—02—03

QC077—02—04

QC077—02—05

QC077—02—06

QC077—03—01

QC077—03—02

QC077—03—03

QC077—03—04

QC077—03—05

QC077—03—06

QC077—04—01

QC077—04—02

QC077—04—03

QC077—04—04

QC077—04—05

QC077—04—06

QC077—05—01

QC077—05—02

QC077—05—03

QC077—05—04

QC077—05—05

QC077—05—06

QC077—05—07

QC077—06—01

QC077—06—02

QC077—06—03

QC077—06—04

QC077—06—05

QC077—07—01

QC077—07—02

QC077—07—03

QC077—07—04

QC077—07—05

QC077—07—06

QC077—08—01

QC077—08—02

QC077—08—03

QC077—08—04

QC077—09—01

QC077—09—02

QC077—09—03

QC077—10—01

QC077—10—02

QC077—10—03

QC077—11—01

QC077—11—02

QC077—11—03

QC077—12—01

QC077—12—02

QC077—12—03

QC077—13—01

QC077—13—02

QC078（2590 字）

QC078—01—01

QC078—01—02

QC078—01—03

QC078—01—04

QC078—01—05

QC078—01—06

QC078—01—07

QC078—01—08

QC078—01—09

QC078—01—10

QC078—01—11

QC078—01—12

QC078—02—01

QC078—02—02

QC078—02—03

QC078—02—04

QC078—02—05

QC078—02—06

QC078—02—07

QC078—02—08

QC078—02—09

QC078—02—10

QC078—02—11

QC078—03—01

QC078—03—02

QC078—03—03

QC078—03—04

QC078—03—05

QC078—03—06

QC078—03—07

QC078—03—08

QC078—03—09

QC078—03—10

QC078—03—11

	QC078—03—12
	QC078—03—13
	QC078—03—14
	QC078—03—15
	QC078—03—16
	QC078—04—01
	QC078—04—02
	QC078—04—03
	QC078—04—04
	QC078—04—05
	QC078—04—06
	QC078—04—07
	QC078—04—08
	QC078—04—09
	QC078—04—10
	QC078—04—11
	QC078—04—12
	QC078—04—13
	QC078—04—14

	QC078—05—01
	QC078—05—02
	QC078—05—03
	QC078—05—04
	QC078—05—05
	QC078—05—06
	QC078—05—07
	QC078—05—08
	QC078—05—09
	QC078—05—10
	QC078—05—11
	QC078—05—12
	QC078—05—13
	QC078—05—14
	QC078—05—15
	QC078—05—16
	QC078—05—17
	QC078—06—01
	QC078—06—02
	QC078—06—03
	QC078—06—04

QC078—06—05

QC078—06—06

QC078—06—07

QC078—06—08

QC078—06—09

QC078—06—10

QC078—06—11

QC078—06—12

QC078—06—13

QC078—06—14

QC078—06—15

QC078—06—16

QC078—06—17

QC078—06—18

QC078—06—19

QC078—06—20

QC078—06—21

QC078—07—01

QC078—07—02

QC078—07—03

QC078—07—04

QC078—07—05

QC078—07—06

QC078—07—07

QC078—07—08

QC078—07—09

QC078—07—10

QC078—07—11

QC078—07—12

QC078—07—13

QC078—07—14

QC078—07—15

QC078—07—16

QC078—07—17

QC078—07—18

QC078—07—19

QC078—07—20

QC078—08—01

	QC078—08—02		QC078—08—23
	QC078—08—03		QC078—08—24
	QC078—08—04		QC078—08—25
	QC078—08—05		QC078—08—26
	QC078—08—06		QC078—09—01
	QC078—08—07		QC078—09—02
	QC078—08—08		
	QC078—08—09		QC078—09—03
	QC078—08—10		QC078—09—04
	QC078—08—11		QC078—09—05
			QC078—09—06
	QC078—08—12		QC078—09—07
	QC078—08—13		QC078—09—08
	QC078—08—14		QC078—09—09
	QC078—08—15		
	QC078—08—16		QC078—09—10
	QC078—08—17		QC078—09—11
	QC078—08—18		QC078—09—12
	QC078—08—19		QC078—09—13
	QC078—08—20		QC078—09—14
	QC078—08—21		QC078—09—15
	QC078—08—22		QC078—09—16

QC078—09—17

QC078—09—18

QC078—09—19

QC078—09—20

QC078—09—21

QC078—09—22

QC078—09—23

QC078—09—24

QC078—10—01

QC078—10—02

QC078—10—03

QC078—10—04

QC078—10—05

QC078—10—06

QC078—10—07

QC078—10—08

QC078—10—09

QC078—10—10

QC078—10—11

QC078—10—12

QC078—10—13

QC078—10—14

QC078—10—15

QC078—10—16

QC078—10—17

QC078—10—18

QC078—10—19

QC078—10—20

QC078—10—21

QC078—10—22

QC078—10—23

QC078—10—24

QC078—10—25

QC078—10—26

QC078—11—01

QC078—11—02

QC078—11—03

QC078—11—04

QC078—11—05

QC078—11—06

QC078—11—07

QC078—11—08

QC078—11—09

QC078—11—10

QC078—11—11

QC078—11—12

QC078—11—13

QC078—11—14

QC078—11—15

QC078—11—16

QC078—11—17

QC078—11—18

QC078—11—19

QC078—11—20

QC078—11—21

QC078—11—22

QC078—11—23

QC078—11—24

QC078—11—25

QC078—11—26

QC078—11—27

QC078—11—28

QC078—11—29

QC078—11—30

QC078—11—31

QC078—11—32

QC078—11—33

QC078—11—34

QC078—11—35

QC078—11—36

QC078—11—37

QC078—11—38

QC078—11—39

QC078—11—40

QC078—11—41

QC078—11—42

QC078—11—43

QC078—11—44

QC078—11—45

QC078—11—46

QC078—11—47

QC078—11—48

QC078—11—49

QC078—11—50

QC078—11—51

QC078—12—01

QC078—12—02

QC078—12—03

QC078—12—04

QC078—12—05

QC078—12—06

QC078—12—07

QC078—12—08

QC078—12—09

QC078—12—10

QC078—12—11

QC078—12—12

QC078—12—13

QC078—12—14

QC078—12—15

QC078—12—16

QC078—12—17

QC078—12—18

QC078—12—19

QC078—12—20

QC078—12—21

QC078—12—22

QC078—12—23

QC078—12—24

QC078—12—25

QC078—12—26

QC078—12—27

QC078—12—28

QC078—12—29

QC078—12—30

QC078—12—31

QC078—12—32

QC078—12—33

QC078—12—34

QC078—12—35

QC078—12—36

QC078—12—37

QC078—12—38

QC078—12—39

QC078—12—40

QC078—12—41

QC078—12—42

QC078—12—43

QC078—12—44

QC078—12—45

QC078—12—46

QC078—12—47

QC078—12—48

QC078—12—49

QC078—12—50

QC078—12—51

QC078—12—52

QC078—12—53

QC078—13—01

QC078—13—02

QC078—13—03

QC078—13—04

QC078—13—05

QC078—13—06

QC078—13—07

QC078—13—08

QC078—13—09

QC078—13—10

QC078—13—11

QC078—13—12

QC078—13—13

QC078—13—14

QC078—13—15

QC078—13—16

QC078—13—17

QC078—13—18

QC078—13—19

QC078—13—20

QC078—13—21

QC078—13—22

QC078—13—23

QC078—13—24

QC078—13—25

QC078—13—26

QC078—13—27

QC078—13—28

QC078—13—29

QC078—13—30

QC078—13—31

QC078—13—32

QC078—13—33

QC078—13—34

QC078—13—35

QC078—13—36

QC078—13—37

QC078—13—38

QC078—13—39

QC078—13—40

QC078—13—41

QC078—13—42

QC078—13—43

QC078—13—44

QC078—13—45

QC078—13—46

QC078—13—47

QC078—13—48

QC078—13—49

QC078—13—50

QC078—13—51

QC078—13—52

QC078—13—53

QC078—14—01

QC078—14—02

QC078—14—03

QC078—14—04

QC078—14—05

QC078—14—06

QC078—14—07

QC078—14—08

QC078—14—09

QC078—14—10

QC078—14—11

QC078—14—12

QC078—14—13

QC078—14—14

QC078—14—15

QC078—14—16

QC078—14—17

QC078—14—18

QC078—14—19

QC078—14—20

QC078—14—21

QC078—14—22

QC078—14—23

QC078—14—24

QC078—14—25

QC078—14—26

QC078—14—27

QC078—14—28

QC078—14—29

QC078—14—30

QC078—14—31

QC078—14—32

QC078—14—33

QC078—14—34

QC078—14—35

QC078—14—36

QC078—14—37

QC078—14—38

QC078—14—39

QC078—14—40

QC078—14—41

QC078—14—42

QC078—14—43

QC078—14—44

QC078—14—45

QC078—14—46

QC078—14—47

QC078—14—48

QC078—14—49

QC078—14—50

QC078—14—51

QC078—14—52

QC078—14—53

QC078—14—54

QC078—14—55

QC078—14—56

QC078—14—57

QC078—14—58

QC078—14—59

QC078—15—01

QC078—15—02

QC078—15—03

QC078—15—04

QC078—15—05

QC078—15—06

QC078—15—07

QC078—15—08

QC078—15—09

QC078—15—10

QC078—15—11

QC078—15—12

QC078—15—13

QC078—15—14

QC078—15—15

QC078—15—16

QC078—15—17

QC078—15—18

QC078—15—19

QC078—15—20

QC078—15—21

QC078—15—22

QC078—15—23

QC078—15—24

QC078—15—25

QC078—15—26

QC078—15—27

QC078—15—28

QC078—15—29

QC078—15—30

QC078—15—31

QC078—15—32

QC078—15—33

QC078—15—34

QC078—15—35

QC078—15—36

QC078—15—37

QC078—15—38

QC078—15—39

QC078—15—40

QC078—15—41

QC078—15—42

QC078—15—43

	QC078—15—44
	QC078—15—45
	QC078—15—46
	QC078—15—47
	QC078—15—48
	QC078—15—49
	QC078—15—50
	QC078—15—51
	QC078—15—52
	QC078—15—53
	QC078—15—54
	QC078—15—55
	QC078—15—56
	QC078—15—57
	QC078—15—58
	QC078—15—59
	QC078—15—60
	QC078—15—61
	QC078—15—62
	QC078—16—01
	QC078—16—02
	QC078—16—03
	QC078—16—04
	QC078—16—05
	QC078—16—06
	QC078—16—07
	QC078—16—08

	QC078—16—09
	QC078—16—10
	QC078—16—11
	QC078—16—12
	QC078—16—13
	QC078—16—14
	QC078—16—15
	QC078—16—16
	QC078—16—17
	QC078—16—18
	QC078—16—19
	QC078—16—20
	QC078—16—21
	QC078—16—22
	QC078—16—23
	QC078—16—24
	QC078—16—25
	QC078—16—26
	QC078—16—27
	QC078—16—28
	QC078—16—29
	QC078—16—30

QC078—16—31

QC078—16—32

QC078—16—33

QC078—16—34

QC078—16—35

QC078—16—36

QC078—16—37

QC078—16—38

QC078—16—39

QC078—16—40

QC078—16—41

QC078—16—42

QC078—16—43

QC078—16—44

QC078—16—45

QC078—16—46

QC078—16—47

QC078—16—48

QC078—16—49

QC078—16—50

QC078—16—51

QC078—16—52

QC078—16—53

QC078—16—54

QC078—16—55

QC078—16—56

QC078—16—57

QC078—16—58

QC078—16—59

QC078—16—60

QC078—16—61

QC078—16—62

QC078—16—63

QC078—16—64

QC078—16—65

QC078—16—66

QC078—16—67

QC078—16—68

QC078—16—69

QC078—17—01

QC078—17—02

QC078—17—03

QC078—17—04

QC078—17—05

QC078—17—06

QC078—17—07

QC078—17—08

QC078—17—09

QC078—17—10

QC078—17—11

QC078—17—12

QC078—17—13

QC078—17—14

QC078—17—15

QC078—17—16

QC078—17—17

QC078—17—18

QC078—17—19

QC078—17—20

QC078—17—21

QC078—17—22

QC078—17—23

QC078—17—24

QC078—17—25

QC078—17—26

QC078—17—27

QC078—17—28

QC078—17—29

QC078—17—30

QC078—17—31

QC078—17—32

QC078—17—33

QC078—17—34

QC078—17—35

QC078—17—36

QC078—17—37

QC078—17—38

QC078—17—39

QC078—17—40

QC078—17—41

QC078—17—42

QC078—17—43

QC078—17—44

QC078—17—45

QC078—17—46

	QC078—17—47
	QC078—17—48
	QC078—17—49
	QC078—17—50
	QC078—17—51
	QC078—17—52
	QC078—17—53
	QC078—17—54
	QC078—17—55
	QC078—17—56
	QC078—17—57
	QC078—17—58
	QC078—17—59
	QC078—17—60
	QC078—17—61
	QC078—17—62
	QC078—18—01
	QC078—18—02
	QC078—18—03
	QC078—18—04
	QC078—18—05
	QC078—18—06

	QC078—18—07
	QC078—18—08
	QC078—18—09
	QC078—18—10
	QC078—18—11
	QC078—18—12
	QC078—18—13
	QC078—18—14
	QC078—18—15
	QC078—18—16
	QC078—18—17
	QC078—18—18
	QC078—18—19
	QC078—18—20
	QC078—18—21
	QC078—18—22
	QC078—18—23
	QC078—18—24
	QC078—18—25
	QC078—18—26
	QC078—18—27
	QC078—18—28

QC078—18—29

QC078—18—30

QC078—18—31

QC078—18—32

QC078—18—33

QC078—18—34

QC078—18—35

QC078—18—36

QC078—18—37

QC078—18—38

QC078—18—39

QC078—18—40

QC078—18—41

QC078—18—42

QC078—18—43

QC078—18—44

QC078—18—45

QC078—18—46

QC078—18—47

QC078—18—48

QC078—18—49

QC078—18—50

QC078—18—51

QC078—18—52

QC078—18—53

QC078—18—54

QC078—18—55

QC078—18—56

QC078—18—57

QC078—18—58

QC078—18—59

QC078—18—60

QC078—18—61

QC078—18—62

QC078—18—63

QC078—19—01

QC078—19—02

QC078—19—03

QC078—19—04

QC078—19—05

QC078—19—06

QC078—19—07

QC078—19—08

QC078—19—09

QC078—19—10

QC078—19—11

QC078—19—12

QC078—19—13

QC078—19—14

QC078—19—15

QC078—19—16

QC078—19—17

QC078—19—18

QC078—19—19

QC078—19—20

QC078—19—21

QC078—19—22

QC078—19—23

QC078—19—24

QC078—19—25

QC078—19—26

QC078—19—27

QC078—19—28

QC078—19—29

QC078—19—30

QC078—19—31

QC078—19—32

QC078—19—33

QC078—19—34

QC078—19—35

QC078—19—36

QC078—19—37

QC078—19—38

QC078—19—39

QC078—19—40

QC078—19—41

QC078—19—42

QC078—19—43

QC078—19—44

QC078—19—45

QC078—19—46

QC078—19—47

QC078—19—48

QC078—19—49

QC078—19—50

QC078—19—51

QC078—19—52

QC078—19—53

QC078—19—54

QC078—19—55

QC078—19—56

QC078—19—57

QC078—19—58

QC078—19—59

QC078—19—60

QC078—19—61

QC078—19—62

QC078—19—63

QC078—19—64

QC078—20—01

QC078—20—02

QC078—20—03

QC078—20—04

QC078—20—05

QC078—20—06

QC078—20—07

QC078—20—08

QC078—20—09

QC078—20—10

QC078—20—11

QC078—20—12

QC078—20—13

QC078—20—14

QC078—20—15

QC078—20—16

QC078—20—17

QC078—20—18

QC078—20—19

QC078—20—20

QC078—20—21

QC078—20—22

QC078—20—23

QC078—20—24

QC078—20—25

QC078—20—26

QC078—20—27

QC078—20—28

	QC078—20—29
	QC078—20—30
	QC078—20—31
	QC078—20—32
	QC078—20—33
	QC078—20—34
	QC078—20—35
	QC078—20—36
	QC078—20—37
	QC078—20—38
	QC078—20—39
	QC078—20—40
	QC078—20—41
	QC078—20—42
	QC078—20—43
	QC078—20—44
	QC078—20—45
	QC078—20—46
	QC078—20—47
	QC078—20—48
	QC078—20—49
	QC078—20—50
	QC078—20—51
	QC078—20—52
	QC078—20—53

	QC078—20—54
	QC078—20—55
	QC078—20—56
	QC078—20—57
	QC078—20—58
	QC078—20—59
	QC078—21—01
	QC078—21—02
	QC078—21—03
	QC078—21—04
	QC078—21—05
	QC078—21—06
	QC078—21—07
	QC078—21—08
	QC078—21—09
	QC078—21—10
	QC078—21—11
	QC078—21—12
	QC078—21—13
	QC078—21—14
	QC078—21—15
	QC078—21—16

QC078—21—17

QC078—21—18

QC078—21—19

QC078—21—20

QC078—21—21

QC078—21—22

QC078—21—23

QC078—21—24

QC078—21—25

QC078—21—26

QC078—21—27

QC078—21—28

QC078—21—29

QC078—21—30

QC078—21—31

QC078—21—32

QC078—21—33

QC078—21—34

QC078—21—35

QC078—21—36

QC078—21—37

QC078—21—38

QC078—21—39

QC078—21—40

QC078—21—41

QC078—21—42

QC078—21—43

QC078—21—44

QC078—21—45

QC078—21—46

QC078—21—47

QC078—21—48

QC078—21—49

QC078—21—50

QC078—21—51

QC078—21—52

QC078—21—53

QC078—21—54

QC078—21—55

QC078—21—56

QC078—21—57

QC078—21—58

QC078—21—59

QC078—21—60

QC078—21—61

QC078—21—62

QC078—21—63

QC078—21—64

QC078—21—65

QC078—22—01

QC078—22—02

QC078—22—03

QC078—22—04

QC078—22—05

QC078—22—06

QC078—22—07

QC078—22—08

QC078—22—09

QC078—22—10

QC078—22—11

QC078—22—12

QC078—22—13

QC078—22—14

QC078—22—15

QC078—22—16

QC078—22—17

QC078—22—18

QC078—22—19

QC078—22—20

QC078—22—21

QC078—22—22

QC078—22—23

QC078—22—24

QC078—22—25

QC078—22—26

QC078—22—27

QC078—22—28

QC078—22—29

QC078—22—30

QC078—22—31

QC078—22—32

QC078—22—33

QC078—22—34

QC078—22—35

QC078—22—36

QC078—22—37

QC078—22—38

QC078—22—39

QC078—22—40

QC078—22—41

QC078—22—42

QC078—22—43

QC078—22—44

QC078—22—45

QC078—22—46

QC078—22—47

QC078—22—48

QC078—22—49

QC078—22—50

QC078—22—51

QC078—22—52

QC078—22—53

QC078—22—54

QC078—22—55

QC078—22—56

QC078—22—57

QC078—22—58

QC078—22—59

QC078—22—60

QC078—22—61

QC078—22—62

QC078—22—63

QC078—22—64

QC078—22—65

QC078—22—66

QC078—22—67

QC078—22—68

QC078—22—69

QC078—23—01

QC078—23—02

QC078—23—03

QC078—23—04

QC078—23—05

QC078—23—06

QC078—23—07

QC078—23—08

QC078—23—09

QC078—23—10

QC078—23—11

QC078—23—12

QC078—23—13

QC078—23—14

QC078—23—15

QC078—23—16

QC078—23—17

QC078—23—18

QC078—23—19

QC078—23—20

QC078—23—21

QC078—23—22

QC078—23—23

QC078—23—24

QC078—23—25

QC078—23—26

QC078—23—27

QC078—23—28

QC078—23—29

QC078—23—30

QC078—23—31

QC078—23—32

QC078—23—33

QC078—23—34

QC078—23—35

QC078—23—36

QC078—23—37

QC078—23—38

QC078—23—39

QC078—23—40

QC078—23—41

QC078—23—42

QC078—23—43

QC078—23—44

QC078—23—45

QC078—23—46

QC078—23—47

QC078—23—48

QC078—23—49

QC078—23—50

QC078—23—51

QC078—23—52

QC078—23—53

QC078—23—54

QC078—23—55

QC078—23—56

QC078—23—57

QC078—23—58

QC078—23—59

QC078—23—60

QC078—23—61

QC078—23—62

QC078—23—63

QC078—23—64

QC078—23—65

QC078—23—66

QC078—23—67

QC078—24—01

QC078—24—02

QC078—24—03

QC078—24—04

QC078—24—05

QC078—24—06

QC078—24—07

QC078—24—08

QC078—24—09

QC078—24—10

QC078—24—11

QC078—24—12

QC078—24—13

QC078—24—14

QC078—24—15

QC078—24—16

QC078—24—17

QC078—24—18

QC078—24—19

QC078—24—20

QC078—24—21

QC078—24—22

QC078—24—23

QC078—24—24

QC078—24—25

QC078—24—26

QC078—24—27

QC078—24—28
QC078—24—29

QC078—24—30

QC078—24—31

QC078—24—32

QC078—24—33

QC078—24—34

QC078—24—35

QC078—24—36

QC078—24—37

QC078—24—38

QC078—24—39

QC078—24—40

QC078—24—41

QC078—24—42

QC078—24—43

QC078—24—44

QC078—24—45

QC078—24—46

QC078—24—47

QC078—24—48

QC078—24—49

QC078—24—50

QC078—24—51

QC078—24—52

QC078—24—53

QC078—24—54

QC078—24—55

QC078—24—56

QC078—24—57

QC078—24—58

QC078—24—59

QC078—24—60

QC078—24—61
QC078—24—62

QC078—24—63

QC078—24—64

QC078—24—65

QC078—24—66

QC078—25—01

QC078—25—02

QC078—25—03

QC078—25—04

QC078—25—05

QC078—25—06

QC078—25—07

QC078—25—08

QC078—25—09

QC078—25—10

QC078—25—11

QC078—25—12

QC078—25—13

QC078—25—14

QC078—25—15

QC078—25—16

QC078—25—17

QC078—25—18

QC078—25—19

QC078—25—20

QC078—25—21

QC078—25—22

QC078—25—23

QC078—25—24

QC078—25—25

QC078—25—26

QC078—25—27

QC078—25—28

QC078—25—29

QC078—25—30

QC078—25—31

QC078—25—32

QC078—25—33

QC078—25—34

QC078—25—35

QC078—25—36

QC078—25—37

QC078—25—38

QC078—25—39

QC078—25—40

QC078—25—41

QC078—25—42

QC078—25—43

QC078—25—44

QC078—25—45

QC078—25—46

QC078—25—47

QC078—25—48

QC078—25—49

QC078—25—50

QC078—25—51

QC078—25—52

QC078—25—53

QC078—25—54

QC078—25—55

QC078—25—56

QC078—25—57

QC078—25—58

QC078—25—59

QC078—25—60

QC078—25—61

QC078—25—62

QC078—25—63

QC078—25—64

QC078—25—65

QC078—25—66

QC078—25—67

QC078—25—68

QC078—25—69

QC078—25—70

QC078—25—71

QC078—25—72

QC078—25—73

QC078—25—74

QC078—26—01

QC078—26—02

QC078—26—03

QC078—26—04

QC078—26—05

QC078—26—06

QC078—26—07

QC078—26—08

QC078—26—09

QC078—26—10

QC078—26—11

QC078—26—12

QC078—26—13

QC078—26—14

QC078—26—15

QC078—26—16

QC078—26—17

QC078—26—18

QC078—26—19

QC078—26—20

QC078—26—21

QC078—26—22

QC078—26—23

QC078—26—24

QC078—26—25

QC078—26—26

QC078—26—27

QC078—26—28

QC078—26—29

QC078—26—30

QC078—26—31

QC078—26—32

QC078—26—33

QC078—26—34

QC078—26—35

QC078—26—36

QC078—26—37

QC078—26—38

QC078—26—39

QC078—26—40

QC078—26—41

QC078—26—42

QC078—26—43

QC078—26—44

QC078—26—45

QC078—26—46

QC078—26—47

QC078—26—48

QC078—26—49

QC078—26—50

QC078—26—51

QC078—26—52

QC078—26—53

QC078—26—54

QC078—26—55

QC078—26—56

QC078—26—57

QC078—26—58

QC078—26—59

QC078—26—60

QC078—26—61

QC078—26—62

QC078—26—63

QC078—26—64

QC078—26—65

	QC078—26—66
	QC078—26—67
	QC078—26—68
	QC078—26—69
	QC078—26—70
	QC078—26—71
	QC078—26—72
	QC078—26—73
	QC078—26—74
	QC078—26—75
	QC078—27—01
	QC078—27—02
	QC078—27—03
	QC078—27—04
	QC078—27—05
	QC078—27—06
	QC078—27—07
	QC078—27—08
	QC078—27—09
	QC078—27—10
	QC078—27—11
	QC078—27—12

	QC078—27—13
	QC078—27—14
	QC078—27—15
	QC078—27—16
	QC078—27—17
	QC078—27—18
	QC078—27—19
	QC078—27—20
	QC078—27—21
	QC078—27—22
	QC078—27—23
	QC078—27—24
	QC078—27—25
	QC078—27—26
	QC078—27—27
	QC078—27—28
	QC078—27—29
	QC078—27—30
	QC078—27—31
	QC078—27—32
	QC078—27—33

QC078—27—34

QC078—27—35

QC078—27—36

QC078—27—37

QC078—27—38

QC078—27—39

QC078—27—40

QC078—27—41

QC078—27—42

QC078—27—43

QC078—27—44

QC078—27—45

QC078—27—46

QC078—27—47

QC078—27—48

QC078—27—49

QC078—27—50

QC078—27—51

QC078—27—52

QC078—27—53

QC078—27—54

QC078—27—55

QC078—27—56

QC078—27—57

QC078—27—58

QC078—27—59

QC078—27—60

QC078—27—61

QC078—27—62

QC078—27—63

QC078—27—64

QC078—27—65

QC078—27—66

QC078—27—67

QC078—27—68

QC078—27—69

QC078—27—70

QC078—27—71

QC078—27—72

QC078—27—73

QC078—27—74

QC078—27—75

QC078—27—76

QC078—27—77

QC078—27—78

QC078—27—79

QC078—28—01

QC078—28—02

QC078—28—03

QC078—28—04

QC078—28—05

QC078—28—06

QC078—28—07

QC078—28—08

QC078—28—09

QC078—28—10

QC078—28—11

QC078—28—12

QC078—28—13

QC078—28—14

QC078—28—15

QC078—28—16

QC078—28—17

QC078—28—18

QC078—28—19

QC078—28—20

QC078—28—21

QC078—28—22

QC078—28—23

QC078—28—24

QC078—28—25

QC078—28—26

QC078—28—27

QC078—28—28

QC078—28—29

QC078—28—30

QC078—28—31

QC078—28—32

QC078—28—33

QC078—28—34

QC078—28—35

QC078—28—36

QC078—28—37

QC078—28—38

QC078—28—39

QC078—28—40

QC078—28—41

QC078—28—42

QC078—28—43

QC078—28—44

QC078—28—45

QC078—28—46
QC078—28—47
QC078—28—48

QC078—28—49

QC078—28—50

QC078—28—51

QC078—28—52

QC078—28—53

QC078—28—54
QC078—28—55

QC078—28—56

QC078—28—57

QC078—28—58

QC078—28—59
QC078—28—60

QC078—28—61
QC078—28—62
QC078—28—63

QC078—28—64

QC078—28—65

QC078—28—66

QC078—28—67

QC078—28—68
QC078—28—69
QC078—28—70

QC078—28—71
QC078—28—72
QC078—28—73
QC078—28—74
QC078—28—75
QC078—28—76
QC078—28—77
QC078—29—01

QC078—29—02

QC078—29—03

QC078—29—04

QC078—29—05

QC078—29—06

QC078—29—07

QC078—29—08

QC078—29—09

QC078—29—10

QC078—29—11
QC078—29—12

QC078—29—13

QC078—29—14

QC078—29—15

QC078—29—16

QC078—29—17
QC078—29—18

QC078—29—19

QC078—29—20

QC078—29—21
QC078—29—22
QC078—29—23

QC078—29—24
QC078—29—25

QC078—29—26

QC078—29—27
QC078—29—28

QC078—29—29

QC078—29—30

QC078—29—31
QC078—29—32

QC078—29—33

QC078—29—34
QC078—29—35

QC078—29—36
QC078—29—37

QC078—29—38

QC078—29—39

QC078—29—40

QC078—29—41
QC078—29—42

QC078—29—43

QC078—29—44
QC078—29—45
QC078—29—46

QC078—29—47

QC078—29—48

QC078—29—49
QC078—29—50
QC078—29—51

QC078—29—52
QC078—29—53

QC078—29—54
QC078—29—55

QC078—29—56

QC078—29—57

QC078—29—58

QC078—29—59
QC078—29—60

QC078—29—61

QC078—29—62

	QC078—29—63
	QC078—29—64
	QC078—29—65
	QC078—29—66
	QC078—29—67
	QC078—29—68
	QC078—29—69
	QC078—29—70
	QC078—29—71
	QC078—29—72
	QC078—29—73
	QC078—29—74
	QC078—29—75
	QC078—29—76
	QC078—29—77
	QC078—29—78
	QC078—29—79
	QC078—29—80
	QC078—29—81
	QC078—29—82
	QC078—29—83
	QC078—29—84
	QC078—29—85

	QC078—29—86
	QC078—30—01
	QC078—30—02
	QC078—30—03
	QC078—30—04
	QC078—30—05
	QC078—30—06
	QC078—30—07
	QC078—30—08
	QC078—30—09
	QC078—30—10
	QC078—30—11
	QC078—30—12
	QC078—30—13
	QC078—30—14
	QC078—30—15
	QC078—30—16
	QC078—30—17
	QC078—30—18
	QC078—30—19
	QC078—30—20
	QC078—30—21
	QC078—30—22
	QC078—30—23

QC078—30—24

QC078—30—25

QC078—30—26

QC078—30—27

QC078—30—28

QC078—30—29

QC078—30—30

QC078—30—31

QC078—30—32

QC078—30—33

QC078—30—34

QC078—30—35

QC078—30—36

QC078—30—37

QC078—30—38

QC078—30—39

QC078—30—40

QC078—30—41

QC078—30—42

QC078—30—43

QC078—30—44

QC078—30—45

QC078—30—46

QC078—30—47

QC078—30—48

QC078—30—49

QC078—30—50

QC078—30—51

QC078—30—52

QC078—30—53

QC078—30—54

QC078—30—55

QC078—30—56

QC078—30—57

QC078—30—58

QC078—30—59

QC078—30—60

QC078—30—61

QC078—30—62

QC078—30—63

QC078—30—64

QC078—30—65

QC078—30—66

QC078—30—67

QC078—30—68

QC078—30—69

QC078—30—70

QC078—30—71

QC078—30—72

QC078—30—73

QC078—30—74

QC078—30—75

QC078—30—76

QC078—30—77

QC078—30—78

QC078—30—79

QC078—30—80

QC078—30—81

QC078—30—82

QC078—30—83

QC078—30—84

QC078—30—85

QC078—30—86

QC078—31—01

QC078—31—02

QC078—31—03

QC078—31—04

QC078—31—05

QC078—31—06

QC078—31—07

QC078—31—08

QC078—31—09

QC078—31—10

QC078—31—11

QC078—31—12

QC078—31—13

QC078—31—14

QC078—31—15

QC078—31—16

QC078—31—17

QC078—31—18

QC078—31—19

QC078—31—20

QC078—31—21

QC078—31—22

QC078—31—23

QC078—31—24

QC078—31—25

QC078—31—26

QC078—31—27

QC078—31—28

QC078—31—29

QC078—31—30

QC078—31—31

QC078—31—32

QC078—31—33

QC078—31—34

QC078—31—35

QC078—31—36

QC078—31—37

QC078—31—38

QC078—31—39

QC078—31—40

QC078—31—41

QC078—31—42

QC078—31—43

QC078—31—44

QC078—31—45

QC078—31—46

QC078—31—47

QC078—31—48

QC078—31—49

QC078—31—50

QC078—31—51

QC078—31—52

QC078—31—53

QC078—31—54

QC078—31—55

QC078—31—56

QC078—31—57

QC078—31—58

QC078—31—59

QC078—31—60

QC078—31—61

QC078—31—62

QC078—31—63

QC078—31—64

QC078—31—65

QC078—31—66

QC078—31—67

QC078—31—68

QC078—31—69

QC078—31—70

QC078—31—71

QC078—31—72

QC078—31—73

QC078—31—74

QC078—31—75

QC078—31—76

QC078—31—77
QC078—31—78

QC078—31—79

QC078—31—80

QC078—31—81

QC078—31—82

QC078—31—83

QC078—31—84

QC078—32—01

QC078—32—02

QC078—32—03

QC078—32—04

QC078—32—05

QC078—32—06

QC078—32—07

QC078—32—08

QC078—32—09

QC078—32—10

QC078—32—11

QC078—32—12

QC078—32—13

QC078—32—14

QC078—32—15

QC078—32—16

QC078—32—17

QC078—32—18

QC078—32—19

QC078—32—20

QC078—32—21

QC078—32—22

QC078—32—23

QC078—32—24

QC078—32—25

QC078—32—26

QC078—32—27

QC078—32—28

QC078—32—29

QC078—32—30

	QC078—32—31
	QC078—32—32
	QC078—32—33
	QC078—32—34
	QC078—32—35
	QC078—32—36
	QC078—32—37
	QC078—32—38
	QC078—32—39
	QC078—32—40
	QC078—32—41
	QC078—32—42
	QC078—32—43
	QC078—32—44
	QC078—32—45
	QC078—32—46
	QC078—32—47
	QC078—32—48
	QC078—32—49
	QC078—32—50
	QC078—32—51
	QC078—32—52
	QC078—32—53

	QC078—32—54
	QC078—32—55
	QC078—32—56
	QC078—32—57
	QC078—32—58
	QC078—32—59
	QC078—32—60
	QC078—32—61
	QC078—32—62
	QC078—32—63
	QC078—32—64
	QC078—32—65
	QC078—32—66
	QC078—32—67
	QC078—32—68
	QC078—32—69
	QC078—32—70
	QC078—32—71
	QC078—32—72
	QC078—32—73
	QC078—32—74
	QC078—32—75
	QC078—32—76
	QC078—32—77
	QC078—32—78

QC078—32—79

QC078—32—80

QC078—32—81

QC078—32—82

QC078—32—83

QC078—32—84

QC078—33—01

QC078—33—02

QC078—33—03

QC078—33—04

QC078—33—05

QC078—33—06

QC078—33—07

QC078—33—08

QC078—33—09

QC078—33—10

QC078—33—11

QC078—33—12

QC078—33—13

QC078—33—14

QC078—33—15

QC078—33—16

QC078—33—17

QC078—33—18

QC078—33—19

QC078—33—20

QC078—33—21

QC078—33—22

QC078—33—23

QC078—33—24

QC078—33—25

QC078—33—26

QC078—33—27

QC078—33—28

QC078—33—29

QC078—33—30

QC078—33—31

QC078—33—32

QC078—33—33

QC078—33—34

QC078—33—35

QC078—33—36

QC078—33—37

QC078—33—38

QC078—33—39
QC078—33—40

QC078—33—41

QC078—33—42

QC078—33—43

QC078—33—44

QC078—33—45

QC078—33—46

QC078—33—47

QC078—33—48

QC078—33—49

QC078—33—50

QC078—33—51

QC078—33—52

QC078—33—53

QC078—33—54
QC078—33—55
QC078—33—56
QC078—33—57

QC078—33—58

QC078—33—59
QC078—33—60
QC078—33—61
QC078—33—62

QC078—33—63

QC078—33—64

QC078—33—65

QC078—33—66
QC078—33—67

QC078—33—68

QC078—33—69
QC078—33—70

QC078—33—71

QC078—33—72
QC078—33—73

QC078—33—74

QC078—33—75
QC078—33—76

QC078—33—77

QC078—33—78

QC078—33—79

QC078—33—80

QC078—34—01

QC078—34—02

QC078—34—03

QC078—34—04

QC078—34—05

QC078—34—06

QC078—34—07

QC078—34—08

QC078—34—09

QC078—34—10

QC078—34—11

QC078—34—12

QC078—34—13

QC078—34—14

QC078—34—15

QC078—34—16

QC078—34—17

QC078—34—18

QC078—34—19

QC078—34—20

QC078—34—21

QC078—34—22

QC078—34—23

QC078—34—24

QC078—34—25

QC078—34—26

QC078—34—27

QC078—34—28

QC078—34—29

QC078—34—30

QC078—34—31

QC078—34—32

QC078—34—33

QC078—34—34

QC078—34—35

QC078—34—36

QC078—34—37

QC078—34—38

QC078—34—39

QC078—34—40

QC078—34—41

QC078—34—42

QC078—34—43

QC078—34—44

QC078—34—45

QC078—34—46

QC078—34—47

QC078—34—48

QC078—34—49

QC078—34—50

QC078—34—51

QC078—34—52

QC078—34—53

QC078—34—54

QC078—34—55

QC078—34—56

QC078—34—57

QC078—34—58

QC078—34—59

QC078—34—60

QC078—34—61

QC078—34—62

QC078—34—63

QC078—34—64

QC078—35—01

QC078—35—02

QC078—35—03

QC078—35—04

QC078—35—05

QC078—35—06

QC078—35—07

QC078—35—08

QC078—35—09

QC078—35—10

QC078—35—11

QC078—35—12

QC078—35—13

QC078—35—14

QC078—35—15

QC078—35—16

QC078—35—17

QC078—35—18

QC078—35—19

QC078—35—20

QC078—35—21

QC078—35—22

QC078—35—23

QC078—35—24

QC078—35—25

QC078—35—26

QC078—35—27

QC078—35—28

QC078—35—29

QC078—35—30

QC078—35—31

QC078—35—32

QC078—35—33

QC078—35—34

QC078—35—35

QC078—35—36

QC078—35—37

QC078—35—38

QC078—35—39

QC078—35—40

QC078—35—41

QC078—35—42

QC078—35—43

QC078—35—44

QC078—35—45

QC078—35—46

QC078—35—47

QC078—35—48

QC078—35—49

QC078—35—50

QC078—35—51

QC078—35—52

QC078—35—53

QC078—35—54

QC078—35—55

QC078—35—56

QC078—35—57

QC078—35—58

QC078—35—59

QC078—35—60

QC078—35—61

QC078—35—62

QC078—35—63

QC078—35—64

QC078—35—65

QC078—35—66

QC078—35—67

QC078—35—68

QC078—35—69

	QC078—35—70
	QC078—35—71
	QC078—35—72
	QC078—35—73
	QC078—35—74
	QC078—35—75
	QC078—35—76
	QC078—35—77
	QC078—35—78
	QC078—35—79
	QC078—35—80
	QC078—35—81
	QC078—35—82
	QC078—35—83
	QC078—35—84
	QC078—35—85
	QC078—35—86
	QC078—35—87
	QC078—35—88
	QC078—35—89
	QC078—35—90
	QC078—35—91
	QC078—36—01
	QC078—36—02

	QC078—36—03
	QC078—36—04
	QC078—36—05
	QC078—36—06
	QC078—36—07
	QC078—36—08
	QC078—36—09
	QC078—36—10
	QC078—36—11
	QC078—36—12
	QC078—36—13
	QC078—36—14
	QC078—36—15
	QC078—36—16
	QC078—36—17
	QC078—36—18
	QC078—36—19
	QC078—36—20
	QC078—36—21
	QC078—36—22
	QC078—36—23
	QC078—36—24

QC078—36—25

QC078—36—26

QC078—36—27

QC078—36—28

QC078—36—29

QC078—36—30

QC078—36—31

QC078—36—32

QC078—36—33

QC078—36—34

QC078—36—35

QC078—36—36

QC078—36—37

QC078—36—38

QC078—36—39

QC078—36—40

QC078—36—41

QC078—36—42

QC078—36—43

QC078—36—44

QC078—36—45

QC078—36—46

QC078—36—47

QC078—36—48

QC078—36—49

QC078—36—50

QC078—36—51

QC078—36—52

QC078—36—53

QC078—36—54

QC078—36—55

QC078—36—56

QC078—36—57

QC078—36—58

QC078—36—59

QC078—36—60

QC078—36—61

QC078—36—62

QC078—36—63

QC078—36—64

QC078—36—65

QC078—36—66

QC078—36—67

QC078—36—68

QC078—36—69

QC078—36—70
QC078—37—01

QC078—37—02

QC078—37—03

QC078—37—04

QC078—37—05

QC078—37—06
QC078—37—07

QC078—37—08
QC078—37—09
QC078—37—10

QC078—37—11

QC078—37—12
QC078—37—13

QC078—37—14

QC078—37—15

QC078—37—16

QC078—37—17

QC078—37—18
QC078—37—19

QC078—37—20

QC078—37—21

QC078—37—22

QC078—37—23

QC078—37—24

QC078—37—25

QC078—37—26
QC078—37—27

QC078—37—28

QC078—37—29
QC078—37—30

QC078—37—31

QC078—37—32

QC078—37—33

QC078—37—34
QC078—37—35

QC078—37—36

QC078—37—37

QC078—37—38

QC078—37—39

	QC078—37—40
	QC078—37—41
	QC078—37—42
	QC078—37—43
	QC078—37—44
	QC078—37—45
	QC078—37—46
	QC078—37—47
	QC078—37—48
	QC078—37—49
	QC078—37—50
	QC078—37—51
	QC078—37—52
	QC078—37—53
	QC078—37—54
	QC078—37—55
	QC078—37—56
	QC078—37—57
	QC078—37—58
	QC078—37—59
	QC078—37—60
	QC078—37—61
	QC078—37—62
	QC078—37—63

	QC078—37—64
	QC078—37—65
	QC078—37—66
	QC078—37—67
	QC078—37—68
	QC078—37—69
	QC078—37—70
	QC078—37—71
	QC078—37—72
	QC078—37—73
	QC078—37—74
	QC078—38—01
	QC078—38—02
	QC078—38—03
	QC078—38—04
	QC078—38—05
	QC078—38—06
	QC078—38—07
	QC078—38—08
	QC078—38—09
	QC078—38—10
	QC078—38—11

QC078—38—12

QC078—38—13

QC078—38—14

QC078—38—15

QC078—38—16

QC078—38—17

QC078—38—18

QC078—38—19

QC078—38—20

QC078—38—21

QC078—38—22

QC078—38—23

QC078—38—24

QC078—38—25

QC078—38—26

QC078—38—27

QC078—38—28

QC078—38—29

QC078—38—30

QC078—38—31

QC078—38—32

QC078—38—33

QC078—38—34

QC078—38—35

QC078—38—36

QC078—38—37

QC078—38—38

QC078—38—39

QC078—38—40

QC078—38—41

QC078—38—42

QC078—38—43

QC078—38—44

QC078—38—45

QC078—38—46

QC078—38—47

QC078—38—48

QC078—38—49

QC078—38—50

QC078—38—51

QC078—38—52

QC078—38—53

QC078—38—54

QC078—38—55

QC078—38—56

QC078—38—57

QC078—38—58

QC078—38—59

QC078—38—60

QC078—38—61

QC078—38—62

QC078—38—63

QC078—38—64

QC078—38—65

QC078—38—66

QC078—38—67

QC078—38—68

QC078—38—69

QC078—38—70

QC078—38—71

QC078—38—72

QC078—38—73

QC078—38—74

QC078—38—75

QC078—38—76

QC078—38—77

QC078—39—01

QC078—39—02

QC078—39—03

QC078—39—04

QC078—39—05

QC078—39—06

QC078—39—07

QC078—39—08

QC078—39—09

QC078—39—10

QC078—39—11

QC078—39—12

QC078—39—13

QC078—39—14

QC078—39—15

QC078—39—16

QC078—39—17

QC078—39—18

QC078—39—19

QC078—39—20

QC078—39—21

QC078—39—22

QC078—39—23

QC078—39—24

QC078—39—25

QC078—39—26

QC078—39—27

QC078—39—28

QC078—39—29

QC078—39—30

QC078—39—31

QC078—39—32

QC078—39—33

QC078—39—34

QC078—39—35

QC078—39—36

QC078—39—37

QC078—39—38

QC078—39—39

QC078—39—40

QC078—39—41

QC078—39—42

QC078—39—43

QC078—39—44

QC078—39—45

QC078—39—46

QC078—39—47

QC078—39—48

QC078—39—49

QC078—39—50

QC078—39—51

QC078—39—52

QC078—39—53

QC078—39—54

QC078—39—55

QC078—39—56

QC078—39—57

QC078—39—58

QC078—39—59

QC078—39—60

QC078—39—61

QC078—39—62

QC078—39—63

QC078—39—64

QC078—39—65

QC078—39—66

QC078—39—67

QC078—39—68

QC078—39—69

QC078—39—70

QC078—39—71

QC078—39—72

QC078—39—73

QC078—39—74

QC078—39—75

QC078—39—76

QC078—39—77

QC078—39—78

QC078—39—79

QC078—39—80

QC078—39—81

QC078—40—01

QC078—40—02

QC078—40—03

QC078—40—04

QC078—40—05

QC078—40—06

QC078—40—07

QC078—40—08

QC078—40—09

QC078—40—10

QC078—40—11

QC078—40—12

QC078—40—13

QC078—40—14

QC078—40—15

QC078—40—16

QC078—40—17

QC078—40—18

QC078—40—19

QC078—40—20

QC078—40—21

QC078—40—22

QC078—40—23

QC078—40—24

QC078—40—25

QC078—40—26

QC078—40—27

QC078—40—28

QC078—40—29

QC078—40—30

QC078—40—31

QC078—40—32

QC078—40—33

QC078—40—34

QC078—40—35

QC078—40—36

QC078—40—37

QC078—40—38

QC078—40—39

QC078—40—40

QC078—40—41

QC078—40—42

QC078—40—43

QC078—40—44

QC078—40—45

QC078—40—46

QC078—40—47

QC078—40—48

QC078—40—49

QC078—40—50

QC078—40—51

QC078—40—52

QC078—40—53

QC078—40—54

QC078—40—55

QC078—40—56

QC078—40—57

QC078—40—58

QC078—40—59

QC078—40—60

QC078—40—61

QC078—40—62

QC078—40—63

QC078—40—64

QC078—40—65

QC078—40—66

QC078—40—67

QC078—40—68

QC078—40—69

QC078—40—70

QC078—40—71

QC078—40—72

QC078—40—73

QC078—40—74

QC078—40—75

QC078—40—76

QC078—40—77

QC078—40—78

QC078—40—79
QC078—40—80

QC078—40—81
QC078—40—82
QC078—40—83

QC078—40—84

QC078—40—85
QC078—40—86

QC078—40—87

QC078—40—88

QC078—41—01
QC078—41—02

QC078—41—03

QC078—41—04

QC078—41—05

QC078—41—06

QC078—41—07

QC078—41—08

QC078—41—09

QC078—41—10

QC078—41—11

QC078—41—12

QC078—41—13
QC078—41—14

QC078—41—15

QC078—41—16

QC078—41—17

QC078—41—18
QC078—41—19

QC078—41—20

QC078—41—21

QC078—41—22

QC078—41—23

QC078—41—24

QC078—41—25

QC078—41—26

QC078—41—27

QC078—41—28

QC078—41—29

QC078—41—30

QC078—41—31

QC078—41—32

QC078—41—33
QC078—41—34

QC078—41—35

QC078—41—36

QC078—41—37

QC078—41—38

QC078—41—39

QC078—41—40

QC078—41—41

QC078—41—42

QC078—41—43

QC078—41—44

QC078—41—45

QC078—41—46

QC078—41—47

QC078—41—48

QC078—41—49

QC078—41—50

QC078—41—51

QC078—41—52

QC078—41—53

QC078—41—54

QC078—41—55

QC078—41—56

QC078—41—57

QC078—41—58

QC078—41—59

QC078—41—60

QC078—41—61

QC078—41—62

QC078—41—63

QC078—41—64

QC078—41—65

QC078—41—66

QC078—41—67

QC078—41—68

QC078—41—69

QC078—41—70

QC078—41—71

QC078—41—72

QC078—41—73

QC078—41—74

QC078—41—75

QC078—41—76

QC078—41—77

QC078—41—78

QC078—41—79

QC078—42—01

QC078—42—02

QC078—42—03

QC078—42—04

QC078—42—05

QC078—42—06

QC078—42—07

QC078—42—08

QC078—42—09

QC078—42—10

QC078—42—11

QC078—42—12

QC078—42—13

QC078—42—14

QC078—42—15

QC078—42—16

QC078—42—17

QC078—42—18

QC078—42—19

QC078—42—20

QC078—42—21

QC078—42—22

QC078—42—23

QC078—42—24

QC078—42—25

QC078—42—26

QC078—42—27

QC078—42—28

QC078—42—29

QC078—42—30

QC078—42—31

QC078—42—32

QC078—42—33

QC078—42—34

QC078—42—35

QC078—42—36

QC078—42—37

QC078—42—38

QC078—42—39

QC078—42—40

QC078—42—41

QC078—42—42

QC078—42—43

QC078—42—44

QC078—42—45

QC078—42—46

QC078—42—47

QC078—42—48

QC078—42—49

QC078—42—50

QC078—42—51

QC078—42—52

QC078—42—53

QC078—42—54

QC078—42—55

QC078—42—56

QC078—42—57

QC078—42—58

QC078—42—59

QC078—42—60

QC078—42—61

QC078—42—62

QC078—42—63

QC078—42—64

QC078—42—65

QC078—42—66

QC078—42—67

QC078—42—68

QC078—42—69

QC078—42—70

QC078—42—71

QC078—42—72

QC078—42—73

QC078—42—74

QC078—42—75

QC078—42—76

QC078—42—77

QC078—43—01

QC078—43—02

QC078—43—03

QC078—43—04

QC078—43—05

QC078—43—06

QC078—43—07

QC078—43—08

QC078—43—09

QC078—43—10

QC078—43—11

QC078—43—12

QC078—43—13

QC078—43—14

QC078—43—15

QC078—43—16

QC078—43—17

QC078—43—18

QC078—43—19

QC078—43—20

QC078—43—21

QC078—43—22

QC078—43—23

QC078—43—24

QC078—43—25

QC078—43—26

QC078—43—27

QC078—43—28

QC078—43—29

QC078—43—30

QC078—43—31

QC078—43—32

QC078—43—33

QC078—43—34

QC078—43—35

QC078—43—36

QC078—43—37

QC078—43—38

QC078—43—39

QC078—43—40

QC078—43—41

QC078—43—42

QC078—43—43

QC078—43—44

QC078—43—45

QC078—43—46

QC078—43—47

QC078—43—48

QC078—43—49

QC078—43—50

QC078—43—51

QC078—43—52

QC078—43—53

QC078—43—54

QC078—43—55

QC078—43—56

QC078—43—57

QC078—43—58

QC078—43—59

QC078—44—01

QC078—44—02

QC078—44—03

QC078—44—04

QC078—44—05

QC078—44—06

QC078—44—07

QC078—44—08

QC078—44—09

QC078—44—10

QC078—44—11

QC078—44—12

QC078—44—13

QC078—44—14

QC078—44—15

QC078—44—16

QC078—44—17

QC078—44—18

QC078—44—19

QC078—44—20

QC078—44—21

QC078—44—22

QC078—44—23

QC078—44—24

QC078—44—25

QC078—44—26

QC078—44—27

QC078—44—28

QC078—44—29

QC078—44—30

QC078—44—31

QC078—44—32

QC078—44—33

QC078—44—34

QC078—44—35

QC078—44—36

QC078—44—37

QC078—44—38

QC078—44—39

QC078—44—40

QC078—44—41

QC078—44—42

QC078—44—43

QC078—44—44

QC078—44—45

QC078—44—46

QC078—44—47

QC078—44—48

QC078—44—49

QC078—44—50

QC078—44—51

QC078—44—52

QC078—44—53

QC078—44—54

QC078—44—55

QC078—44—56

QC079（26字）

QC079（1）—01—01

QC079（1）—01—02

QC079（1）—01—03

QC079（1）—01—04

QC079（1）—01—05

QC079（1）—02—01

QC079（1）—02—02

QC079（1）—02—03

QC079（1）—02—04

QC079（1）—03—01

QC079（1）—03—02

QC079（1）—03—03

QC079（1）—03—04

QC079（2）—01—01

QC079（2）—01—02

QC079（2）—01—03

QC079（2）—01—04

QC079（2）—01—05

QC079（2）—02—01

QC079（2）—02—02

QC079（2）—02—03

QC079（2）—02—04

QC079（2）—03—01

QC079（2）—03—02

QC079（2）—03—03

QC079（2）—03—04

QC080（8字）

QC080（1）—01—01

QC080（1）—01—02

QC080（2）—01—01

QC080（2）—01—02

QC080（2）—01—03

QC080（2）—02—01

QC080（3）—01—01

QC080（3）—01—02

QC080（4）—01—01

QC080（4）—01—02

QC081（5字）

QC081（1）—01—01

QC081（1）—01—02

QC081（1）—01—03

QC081（2）—01—01

QC081（2）—01—02

QC082（70字）

QC082（1）—01—01

QC082（1）—01—02

QC082（1）—01—03

QC082（1）—01—04

QC082（1）—01—05

QC082（1）—01—06

QC082（1）—01—07

QC082（1）—01—08

QC082（1）—01—09

QC082（1）—01—10

QC082（1）—01—11

QC082（1）—02—01

QC082（1）—02—02

QC082（1）—02—03

QC082（1）—02—04

QC082（1）—02—05

QC082（1）—02—06

QC082（1）—02—07

QC082（1）—02—08

QC082（1）—02—09

QC082（1）—02—10

QC082（1）—02—11

QC082（1）—02—12

QC082（1）—02—13

QC082（1）—03—01

QC082（1）—03—02

QC082（1）—03—03

QC082（1）—03—04

QC082（1）—03—05

QC082（1）—03—06

QC082（1）—03—07

QC082（1）—03—08

QC082（1）—03—09

QC082（1）—03—10

QC082（1）—03—11

QC082（1）—03—12

QC082（2）—01—01

QC082（2）—01—02

QC082（2）—01—03

QC082（2）—01—04

QC082（2）—01—05

QC082（2）—01—06

QC082（2）—01—07

QC082（2）—01—08

QC082（2）—01—09

QC082（2）—01—10

QC082（2）—01—11

QC082（2）—02—01

QC082（2）—02—02

QC082（2）—02—03

QC082（2）—02—04

QC082（2）—02—05

QC082（2）—02—06

QC082（2）—02—07

QC082（2）—02—08

QC082（2）—02—09

QC082（2）—02—10

QC082（2）—02—11

QC082（2）—03—01

QC082（2）—03—02

QC082（2）—03—03

QC082（2）—03—04

QC082（2）—03—05

QC082（2）—03—06

QC082（2）—03—07

QC082（2）—03—08

QC082（2）—03—09

QC082（2）—03—10

QC082（2）—03—11

QC082（2）—03—12

QC083（20 字）

QC083—01—01

QC083—01—02

QC083—01—03

QC083—01—04

QC083—01—05

QC083—01—06

QC083—01—07

QC083—02—01

QC083—02—02

QC083—02—03

QC083—02—04

QC083—02—05

QC083—02—06

QC083—03—01

QC083—03—02

QC083—03—03

QC083—03—04

QC083—03—05

QC083—03—06

QC083—03—07

QC084（123 字）

QC084（1）—01—01

QC084（1）—01—02

QC084（1）—01—03

QC084（1）—01—04

QC084（1）—01—05

QC084（1）—01—06

QC084（1）—01—07

QC084（1）—01—08

QC084（1）—02—01

QC084（1）—02—02

QC084（1）—02—03

QC084（1）—02—04

QC084（1）—02—05

QC084（1）—02—06

QC084（1）—02—07

QC084（1）—02—08

QC084（1）—02—09

QC084（1）—02—10

QC084（1）—03—01

QC084（1）—03—02

QC084（1）—03—03

QC084（1）—03—04

QC084（1）—03—05

QC084（1）—03—06

QC084（1）—03—07

QC084（1）—03—08

QC084（1）—03—09

QC084（1）—04—01

QC084（1）—04—02

QC084（1）—04—03

QC084（1）—04—04

QC084（1）—04—05

QC084（1）—04—06

QC084（1）—04—07

QC084（1）—04—08

QC084（1）—04—09

QC084（1）—04—10

QC084（1）—05—01

QC084（1）—05—02

QC084（1）—05—03

QC084（1）—05—04

QC084（1）—05—05

QC084（1）—05—06

QC084（1）—05—07

QC084（1）—05—08

QC084（1）—06—01

QC084（1）—06—02

QC084（1）—06—03

QC084（1）—06—04

QC084（1）—06—05

QC084（1）—06—06

QC084（1）—06—07

QC084（1）—06—08

QC084（1）—06—09

QC084（1）—07—01

QC084（1）—07—02

QC084（1）—07—03

QC084（1）—07—04

QC084（1）—07—05

QC084（1）—07—06

QC084（1）—07—07

QC084（2）—01—01

QC084（2）—01—02

QC084（2）—01—03

QC084（2）—01—04

QC084（2）—01—05

QC084（2）—01—06

QC084（2）—01—07

QC084（2）—02—01

QC084（2）—02—02

QC084（2）—02—03

QC084（2）—02—04

QC084（2）—02—05

QC084（2）—02—06

QC084（2）—02—07

QC084（2）—02—08

QC084（2）—02—09

QC084（2）—03—01

QC084（2）—03—02

QC084（2）—03—03

QC084（2）—03—04

QC084（2）—03—05

QC084（2）—03—06

QC084（2）—03—07

QC084（2）—03—08

QC084（2）—03—09

QC084（2）—03—10

QC084（2）—04—01

QC084（2）—04—02

QC084（2）—04—03

QC084（2）—04—04

QC084（2）—04—05

QC084（2）—04—06

QC084（2）—04—07

QC084（2）—04—08

QC084（2）—04—09

QC084（2）—05—01

QC084（2）—05—02

QC084（2）—05—03

QC084（2）—05—04

QC084（2）—05—05

QC084（2）—05—06

QC084（2）—05—07

QC084（2）—05—08

QC084（2）—05—09

QC084（2）—06—01

QC084（2）—06—02

QC084（2）—06—03

QC084（2）—06—04

QC084（2）—06—05

QC084（2）—06—06

QC084（2）—06—07

QC084（2）—06—08

QC084（2）—06—09

QC084（2）—06—10

QC084（2）—07—01

QC084（2）—07—02

QC084（2）—07—03

QC084（2）—07—04

QC084（2）—07—05

QC084（2）—07—06

QC084（2）—07—07

QC084（2）—07—08

QC085（261 字）

QC085（1）—01—01

QC085（1）—01—02

QC085（1）—01—03

QC085（1）—01—04

QC085（1）—01—05

QC085（1）—01—06

QC085（1）—01—07

QC085（1）—01—08

QC085（1）—01—09

QC085（1）—01—10

QC085（1）—01—11

QC085（1）—01—12

QC085（1）—01—13

QC085（1）—01—14

QC085（1）—01—15

QC085（1）—02—01

QC085（1）—02—02

QC085（1）—02—03

QC085（1）—02—04

QC085（1）—02—05

QC085（1）—02—06

QC085（1）—02—07

QC085（1）—02—08

QC085（1）—02—09

QC085（1）—02—10

QC085（1）—02—11

QC085（1）—02—12

QC085（1）—02—13

QC085（1）—02—14

QC085（1）—02—15

QC085（1）—02—16

QC085（1）—02—17

QC085（1）—03—01

QC085（1）—03—02

QC085（1）—03—03

QC085（1）—03—04

QC085（1）—03—05

QC085（1）—03—06

QC085（1）—03—07

QC085（1）—03—08

QC085（1）—03—09

QC085（1）—03—10

QC085（1）—03—11

QC085（1）—03—12

QC085（1）—03—13

QC085（1）—03—14

QC085（1）—03—15

QC085（1）—03—16

QC085（1）—04—01

QC085（1）—04—02

QC085（1）—04—03

QC085（1）—04—04

QC085（1）—04—05

QC085（1）—04—06

QC085（1）—04—07

QC085（1）—04—08

QC085（1）—04—09

QC085（1）—04—10

QC085（1）—04—11

QC085（1）—04—12

QC085（1）—04—13

QC085（1）—04—14

QC085（1）—04—15

QC085（1）—04—16

QC085（1）—04—17

QC085（1）—04—18

QC085（1）—04—19

QC085（1）—05—01

QC085（1）—05—02

QC085（1）—05—03

QC085（1）—05—04

QC085（1）—05—05

QC085（1）—05—06

QC085（1）—05—07

QC085（1）—05—08

QC085（1）—05—09

QC085（1）—05—10

QC085（1）—05—11

QC085（1）—05—12

QC085（1）—05—13

QC085（1）—05—14

QC085（1）—05—15

QC085（1）—05—16

QC085（1）—05—17

QC085（1）—05—18

QC085（1）—05—19

QC085（1）—05—20

QC085（1）—06—01

QC085（1）—06—02

QC085（1）—06—03

QC085（1）—06—04

QC085（1）—06—05

QC085（1）—06—06

QC085（1）—06—07

QC085（1）—06—08

QC085（1）—06—09

QC085（1）—06—10

QC085（1）—06—11

QC085（1）—06—12

QC085（1）—06—13

QC085（1）—06—14

QC085（1）—06—15

QC085（1）—06—16

QC085（1）—06—17

QC085（1）—06—18

QC085（1）—06—19

QC085（1）—06—20

QC085（1）—06—21

QC085（1）—07—01

QC085（1）—07—02

QC085（1）—07—03

QC085（1）—07—04

QC085（1）—07—05

QC085（1）—07—06

QC085（1）—07—07

QC085（1）—07—08

QC085（1）—07—09

QC085（1）—07—10

QC085（1）—07—11

QC085（1）—07—12

QC085（1）—07—13

QC085（1）—07—14

QC085（1）—07—15

QC085（1）—07—16

QC085（1）—07—17

QC085（1）—07—18

QC085（1）—07—19

QC085（1）—07—20

QC085（1）—07—21

QC085（1）—08—01

QC085（1）—08—02

QC085（1）—08—03

QC085（1）—08—04

QC085（1）—08—05

QC085（1）—08—06

QC085（1）—08—07

QC085（1）—08—08

QC085（1）—08—09

QC085（1）—08—10

QC085（1）—08—11

QC085（1）—08—12

QC085（1）—08—13

QC085（1）—08—14

QC085（1）—08—15

QC085（1）—08—16

QC085（2）—01—01

QC085（2）—01—02

QC085（2）—01—03

QC085（2）—01—04

QC085（2）—01—05

QC085（2）—01—06

QC085（2）—01—07

QC085（2）—01—08

QC085（2）—01—09

QC085（2）—01—10

QC085（2）—01—11

QC085（2）—01—12

QC085（2）—01—13

QC085（2）—01—14

QC085（2）—01—15

QC085（2）—01—16

QC085（2）—01—17

QC085（2）—01—18

QC085（2）—01—19

QC085（2）—02—01

QC085（2）—02—02

QC085（2）—02—03

QC085（2）—02—04

QC085（2）—02—05

QC085（2）—02—06

QC085（2）—02—07

QC085（2）—02—08

QC085（2）—02—09

QC085（2）—02—10

QC085（2）—02—11

QC085（2）—02—12

QC085（2）—02—13

QC085（2）—02—14

QC085（2）—02—15

QC085（2）—02—16

QC085（2）—03—01

QC085（2）—03—02

QC085（2）—03—03

QC085（2）—03—04

QC085（2）—03—05

QC085（2）—03—06

QC085（2）—03—07

QC085（2）—03—08

QC085（2）—03—09

QC085（2）—03—10

QC085（2）—03—11

QC085（2）—03—12

QC085（2）—03—13

QC085（2）—03—14

QC085（2）—03—15

QC085（2）—03—16

QC085（2）—04—01

QC085（2）—04—02

QC085（2）—04—03

QC085（2）—04—04

QC085（2）—04—05

QC085（2）—04—06

QC085（2）—04—07

QC085（2）—04—08

QC085（2）—04—09

QC085（2）—04—10

QC085（2）—04—11

QC085（2）—04—12

QC085（2）—04—13

QC085（2）—04—14

QC085（2）—04—15

QC085（2）—04—16

QC085（2）—04—17

QC085（2）—04—18

QC085（2）—05—01

QC085（2）—05—02

QC085（2）—05—03

QC085（2）—05—04

QC085（2）—05—05

QC085（2）—05—06

QC085（2）—05—07

QC085（2）—05—08

QC085（2）—05—09

QC085（2）—05—10

QC085（2）—05—11

QC085（2）—05—12

QC085（2）—05—13

QC085（2）—05—14

QC085（2）—05—15

QC085（2）—05—16

QC085（2）—05—17

QC085（2）—05—18

QC085（2）—06—01

QC085（2）—06—02

QC085（2）—06—03

QC085（2）—06—04

QC085（2）—06—05

QC085（2）—06—06

QC085（2）—06—07

QC085（2）—06—08

QC085（2）—06—09

QC085（2）—06—10

QC085（2）—06—11

QC085（2）—06—12

QC085（2）—06—13

QC085（2）—06—14

QC085（2）—06—15

QC085（2）—07—01

QC085（2）—07—02

QC085（2）—07—03

QC085（2）—07—04

QC085（2）—07—05

QC085（2）—07—06

QC085（2）—07—07

QC085（2）—07—08

QC085（2）—07—09

QC085（2）—07—10

QC085（2）—07—11

QC085（2）—07—12

QC085（2）—07—13

QC086（**70字**）

QC086（1）—01—01

QC086（1）—01—02

QC086（1）—01—03

QC086（1）—01—04

QC086（1）—01—05

QC086（1）—01—06

QC086（1）—01—07

QC086（1）—01—08

QC086（1）—01—09

QC086（1）—01—10

QC086（1）—02—01

QC086（1）—02—02

QC086（1）—02—03

QC086（1）—02—04

QC086（1）—02—05

QC086（1）—02—06

QC086（1）—02—07

QC086（1）—02—08

QC086（1）—02—09

QC086（1）—02—10

QC086（1）—03—01

QC086（1）—03—02

QC086（1）—03—03

QC086（1）—03—04

QC086（1）—03—05

QC086（1）—03—06
QC086（1）—03—07

QC086（1）—03—08

QC086（1）—03—09

QC086（1）—03—10

QC086（1）—04—01

QC086（1）—04—02

QC086（1）—04—03

QC086（1）—04—04

QC086（1）—04—05

QC086（1）—04—06

QC086（1）—04—07

QC086（1）—04—08

QC086（1）—04—09

QC086（2）—01—01

QC086（2）—01—02

QC086（2）—01—03

QC086（2）—01—04

QC086（2）—01—05

QC086（2）—01—06

QC086（2）—01—07

QC086（2）—01—08

QC086（2）—01—09

QC086（2）—01—10

QC086（2）—01—11

QC086（2）—01—12

QC086（2）—02—01

QC086（2）—02—02

QC086（2）—02—03

QC086（2）—02—04

QC086（2）—02—05

QC086（2）—02—06

QC086（2）—02—07

QC086（2）—02—08

QC086（2）—02—09

QC086（2）—03—01

QC086（2）—03—02

QC086（2）—03—03

QC086（2）—03—04

QC086（2）—03—05

QC086（2）—03—06

QC086（2）—03—07

QC086（2）—03—08

QC086（2）—03—09

QC086（2）—03—10

QC087（32 字）

QC087（1）—01—01

QC087（2）—01—01

QC087（2）—01—02

QC087（2）—01—03

QC087（2）—01—04

QC087（2）—01—05

QC087（2）—01—06

QC087（2）—01—07

QC087（2）—01—08

QC087（2）—01—09

QC087（2）—01—10

QC087（2）—01—11

QC087（2）—01—12

QC087（2）—01—13

QC087（2）—01—14

QC087（2）—01—15

QC087（2）—02—01

QC087（2）—02—02

QC087（2）—02—03

QC087（2）—02—04

QC087（2）—02—05

QC087（2）—02—06

QC087（2）—02—07

QC087（2）—02—08

QC087（2）—02—09

QC087（2）—02—10

QC087（2）—02—11

QC087（2）—02—12

QC087（2）—02—13

QC087（2）—02—14

QC087（2）—02—15

QC087（2）—02—16

QC087（2）—02—17

QC088（35字）

QC088—01—01

QC088—01—02

QC088—01—03

QC088—01—04

QC088—01—05

QC088—01—06

QC088—02—01

QC088—02—02

QC088—02—03

QC088—02—04

QC088—02—05

QC088—02—06

QC088—02—07

QC088—02—08

QC088—03—01

QC088—03—02

QC088—03—03

QC088—03—04

QC088—03—05

QC088—03—06

QC088—03—07

QC088—03—08

QC088—03—09

QC088—03—10

QC088—04—01

QC088—04—02

QC088—04—03

QC088—04—04

QC088—04—05

QC088—04—06

QC088—05—01

QC088—05—02

QC088—05—03

QC088—05—04

QC088—05—05

QC089（9 字）

QC089—01—01

QC089—01—02

QC089—01—03

QC089—01—04

QC089—01—05

QC089—02—01

QC089—02—02

QC089—02—03

QC089—02—04

QC090（922 字）

QC090—01—01

QC090—01—02

QC090—01—03

QC090—01—04

QC090—01—05

QC090—01—06

QC090—01—07

QC090—01—08

QC090—01—09

QC090—01—10

QC090—01—11

QC090—01—12

QC090—01—13

QC090—01—14

QC090—01—15

QC090—01—16

QC090—01—17

QC090—01—18

QC090—01—19

QC090—01—20

QC090—01—21

QC090—01—22

QC090—01—23

QC090—01—24

QC090—01—25

QC090—01—26

QC090—01—27

QC090—01—28

QC090—01—29

QC090—01—30

QC090—01—31

QC090—01—32

QC090—01—33

QC090—01—34

QC090—01—35

QC090—01—36

QC090—01—37

QC090—01—38

QC090—01—39

QC090—01—40

QC090—01—41

QC090—01—42

QC090—01—43

QC090—01—44

QC090—01—45

QC090—01—46

QC090—01—47

QC090—01—48

QC090—01—49

QC090—01—50

QC090—01—51

QC090—01—52

QC090—01—53

QC090—01—54

QC090—01—55

QC090—01—56

QC090—01—57

QC090—01—58

QC090—01—59

QC090—01—60

QC090—01—61

QC090—01—62

QC090—01—63

QC090—01—64

QC090—01—65

QC090—02—01

QC090—02—02

QC090—02—03

QC090—02—04

QC090—02—05

QC090—02—06
QC090—02—07

QC090—02—08

QC090—02—09

QC090—02—10

QC090—02—11

QC090—02—12

QC090—02—13

QC090—02—14

QC090—02—15

QC090—02—16

QC090—02—17

QC090—02—18

QC090—02—19

QC090—02—20

QC090—02—21

QC090—02—22

QC090—02—23

QC090—02—24

QC090—02—25

QC090—02—26

QC090—02—27

QC090—02—28

QC090—02—29

QC090—02—30
QC090—02—31

QC090—02—32

QC090—02—33

QC090—02—34

QC090—02—35

QC090—02—36

QC090—02—37

QC090—02—38

QC090—02—39

QC090—02—40

QC090—02—41

QC090—02—42

QC090—02—43

QC090—02—44

QC090—02—45

QC090—02—46

QC090—02—47

QC090—02—48

QC090—02—49

QC090—02—50

QC090—02—51

QC090—02—52

QC090—02—53

QC090—02—54

QC090—02—55

QC090—02—56

QC090—02—57

QC090—02—58

QC090—02—59

QC090—02—60

QC090—02—61

QC090—02—62

QC090—02—63

QC090—02—64

QC090—03—01

QC090—03—02

QC090—03—03

QC090—03—04

QC090—03—05

QC090—03—06

QC090—03—07

QC090—03—08

QC090—03—09

QC090—03—10

QC090—03—11

QC090—03—12

QC090—03—13

QC090—03—14

QC090—03—15

QC090—03—16

QC090—03—17

QC090—03—18

QC090—03—19

QC090—03—20

QC090—03—21

QC090—03—22

QC090—03—23

QC090—03—24

QC090—03—25

QC090—03—26

QC090—03—27

QC090—03—48

QC090—03—28

QC090—03—49

QC090—03—29

QC090—03—50

QC090—03—30

QC090—03—51

QC090—03—31

QC090—03—32

QC090—03—52

QC090—03—33

QC090—03—53

QC090—03—54

QC090—03—34

QC090—03—55

QC090—03—35

QC090—03—56

QC090—03—36

QC090—03—57

QC090—03—37

QC090—03—58

QC090—03—38

QC090—03—39

QC090—03—59

QC090—03—60

QC090—03—40

QC090—03—61

QC090—03—62

QC090—03—41

QC090—03—63

QC090—03—42

QC090—03—43

QC090—03—44

QC090—03—64

QC090—03—45

QC090—03—65

QC090—03—46

QC090—03—66

QC090—03—47

QC090—03—67

QC090—04—01

QC090—04—02

QC090—04—03

QC090—04—04

QC090—04—05

QC090—04—06

QC090—04—07

QC090—04—08

QC090—04—09

QC090—04—10

QC090—04—11

QC090—04—12

QC090—04—13

QC090—04—14

QC090—04—15

QC090—04—16

QC090—04—17

QC090—04—18

QC090—04—19

QC090—04—20

QC090—04—21

QC090—04—22

QC090—04—23

QC090—04—24

QC090—04—25

QC090—04—26

QC090—04—27

QC090—04—28

QC090—04—29

QC090—04—30

QC090—04—31

QC090—04—32

QC090—04—33

QC090—04—34

QC090—04—35

QC090—04—36

QC090—04—37

QC090—04—38

QC090—04—39

QC090—04—40

QC090—04—41

QC090—04—42

QC090—04—43

QC090—04—44

QC090—04—45

QC090—04—46

QC090—04—47

QC090—04—48

QC090—04—49

QC090—04—50

QC090—04—51

QC090—04—52

QC090—04—53

QC090—04—54

QC090—04—55

QC090—04—56

QC090—04—57

QC090—04—58

QC090—04—59

QC090—04—60

QC090—04—61

QC090—05—01

QC090—05—02

QC090—05—03

QC090—05—04

QC090—05—05

QC090—05—06
QC090—05—07

QC090—05—08
QC090—05—09

QC090—05—10

QC090—05—11

QC090—05—12

QC090—05—13

QC090—05—14

QC090—05—15

QC090—05—16

QC090—05—17

QC090—05—18

QC090—05—19

QC090—05—20

QC090—05—21

QC090—05—22

QC090—05—23

QC090—05—24

QC090—05—25

QC090—05—26

QC090—05—27

QC090—05—28

QC090—05—29

QC090—05—30

QC090—05—31

QC090—05—32

QC090—05—33

QC090—05—34

QC090—05—35

QC090—05—36

QC090—05—37

QC090—05—38

QC090—05—39

QC090—05—40

QC090—05—41

QC090—05—42

QC090—05—43

QC090—05—44

QC090—05—45

QC090—05—46

QC090—05—47

QC090—05—48

QC090—05—49

QC090—05—50

QC090—05—51

QC090—05—52

QC090—05—53

QC090—05—54

QC090—05—55

QC090—05—56

QC090—05—57

QC090—05—58

QC090—05—59

QC090—05—60

QC090—05—61

QC090—05—62

QC090—05—63

QC090—05—64

QC090—05—65

QC090—05—66

QC090—05—67

QC090—05—68

QC090—05—69

QC090—05—70

QC090—05—71

QC090—06—01

QC090—06—02

QC090—06—03

QC090—06—04

QC090—06—05

QC090—06—06

QC090—06—07

QC090—06—08

QC090—06—09

QC090—06—10

QC090—06—11

QC090—06—12

QC090—06—13

QC090—06—14

QC090—06—15

QC090—06—16

QC090—06—17

QC090—06—18

QC090—06—19

QC090—06—20

QC090—06—21

QC090—06—22

QC090—06—23

QC090—06—24

QC090—06—25

QC090—06—26

QC090—06—27

QC090—06—28

QC090—06—29

QC090—06—30

QC090—06—31

QC090—06—32

QC090—06—33

QC090—06—34

QC090—06—35

QC090—06—36

QC090—06—37

QC090—06—38

QC090—06—39

QC090—06—40

QC090—06—41
QC090—06—42

QC090—06—43

QC090—06—44
QC090—06—45

QC090—06—46

QC090—06—47

QC090—06—48

QC090—06—49

QC090—06—50

QC090—06—51

QC090—06—52

QC090—06—53

QC090—06—54

QC090—06—55
QC090—06—56

QC090—06—57

QC090—06—58

QC090—06—59

QC090—06—60
QC090—06—61

QC090—06—62

QC090—06—63

QC090—06—64

QC090—06—65

QC090—06—66

QC090—06—67

QC090—06—68

QC090—07—01

QC090—07—02

QC090—07—03

QC090—07—04

QC090—07—05

QC090—07—06

QC090—07—07

QC090—07—08

QC090—07—09

QC090—07—10

QC090—07—11

QC090—07—12

QC090—07—13

QC090—07—14

QC090—07—15

QC090—07—16

QC090—07—17

QC090—07—18

QC090—07—19

QC090—07—20

QC090—07—21

QC090—07—22

QC090—07—23

QC090—07—24

QC090—07—25

QC090—07—26

QC090—07—27

QC090—07—28

QC090—07—29

QC090—07—30

QC090—07—31

QC090—07—32

QC090—07—33

QC090—07—34

QC090—07—35

QC090—07—36

QC090—07—37

QC090—07—38

QC090—07—39

QC090—07—40

QC090—07—41

QC090—07—42

QC090—07—43

QC090—07—44

QC090—07—45

QC090—07—46

QC090—07—47

QC090—07—48

QC090—07—49

QC090—07—50

QC090—07—51

QC090—07—52

QC090—07—53

QC090—07—54

QC090—07—55

QC090—07—56

QC090—07—57

QC090—07—58

QC090—07—59

QC090—07—60

QC090—07—61

QC090—07—62

QC090—07—63

QC090—07—64

QC090—07—65

QC090—07—66

QC090—08—01

QC090—08—02

QC090—08—03

QC090—08—04

QC090—08—05

QC090—08—06

QC090—08—07

QC090—08—08

QC090—08—09

QC090—08—10

QC090—08—11

QC090—08—12

QC090—08—13

QC090—08—14

QC090—08—15

QC090—08—16

QC090—08—17

QC090—08—18

QC090—08—19
QC090—08—20
QC090—08—21
QC090—08—22
QC090—08—23
QC090—08—24
QC090—08—25
QC090—08—26
QC090—08—27
QC090—08—28
QC090—08—29
QC090—08—30
QC090—08—31
QC090—08—32
QC090—08—33
QC090—08—34
QC090—08—35
QC090—08—36
QC090—08—37
QC090—08—38
QC090—08—39
QC090—08—40

QC090—08—41
QC090—08—42
QC090—08—43
QC090—08—44
QC090—08—45
QC090—08—46
QC090—08—47
QC090—08—48
QC090—08—49
QC090—08—50
QC090—08—51
QC090—08—52
QC090—08—53
QC090—08—54
QC090—08—55
QC090—08—56
QC090—08—57
QC090—08—58
QC090—08—59
QC090—08—60
QC090—08—61

QC090—08—62

QC090—08—63

QC090—08—64

QC090—08—65
QC090—08—66
QC090—08—67
QC090—08—68
QC090—08—69

QC090—09—01

QC090—09—02

QC090—09—03
QC090—09—04

QC090—09—05

QC090—09—06

QC090—09—07

QC090—09—08
QC090—09—09

QC090—09—10

QC090—09—11
QC090—09—12

QC090—09—13
QC090—09—14
QC090—09—15
QC090—09—16
QC090—09—17
QC090—09—18
QC090—09—19

QC090—09—20
QC090—09—21

QC090—09—22

QC090—09—23

QC090—09—24

QC090—09—25

QC090—09—26
QC090—09—27

QC090—09—28

QC090—09—29

QC090—09—30

QC090—09—31

QC090—09—32

QC090—09—33

QC090—09—34

QC090—09—35

QC090—09—36

QC090—09—37

QC090—09—38

QC090—09—39

QC090—09—40

QC090—09—41

QC090—09—42

QC090—09—43

QC090—09—44

QC090—09—45

QC090—09—46

QC090—09—47

QC090—09—48

QC090—09—49

QC090—09—50

QC090—09—51

QC090—09—52

QC090—09—53

QC090—09—54

QC090—09—55

QC090—09—56

QC090—09—57

QC090—09—58

QC090—09—59

QC090—09—60

QC090—09—61

QC090—09—62

QC090—09—63

QC090—09—64

QC090—09—65

QC090—09—66

QC090—10—01

QC090—10—02

QC090—10—03

QC090—10—04

QC090—10—05

QC090—10—06

QC090—10—07

QC090—10—08

QC090—10—09

QC090—10—10

QC090—10—11

QC090—10—12

QC090—10—13

QC090—10—14

QC090—10—15

QC090—10—16

QC090—10—17

QC090—10—18

QC090—10—19

QC090—10—20

QC090—10—21

QC090—10—22

QC090—10—23

QC090—10—24

QC090—10—25

QC090—10—26

QC090—10—27

QC090—10—28

QC090—10—29

QC090—10—30

QC090—10—31

QC090—10—32

QC090—10—33

QC090—10—34

QC090—10—35

QC090—10—36

QC090—10—37

QC090—10—38

QC090—10—39

QC090—10—40

QC090—10—41

QC090—10—42

QC090—10—43

QC090—10—44

QC090—10—45

QC090—10—46

QC090—10—47

QC090—10—48

QC090—10—49

QC090—10—50

QC090—10—51

QC090—10—52

QC090—10—53

QC090—10—54

QC090—10—55

QC090—10—56

QC090—10—57

QC090—10—58

QC090—10—59

QC090—10—60

QC090—10—61

QC090—10—62

QC090—10—63

QC090—10—64

QC090—10—65

QC090—11—01

QC090—11—02

QC090—11—03

QC090—11—04

QC090—11—05

QC090—11—06

QC090—11—07

QC090—11—08

QC090—11—09

QC090—11—10

QC090—11—11

QC090—11—12

QC090—11—13

QC090—11—14

QC090—11—15

QC090—11—16

QC090—11—17

QC090—11—18

QC090—11—19

QC090—11—20

QC090—11—21

QC090—11—22

QC090—11—23

QC090—11—24

QC090—11—25

QC090—11—26

QC090—11—27

QC090—11—28

QC090—11—29

QC090—11—30

QC090—11—31

QC090—11—32

QC090—11—33

QC090—11—34

QC090—11—35

QC090—11—36

QC090—11—37

QC090—11—38

QC090—11—39

QC090—11—40

QC090—11—41

QC090—11—42

QC090—11—43

QC090—11—44

QC090—11—45

QC090—11—46

QC090—11—47

QC090—11—48

QC090—11—49

QC090—11—50

QC090—11—51

QC090—11—52

QC090—11—53

QC090—11—54

QC090—11—55

QC090—11—56

QC090—11—57

QC090—11—58

QC090—11—59

QC090—11—60

QC090—11—61

QC090—11—62

QC090—11—63

QC090—11—64

QC090—11—65

QC090—11—66

QC090—12—01

QC090—12—02

QC090—12—03

QC090—12—04

QC090—12—05

QC090—12—06

QC090—12—07

QC090—12—08

QC090—12—09

QC090—12—10

QC090—12—11

QC090—12—12

QC090—12—13

QC090—12—14

QC090—12—15

QC090—12—16

QC090—12—17

QC090—12—18

QC090—12—19

QC090—12—20

QC090—12—21

QC090—12—22

QC090—12—23

QC090—12—24

QC090—12—25

QC090—12—26

QC090—12—27

QC090—12—28

QC090—12—29

QC090—12—30

QC090—12—31

QC090—12—32

QC090—12—33

QC090—12—34

QC090—12—35

QC090—12—36
QC090—12—37

QC090—12—38

QC090—12—39

QC090—12—40

QC090—12—41

QC090—12—42

QC090—12—43

QC090—12—44

QC090—12—45
QC090—12—46

QC090—12—47

QC090—12—48

QC090—12—49

QC090—12—50

QC090—12—51

QC090—12—52

QC090—12—53

QC090—12—54

QC090—12—55

QC090—12—56

QC090—12—57

QC090—12—58

QC090—12—59

QC090—12—60

QC090—12—61

QC090—12—62

QC090—12—63

QC090—12—64

QC090—13—01

QC090—13—02

QC090—13—03

QC090—13—04

QC090—13—05

QC090—13—06

QC090—13—07

QC090—13—08

QC090—13—09

QC090—13—10

QC090—13—11

QC090—13—12

QC090—13—13

QC090—13—14

QC090—13—15

QC090—13—16

QC090—13—17

QC090—13—18

QC090—13—19

QC090—13—20

QC090—13—21

QC090—13—22

QC090—13—23

QC090—13—24

QC090—13—25

QC090—13—26

QC090—13—27

QC090—13—28

QC090—13—29

QC090—13—30

QC090—13—31

QC090—13—32

QC090—13—33

QC090—13—34

QC090—13—35

QC090—13—36

QC090—13—37

QC090—13—38

QC090—13—39

QC090—13—40

QC090—13—41

QC090—13—42

QC090—13—43

QC090—13—44

QC090—13—45

QC090—13—46

QC090—13—47

QC090—13—48

QC090—13—49

QC090—13—50

QC090—13—51

QC090—13—52

QC090—13—53

QC090—13—54

QC090—13—55

QC090—13—56

QC090—13—57

QC090—13—58

QC090—13—59

QC090—13—60

QC090—13—61

QC090—13—62

QC090—13—63

QC090—13—64

QC090—13—65

QC090—13—66

QC090—13—67

QC090—13—68

QC090—14—01

QC090—14—02

QC090—14—03

QC090—14—04

QC090—14—05

QC090—14—06

QC090—14—07

QC090—14—08

QC090—14—09

QC090—14—10

QC090—14—11

QC090—14—12

QC090—14—13

QC090—14—14

QC090—14—15

QC090—14—16

QC090—14—17

QC090—14—18

QC090—14—19

QC090—14—20

QC090—14—21

QC090—14—22

QC090—14—23

QC090—14—24

QC090—14—25

QC090—14—26

QC090—14—27

QC090—14—28

QC090—14—29

QC090—14—30

QC090—14—31

QC090—14—32

QC090—14—33

QC090—14—34

QC090—14—35

QC090—14—36

QC090—14—37

QC090—14—38

QC090—14—39

QC090—14—40

QC090—14—41

QC090—14—42

QC090—14—43

QC090—14—44

QC090—14—45

QC090—14—46

QC090—14—47

QC090—14—48

QC090—14—49

QC090—14—50

QC090—14—51

QC090—14—52

QC090—14—53

QC090—14—54

QC090—14—55

QC090—14—56

QC090—14—57

QC090—14—58

QC090—14—59

QC090—14—60

QC090—14—61

QC090—14—62

QC090—14—63

QC091（82 字）

QC091（1）—01—01

QC091（1）—01—02

QC091（1）—01—03

QC091（1）—01—04

QC091（1）—01—05

QC091（1）—01—06

QC091（1）—02—01

QC091（1）—02—02

QC091（1）—02—03

QC091（1）—02—04

QC091（1）—02—05

QC091（1）—02—06

QC091（1）—02—07

QC091（1）—03—01

QC091（1）—03—02

QC091（1）—03—03

QC091（1）—03—04

QC091（1）—03—05

QC091（1）—03—06

QC091（1）—03—07

QC091（1）—03—08

QC091（1）—04—01

QC091（1）—04—02

QC091（1）—04—03

QC091（1）—04—04

QC091（1）—04—05

QC091（1）—04—06

QC091（1）—04—07

QC091（1）—05—01

QC091（1）—05—02

QC091（1）—05—03

QC091（1）—05—04

QC091（1）—05—05

QC091（1）—05—06

QC091（1）—05—07

QC091（1）—05—08

QC091（1）—05—09

QC091（2）—01—01

QC091（2）—01—02

QC091（2）—01—03

QC091（2）—01—04

QC091（2）—01—05

QC091（2）—01—06

QC091（2）—01—07

QC091（2）—01—08

QC091（2）—02—01

QC091（2）—02—02

QC091（2）—02—03

QC091（2）—02—04

QC091（2）—02—05

QC091（2）—02—06

QC091（2）—02—07

QC091（2）—02—08

QC091（2）—03—01

QC091（2）—03—02

QC091（2）—03—03

QC091（2）—03—04

QC091（2）—03—05

QC091（2）—03—06

QC091（2）—03—07

QC091（2）—03—08

QC091（2）—04—01

QC091（2）—04—02

QC091（2）—04—03

QC091（2）—04—04

QC091（2）—04—05

QC091（2）—04—06

QC091（2）—04—07

QC091（2）—05—01

QC091（2）—05—02

QC091（2）—05—03

QC091（2）—05—04

QC091（2）—05—05

QC091（2）—05—06

QC091（2）—05—07

QC091（2）—05—08

QC092（183 字）

QC092—01—01

QC092—01—02

QC092—01—03

QC092—01—04

QC092—01—05

QC092—01—06

QC092—01—07

QC092—01—08

QC092—01—09

QC092—01—10

QC092—01—11

QC092—01—12

QC092—01—13

QC092—01—14

QC092—01—15

QC092—01—16

QC092—01—17

QC092—01—18

QC092—01—19

QC092—01—20

QC092—01—21

QC092—01—22

QC092—01—23

QC092—01—24

QC092—01—25

QC092—01—26

QC092—01—27

QC092—02—01

QC092—02—02

QC092—02—03

QC092—02—04

QC092—02—05

QC092—02—06

QC092—02—07

QC092—02—08

QC092—02—09

QC092—02—10

QC092—02—11

QC092—02—12

QC092—02—13

QC092—02—14

QC092—02—15

QC092—02—16

QC092—02—17

QC092—02—18

QC092—02—19

QC092—02—20

QC092—02—21

QC092—02—22

QC092—02—23

QC092—02—24

QC092—02—25

QC092—02—26

QC092—02—27

QC092—02—28

QC092—02—29

QC092—02—30

QC092—02—31

QC092—03—01

QC092—03—02

QC092—03—03

QC092—03—04

QC092—03—05

QC092—03—06

QC092—03—07

QC092—03—08

QC092—03—09

QC092—03—10

QC092—03—11

QC092—03—12

QC092—03—13

QC092—03—14

QC092—03—15

QC092—03—16

QC092—03—17

QC092—03—18

QC092—03—19

QC092—03—20

QC092—03—21

QC092—03—22

QC092—03—23

QC092—03—24

QC092—03—25

QC092—03—26

QC092—03—27

QC092—03—28

QC092—03—29

QC092—03—30

QC092—03—31

QC092—03—32

QC092—03—33

QC092—03—34

QC092—04—01

QC092—04—02

QC092—04—03

QC092—04—04

QC092—04—05
QC092—04—06
QC092—04—07
QC092—04—08
QC092—04—09
QC092—04—10
QC092—04—11
QC092—04—12
QC092—04—13
QC092—04—14
QC092—04—15
QC092—04—16
QC092—04—17
QC092—04—18
QC092—04—19
QC092—04—20
QC092—04—21
QC092—04—22
QC092—04—23
QC092—04—24
QC092—04—25
QC092—04—26
QC092—04—27

QC092—04—28
QC092—04—29
QC092—04—30
QC092—04—31
QC092—05—01
QC092—05—02
QC092—05—03
QC092—05—04
QC092—05—05
QC092—05—06
QC092—05—07
QC092—05—08
QC092—05—09
QC092—05—10
QC092—05—11
QC092—05—12
QC092—05—13
QC092—05—14
QC092—05—15
QC092—05—16
QC092—05—17
QC092—05—18

QC092—05—19

QC092—05—20

QC092—05—21

QC092—05—22
QC092—05—23

QC092—05—24

QC092—05—25
QC092—05—26
QC092—05—27

QC092—05—28

QC092—05—29
QC092—05—30

QC092—05—31

QC092—06—01

QC092—06—02

QC092—06—03

QC092—06—04

QC092—06—05

QC092—06—06

QC092—06—07

QC092—06—08

QC092—06—09

QC092—06—10

QC092—06—11

QC092—06—12

QC092—06—13

QC092—06—14

QC092—06—15

QC092—06—16

QC092—06—17

QC092—06—18

QC092—06—19

QC092—06—20

QC092—06—21

QC092—06—22

QC092—06—23

QC092—06—24

QC092—06—25

QC092—06—26

QC092—06—27

QC092—06—28

QC092—06—29

QC093（50 字）

QC093—01—01

QC093—01—02

QC093—01—03

QC093—01—04

QC093—01—05

QC093—01—06

QC093—01—07

QC093—01—08

QC093—01—09

QC093—01—10

QC093—01—11

QC093—01—12

QC093—01—13

QC093—01—14

QC093—01—15

QC093—01—16

QC093—01—17

QC093—02—01

QC093—02—02

QC093—02—03

QC093—02—04

QC093—02—05

QC093—02—06

QC093—02—07

QC093—02—08

QC093—02—09

QC093—02—10

QC093—02—11

QC093—02—12

QC093—02—13

QC093—02—14

QC093—02—15

QC093—02—16

QC093—02—17

QC093—03—01

QC093—03—02

QC093—03—03

QC093—03—04

QC093—03—05

QC093—03—06

QC093—03—07

QC093—03—08

QC093—03—09

QC093—03—10

QC093—03—11

QC093—03—12

QC093—03—13

QC093—03—14

QC093—03—15

QC093—03—16

QC094（46字）

QC094—01—01

QC094—01—02

QC094—01—03

QC094—01—04

QC094—01—05

QC094—01—06

QC094—01—07

QC094—01—08

QC094—02—01

QC094—02—02

QC094—02—03

QC094—02—04

QC094—02—05

QC094—02—06

QC094—02—07

QC094—02—08

QC094—02—09

QC094—02—10

QC094—02—11

QC094—03—01

QC094—03—02

QC094—03—03

QC094—03—04

QC094—03—05

QC094—03—06

QC094—03—07

QC094—03—08

QC094—03—09

QC094—04—01

QC094—04—02

QC094—04—03

QC094—04—04

QC094—04—05

QC094—04—06

QC094—04—07

QC094—04—08

QC094—04—09

QC094—05—01

QC094—05—02

QC094—05—03

QC094—05—04

QC094—05—05

QC094—05—06

QC094—05—07

QC094—05—08

QC094—05—09

QC095（34字）

QC095—01—01

QC095—01—02

QC095—01—03

QC095—01—04

QC095—01—05

QC095—01—06

QC095—01—07

QC095—01—08

QC095—01—09

QC095—01—10

QC095—01—11

QC095—01—12

QC095—01—13

QC095—01—14

QC095—01—15

QC095—01—16

QC095—01—17

QC095—02—01

QC095—02—02

QC095—02—03

QC095—02—04

QC095—02—05

QC095—02—06

QC095—02—07

QC095—02—08

QC095—02—09

QC095—02—10

QC095—02—11

QC095—02—12

QC095—02—13

QC095—02—14

QC095—02—15

QC095—02—16

QC095—02—17

QC096（43字）

QC096—01—01

QC096—01—02

QC096—01—03

QC096—02—01

QC096—02—02

QC096—02—03

QC096—02—04

QC096—02—05

QC096—02—06

QC096—02—07

QC096—03—01

QC096—03—02

QC096—03—03

QC096—03—04

QC096—03—05

QC096—03—06

QC096—04—01

QC096—04—02

QC096—04—03

QC096—04—04

QC096—04—05

QC096—04—06

QC096—04—07

QC096—05—01

QC096—05—02

QC096—05—03

QC096—05—04

QC096—05—05

QC096—05—06

QC096—06—01

QC096—06—02

QC096—06—03

QC096—06—04

QC096—06—05

QC096—06—06

QC096—06—07

QC096—06—08

QC096—07—01

QC096—07—02

QC096—07—03

QC096—07—04

QC096—07—05

QC096—07—06

QC097（16字）

QC097—01—01

QC097—01—02

QC097—01—03

QC097—01—04

QC097—02—01

QC097—02—02

QC097—02—03

QC097—02—04

QC097—03—01

QC097—03—02

QC097—03—03

QC097—03—04

QC097—03—05

QC097—04—01

QC097—04—02

QC097—04—03

QC098（36字）

QC098—01—01

QC098—01—02

QC098—01—03

QC098—01—04

QC098—01—05

QC098—01—06

QC098—01—07

QC098—01—08

QC098—02—01

QC098—02—02

QC098—02—03
QC098—02—04

QC098—02—05

QC098—02—06

QC098—02—07

QC098—03—01

QC098—03—02

QC098—03—03

QC098—03—04

QC098—03—05

QC098—03—06

QC098—03—07

QC098—04—01

QC098—04—02

QC098—04—03

QC098—04—04

QC098—04—05

QC098—04—06

QC098—04—07

QC098—05—01

QC098—05—02

QC098—05—03

QC098—05—04

QC098—05—05

QC098—05—06

QC098—05—07

QC099（46字）

QC099—01—01

QC099—01—02

QC099—01—03

QC099—01—04

QC099—01—05

QC099—02—01

QC099—02—02

QC099—02—03

QC099—02—04

QC099—02—05

QC099—03—01

QC099—03—02

QC099—03—03

QC099—03—04

QC099—03—05

QC099—03—06

QC099—04—01

QC099—04—02

QC099—04—03

QC099—04—04

QC099—04—05

QC099—04—06

QC099—05—01

QC099—05—02

QC099—05—03

QC099—05—04

QC099—05—05

QC099—06—01

QC099—06—02

QC099—06—03

QC099—06—04

QC099—06—05

QC099—07—01

QC099—07—02

QC099—07—03

QC099—07—04

QC099—07—05

QC099—07—06

QC099—08—01

QC099—08—02

QC099—08—03

QC099—08—04

QC099—08—05

QC099—08—06

QC099—08—07

QC099—08—08

QC100（23字）

QC100—01—01

QC100—01—02

QC100—02—01

QC100—02—02

QC100—02—03

QC100—03—01

QC100—03—02

QC100—03—03

QC100—03—04

QC100—04—01

QC100—04—02

QC100—04—03

QC100—04—04

QC100—05—01

QC100—05—02

QC100—05—03

QC100—05—04

QC100—05—05

QC100—06—01

QC100—06—02

QC100—06—03

QC100—07—01

QC100—08—01

QC101（16 字）

QC101—01—01

QC101—01—02

QC101—01—03

QC101—01—04

QC101—01—05

QC101—01—06

QC101—01—07

QC101—01—08

QC101—02—01

QC101—02—02

QC101—02—03

QC101—02—04

QC101—02—05

QC101—02—06

QC101—02—07
QC101—02—08

QC102（16字）

QC102—01—01
QC102—01—02
QC102—01—03
QC102—01—04
QC102—02—01
QC102—02—02
QC102—02—03
QC102—02—04
QC102—03—01
QC102—03—02
QC102—03—03
QC102—03—04
QC102—04—01
QC102—04—02
QC102—04—03
QC102—04—04

QC103（11字）

QC103—01—01
QC103—01—02
QC103—01—03

QC103—02—01
QC103—02—02
QC103—02—03
QC103—02—04
QC103—03—01
QC103—03—02
QC103—03—03
QC103—03—04

QC104（24字）

QC104—01—01
QC104—01—02
QC104—01—03
QC104—01—04
QC104—01—05
QC104—01—06
QC104—01—07
QC104—02—01
QC104—02—02
QC104—02—03
QC104—02—04
QC104—02—05
QC104—02—06
QC104—02—07
QC104—02—08

QC104—02—09

QC104—03—01

QC104—03—02

QC104—03—03

QC104—03—04

QC104—03—05

QC104—04—01

QC104—05—01

QC104—05—02

QC105（8字）

QC105—01—01

QC105—01—02

QC105—01—03

QC105—01—04

QC105—02—01

QC105—02—02

QC105—02—03

QC105—03—01

QC106（28字）

QC106—01—01

QC106—01—02

QC106—01—03

QC106—01—04

QC106—02—01

QC106—02—02

QC106—02—03

QC106—02—04

QC106—03—01

QC106—03—02

QC106—03—03

QC106—03—04

QC106—04—01

QC106—04—02

QC106—04—03

QC106—04—04

QC106—04—05

QC106—05—01

QC106—05—02

QC106—05—03

QC106—05—04

QC106—05—05

QC106—06—01

QC106—06—02

QC106—06—03

QC106—06—04

QC106—06—05

QC106—06—06

QC107（36字）

QC107—01—01

QC107—01—02

QC107—01—03

QC107—01—04

QC107—01—05

QC107—01—06

QC107—01—07

QC107—02—01

QC107—02—02

QC107—02—03

QC107—02—04

QC107—02—05

QC107—02—06

QC107—02—07

QC107—02—08

QC107—03—01

QC107—03—02

QC107—03—03

QC107—03—04

QC107—03—05

QC107—03—06

QC107—04—01

QC107—04—02

QC107—04—03

QC107—04—04

QC107—04—05

QC107—04—06

QC107—05—01

QC107—05—02

QC107—05—03

QC107—05—04

QC107—05—05
QC107—05—06

QC107—05—07

QC107—05—08

QC107—05—09

QC108（14 字）

QC108—01—01
QC108—01—02
QC108—01—03

QC108—01—04

QC108—01—05
QC108—02—01
QC108—02—02

QC108—02—03

QC108—02—04

QC108—02—05

QC108—03—01

QC108—03—02

QC108—03—03

QC108—03—04

QC109（29 字）

QC109—01—01

QC109—01—02

QC109—01—03

QC109—01—04

QC109—01—05

QC109—01—06

QC109—02—01

QC109—02—02

QC109—02—03

QC109—02—04

QC109—03—01

QC109—03—02

QC109—03—03

QC109—03—04

QC109—03—05

QC109—03—06

QC109—03—07

QC109—04—01

QC109—04—02

QC109—04—03

QC109—04—04

QC109—04—05

QC109—04—06
QC109—05—01

QC109—05—02

QC109—05—03

QC109—05—04

QC109—05—05

QC109—05—06

QC110（29字）

QC110—01—01

QC110—01—02

QC110—01—03

QC110—01—04

QC110—01—05

QC110—01—06

QC110—01—07

QC110—01—08

QC110—01—09

QC110—02—01

QC110—02—02

QC110—02—03

QC110—02—04

QC110—02—05

QC110—02—06

QC110—02—07

QC110—03—01

QC110—03—02

QC110—03—03

QC110—03—04

QC110—03—05

QC110—03—06

QC110—03—07

QC110—04—01

QC110—04—02

QC110—04—03

QC110—04—04

QC110—04—05

QC110—04—06

QC111（17字）

QC111—01—01

QC111—02—01

QC111—02—02

QC111—03—01

QC111—03—02

QC111—03—03

QC111—04—01

QC111—04—02

QC111—04—03

QC111—05—01

QC111—05—02

QC111—05—03
QC111—05—04
QC111—05—05

QC111—06—01

QC111—06—02

QC111—06—03

QC112（10字）

QC112—01—01

QC112—01—02

QC112—02—01

QC112—02—02

QC112—03—01

QC112—03—02

QC112—04—01

QC112—04—02

QC112—05—01

QC112—05—02

QC113（21字）

QC113—01—01
QC113—01—02

QC113—01—03

QC113—01—04

QC113—01—05

QC113—02—01

QC113—02—02
QC113—02—03

QC113—02—04
QC113—02—05

QC113—02—06

QC113—02—07

QC113—03—01

QC113—03—02

QC113—03—03
QC113—03—04

QC113—03—05

QC113—03—06

QC113—04—01
QC113—04—02

QC113—04—03

QC114（10字）

QC114—01—01

QC114—01—02

QC114—02—01

QC114—02—02

QC114—02—03

QC114—02—04

QC114—03—01

QC114—03—02

QC114—03—03

QC114—03—04

QC115（12字）

QC115—01—01

QC115—01—02

QC115—02—01

QC115—02—02

QC115—02—03

QC115—03—01

QC115—03—02

QC115—03—03

QC115—04—01

QC115—04—02

QC115—04—03

QC115—04—04

QC116（9字）

QC116—01—01

QC116—01—02

QC116—01—03

QC116—02—01

QC116—02—02

QC116—02—03

QC116—03—01

QC116—03—02

QC116—03—03

QC117（15字）

QC117—01—01

QC117—01—02

QC117—01—03

QC117—01—04

QC117—02—01

QC117—02—02

QC117—02—03
QC117—02—04

QC117—02—05

QC117—02—06

QC117—03—01

QC117—03—02
QC117—03—03

QC117—03—04

QC117—03—05

QC118（18字）

QC118—01—01
QC118—01—02
QC118—01—03

QC118—02—01

QC118—02—02
QC118—02—03

QC118—02—04

QC118—03—01

QC118—03—02

QC118—03—03

QC118—03—04
QC118—03—05

QC118—04—01

QC118—04—02

QC118—04—03
QC118—05—01

QC118—05—02

QC118—05—03

QC119（16字）

QC119—01—01

QC119—01—02
QC119—01—03

QC119—02—01
QC119—02—02

QC119—02—03

QC119—02—04

QC119—03—01

QC119—03—02

QC119—03—03

QC119—04—01

QC119—04—02

QC119—04—03

QC119—05—01
QC119—05—02

QC119—05—03

QC120（8字）

QC120—01—01

QC120—01—02
QC120—01—03

QC120—01—04

QC120—02—01
QC120—02—02
QC120—02—03
QC120—02—04

QC121（11 字）

QC121—01—01
QC121—01—02

QC121—02—01
QC121—02—02
QC121—02—03

QC121—03—01
QC121—03—02
QC121—03—03

QC121—04—01
QC121—04—02
QC121—04—03

QC122（8 字）

QC122—01—01

QC122—01—02
QC122—02—01

QC122—02—02

QC122—02—03

QC122—03—01

QC122—03—02

QC122—04—01

QC123（10 字）

QC123—01—01
QC123—02—01
QC123—02—02
QC123—03—01
QC123—03—02
QC123—03—03

QC123—04—01
QC123—04—02
QC123—04—03
QC123—04—04

QC124（1 字）

QC124—01—01

QC125（2 字）

QC125—01—01
QC125—01—02

QC126（6 字）

QC126—01—01
QC126—01—02
QC126—01—03
QC126—02—01
QC126—02—02
QC126—02—03

QC127（5 字）

QC127—01—01

QC127—01—02

QC127—02—01

QC127—02—02

QC127—02—03

QC128（1 字）

QC128—01—01

QC129（15 字）

QC129—01—01

QC129—01—02

QC129—01—03

QC129—01—04

QC129—02—01

QC129—02—02

QC129—02—03

QC129—02—04

QC129—02—05

QC129—02—06

QC129—02—07

QC129—03—01

QC129—03—02

QC129—03—03

QC129—03—04

QC130（12 字）

QC130—01—01

QC130—01—02

QC130—01—03

QC130—02—01

QC130—02—02

QC130—02—03

QC130—02—04

QC130—03—01

QC130—03—02

QC130—03—03

QC130—04—01

QC130—04—02

QC131（6 字）

QC131—01—01

QC131—01—02

QC131—01—03

QC131—02—01

QC131—03—01

QC131—04—01

QC132（32 字）

QC132—01—01

QC132—01—02

QC132—01—03

QC132—02—01

QC132—02—02

QC132—02—03

QC132—03—01

QC132—03—02

QC132—03—03

QC132—03—04

QC132—03—05

QC132—03—06

QC132—03—07

QC132—03—08

QC132—04—01

QC132—04—02

QC132—04—03

QC132—04—04

QC132—04—05

QC132—04—06

QC132—05—01

QC132—05—02

QC132—05—03

QC132—05—04

QC132—05—05

QC132—06—01

QC132—06—02

QC132—06—03

QC133（11 字）

QC133—01—01

QC133—01—02

QC133—01—03

QC133—01—04

QC133—01—05

QC133—02—01

QC133—02—02

QC133—02—03

QC133—02—04

QC133—02—05

QC133—03—01

二、民间收藏 MJ01 至 MJ46

MJ01（93字）

MJ01—01—01
MJ01—01—02
MJ01—01—03
MJ01—01—04
MJ01—01—05
MJ01—01—06
MJ01—01—07
MJ01—01—08
MJ01—01—09
MJ01—01—10
MJ01—01—11
MJ01—01—12
MJ01—01—13
MJ01—01—14
MJ01—01—15
MJ01—01—16
MJ01—01—17

MJ01—02—01
MJ01—02—02
MJ01—02—03
MJ01—02—04
MJ01—02—05
MJ01—02—06
MJ01—02—07
MJ01—02—08
MJ01—02—09
MJ01—02—10
MJ01—02—11
MJ01—02—12
MJ01—02—13
MJ01—02—14
MJ01—02—15
MJ01—02—16
MJ01—02—17
MJ01—02—18
MJ01—02—19
MJ01—03—01
MJ01—03—02

MJ01—03—03

MJ01—03—04

MJ01—03—05

MJ01—03—06

MJ01—03—07

MJ01—03—08

MJ01—03—09

MJ01—03—10

MJ01—03—11

MJ01—03—12

MJ01—03—13

MJ01—03—14

MJ01—03—15

MJ01—03—16

MJ01—03—17

MJ01—03—18

MJ01—04—01

MJ01—04—02

MJ01—04—03

MJ01—04—04

MJ01—04—05

MJ01—04—06

MJ01—04—07

MJ01—04—08

MJ01—04—09

MJ01—04—10

MJ01—04—11

MJ01—04—12

MJ01—04—13

MJ01—04—14

MJ01—04—15

MJ01—04—16

MJ01—04—17

MJ01—04—18

MJ01—05—01

MJ01—05—02

MJ01—05—03

MJ01—05—04

MJ01—05—05

MJ01—05—06

MJ01—05—07

MJ01—05—08

MJ01—05—09

MJ01—05—10

MJ01—05—11

MJ01—05—12

MJ01—05—13

MJ01—05—14

MJ01—05—15

MJ01—05—16

MJ01—05—17

MJ01—05—18

MJ02（3 字）

MJ02（1）—01—01

MJ02（2）—01—01

MJ02（2）—01—02

MJ03（33 字）

MJ03（1）—01—01

MJ03（1）—01—02

MJ03（1）—01—03

MJ03（1）—01—04

MJ03（1）—02—01

MJ03（1）—02—02

MJ03（1）—02—03

MJ03（1）—02—04

MJ03（1）—03—01

MJ03（1）—03—02

MJ03（1）—03—03

MJ03（1）—03—04

MJ03（2）—01—01

MJ03（2）—01—02

MJ03（2）—01—03

MJ03（2）—01—04

MJ03（2）—02—01

MJ03（2）—02—02

MJ03（2）—02—03

MJ03（2）—02—04

MJ03（2）—03—01

MJ03（2）—03—02

MJ03（2）—03—03

MJ03（2）—03—04

MJ03（3）—01—01

MJ03（3）—01—02

MJ03（3）—01—03

MJ03（4）—01—01

MJ03（4）—01—02

MJ03（4）—01—03

MJ03（5）—01—01

MJ03（5）—01—02

MJ03（5）—01—03

MJ03（6）—01—01

MJ03（6）—01—02

MJ03（6）—01—03

MJ04（**72 字**）

MJ04（1）—01—01

MJ04（1）—01—02

MJ04（1）—01—03

MJ04（1）—01—04

MJ04（1）—01—05

MJ04（1）—01—06

MJ04（1）—01—07

MJ04（1）—01—08

MJ04（1）—01—09

MJ04（1）—01—10

MJ04（1）—01—11

MJ04（1）—01—12

MJ04（1）—01—13

MJ04（1）—01—14

MJ04（1）—02—01

MJ04（1）—02—02

MJ04（1）—02—03

MJ04（1）—02—04

MJ04（1）—02—05

MJ04（1）—02—06

MJ04（1）—02—07

MJ04（1）—02—08

MJ04（1）—02—09

MJ04（1）—02—10

MJ04（1）—02—11

MJ04（1）—02—12

MJ04（1）—02—13

MJ04（1）—03—01

MJ04（1）—03—02

MJ04（1）—03—03

MJ04（1）—03—04

MJ04（1）—03—05

MJ04（1）—03—06

MJ04（1）—03—07

MJ04（1）—03—08

MJ04（1）—03—09

MJ04（1）—03—10

MJ04（2）—01—01

MJ04（2）—01—02

MJ04（2）—01—03

MJ04（2）—01—04

MJ04（2）—01—05

MJ04（2）—01—06

MJ04（2）—01—07

MJ04（2）—01—08

MJ04（2）—01—09

MJ04（2）—01—10

MJ04（2）—01—11

MJ04（2）—01—12

MJ04（2）—01—13

MJ04（2）—01—14

MJ04（2）—02—01

MJ04（2）—02—02

MJ04（2）—02—03

MJ04（2）—02—04

MJ04（2）—02—05

MJ04（2）—02—06

MJ04（2）—02—07

MJ04（2）—02—08

MJ04（2）—02—09

MJ04（2）—02—10

MJ04（2）—03—01

MJ04（2）—03—02

MJ04（2）—03—03

MJ04（2）—03—04

MJ04（2）—03—05

MJ04（2）—03—06

MJ04（2）—03—07

MJ04（2）—03—08

MJ04（2）—03—09

MJ04（2）—03—10

MJ04（2）—03—11

MJ05（24 字）

MJ05—01—01

MJ05—01—02

MJ05—01—03

MJ05—01—04

MJ05—01—05

MJ05—01—06

MJ05—01—07

MJ05—01—08

MJ05—02—01

MJ05—02—02

MJ05—02—03

MJ05—02—04

MJ05—02—05

MJ05—02—06

MJ05—02—07

MJ05—03—01

MJ05—03—02

MJ05—03—03

MJ05—03—04

MJ05—03—05

MJ05—03—06

MJ05—03—07

MJ05—03—08

MJ05—03—09

MJ06（4 字）

MJ06（1）—01—01

MJ06（1）—01—02

MJ06（2）—01—01

MJ06（2）—01—02

MJ07（22 字）

MJ07（1）—01—01

MJ07（1）—01—02

MJ07（1）—01—03

MJ07（1）—01—04

MJ07（1）—01—05

MJ07（1）—01—06

MJ07（1）—02—01

MJ07（1）—02—02

MJ07（1）—02—03

MJ07（1）—02—04

MJ07（1）—02—05

MJ07（1）—02—06

MJ07（2）—01—01

MJ07（2）—01—02

MJ07（2）—01—03

MJ07（2）—01—04

MJ07（2）—01—05

MJ07（2）—02—01

MJ07（2）—02—02

MJ07（2）—02—03

MJ07（2）—02—04

MJ07（2）—02—05

MJ08（18字）

MJ08—01—01

MJ08—01—02

MJ08—01—03

MJ08—01—04

MJ08—01—05

MJ08—01—06

MJ08—01—07

MJ08—01—08

MJ08—02—01

MJ08—02—02

MJ08—02—03

MJ08—02—04

MJ08—02—05

MJ08—02—06

MJ08—02—07

MJ08—02—08

MJ08—02—09

MJ08—02—10

MJ09（36字）

MJ09（1）—01—01

MJ09（1）—01—02

MJ09（1）—01—03

MJ09（1）—01—04

MJ09（1）—01—05

MJ09（1）—01—06

MJ09（1）—01—07

MJ09（1）—01—08

MJ09（1）—01—09

MJ09（1）—01—10

MJ09（1）—01—11

MJ09（1）—02—01

MJ09（1）—02—02

MJ09（1）—02—03

MJ09（1）—02—04

MJ09（1）—02—05

MJ09（1）—02—06

MJ09（1）—02—07

MJ09（1）—02—08

MJ09（1）—02—09

MJ09（1）—02—10

MJ09（1）—02—11

MJ09（1）—02—12

MJ09（1）—02—13

MJ09（1）—02—14

MJ09（2）—01—01

MJ09（2）—01—02

MJ09（2）—01—03

MJ09（2）—01—04

MJ09（2）—01—05

MJ09（2）—01—06

MJ09（2）—01—07

MJ09（2）—01—08

MJ09（2）—01—09

MJ09（2）—01—10

MJ09（2）—01—11

MJ10（106 字）

MJ10（1）—01—01

MJ10（1）—02—01

MJ10（1）—02—02

MJ10（1）—02—03

MJ10（1）—02—04

MJ10（1）—02—05

MJ10（1）—03—01

MJ10（1）—03—02

MJ10（1）—03—03

MJ10（1）—03—04

MJ10（1）—03—05

MJ10（1）—03—06

MJ10（1）—03—07

MJ10（1）—03—08

MJ10（1）—03—09

MJ10（1）—04—01

MJ10（1）—04—02

MJ10（1）—04—03

MJ10（1）—04—04

MJ10（1）—04—05

MJ10（1）—04—06

MJ10（1）—04—07

MJ10（1）—04—08

MJ10（1）—04—09

MJ10（1）—04—10

MJ10（1）—04—11

MJ10（1）—04—12

MJ10（1）—05—01

MJ10（1）—05—02

MJ10（1）—05—03

MJ10（1）—05—04

MJ10（1）—05—05

MJ10（1）—05—06

MJ10（1）—05—07

MJ10（1）—05—08

MJ10（1）—05—09

MJ10（1）—06—01

MJ10（1）—06—02

MJ10（1）—06—03

MJ10（1）—06—04

MJ10（1）—06—05

MJ10（1）—06—06

MJ10（1）—07—01

MJ10（1）—07—02

MJ10（1）—07—03

MJ10（1）—07—04

MJ10（1）—07—05

MJ10（1）—07—06

MJ10（1）—07—07

MJ10（2）—01—01

MJ10（2）—01—02

MJ10（2）—01—03

MJ10（2）—01—04

MJ10（2）—01—05

MJ10（2）—01—06

MJ10（2）—01—07

MJ10（2）—02—01

MJ10（2）—02—02

MJ10（2）—02—03

MJ10（2）—02—04

MJ10（2）—02—05

MJ10（2）—02—06

MJ10（2）—02—07

MJ10（2）—02—08

MJ10（2）—02—09

MJ10（2）—03—01

MJ10（2）—03—02

MJ10（2）—03—03

MJ10（2）—03—04

MJ10（2）—03—05

MJ10（2）—03—06

MJ10（2）—03—07

MJ10（2）—03—08

MJ10（2）—03—09

MJ10（2）—03—10

MJ10（2）—04—01

MJ10（2）—04—02

MJ10（2）—04—03

MJ10（2）—04—04

MJ10（2）—04—05

MJ10（2）—04—06

MJ10（2）—04—07

MJ10（2）—04—08

MJ10（2）—04—09

MJ10（2）—04—10

MJ10（2）—05—01

MJ10（2）—05—02

MJ10（2）—05—03

MJ10（2）—05—04

MJ10（2）—05—05

MJ10（2）—05—06

MJ10（2）—05—07

MJ10（2）—06—01

MJ10（2）—06—02

MJ10（2）—06—03

MJ10（2）—06—04

MJ10（2）—06—05

MJ10（2）—06—06

MJ10（2）—06—07

MJ10（2）—06—08

MJ10（2）—07—01

MJ10（2）—07—02

MJ10（2）—07—03

MJ10（2）—07—04

MJ10（2）—07—05

MJ10（2）—07—06

MJ11（56字）

MJ11（1）—01—01

MJ11（1）—01—02

MJ11（1）—01—03

MJ11（1）—01—04

MJ11（1）—01—05

MJ11（1）—01—06

MJ11（1）—01—07

MJ11（1）—01—08

MJ11（1）—02—01

MJ11（1）—02—02

MJ11（1）—02—03

MJ11（1）—02—04

MJ11（1）—02—05

MJ11（1）—02—06

MJ11（1）—02—07

MJ11（1）—02—08

MJ11（1）—03—01

MJ11（1）—03—02

MJ11（1）—03—03

MJ11（1）—03—04

MJ11（1）—03—05

MJ11（1）—03—06

MJ11（1）—03—07

MJ11（1）—03—08

MJ11（1）—03—09

MJ11（1）—03—10

MJ11（2）—01—01

MJ11（2）—01—02

MJ11（2）—01—03

MJ11（2）—01—04

MJ11（2）—01—05

MJ11（2）—01—06

MJ11（2）—01—07

MJ11（2）—01—08

MJ11（2）—01—09

MJ11（2）—02—01

MJ11（2）—02—02

MJ11（2）—02—03

MJ11（2）—02—04

MJ11（2）—02—05

MJ11（2）—02—06

MJ11（2）—02—07

MJ11（2）—02—08

MJ11（2）—02—09

MJ11（2）—02—10

MJ11（2）—02—11

MJ11（2）—02—12

MJ11（2）—03—01

MJ11（2）—03—02

MJ11（2）—03—03

MJ11（2）—03—04

MJ11（2）—03—05

MJ11（2）—03—06

MJ11（2）—03—07

MJ11（2）—03—08

MJ11（2）—03—09

MJ12（47字）

MJ12（1）—01—01

MJ12（1）—01—02

MJ12（1）—01—03

MJ12（1）—01—04

MJ12（1）—01—05

MJ12（1）—02—01

MJ12（1）—02—02

MJ12（1）—02—03

MJ12（1）—02—04

MJ12（1）—02—05

MJ12（1）—02—06

MJ12（1）—02—07

MJ12（1）—03—01

MJ12（1）—03—02

MJ12（1）—03—03

MJ12（1）—03—04
MJ12（1）—03—05

MJ12（1）—03—06

MJ12（1）—03—07

MJ12（1）—03—08

MJ12（2）—01—01

MJ12（2）—01—02

MJ12（2）—01—03

MJ12（2）—01—04
MJ12（2）—01—05

MJ12（2）—01—06

MJ12（2）—01—07

MJ12（2）—01—08

MJ12（2）—02—01

MJ12（2）—02—02
MJ12（2）—02—03

MJ12（2）—02—04
MJ12（2）—02—05
MJ12（2）—02—06

MJ12（2）—02—07

MJ12（2）—02—08

MJ12（2）—02—09

MJ12（2）—03—01

MJ12（2）—03—02

MJ12（2）—03—03
MJ12（2）—03—04
MJ12（2）—03—05

MJ12（2）—03—06
MJ12（2）—03—07

MJ12（2）—03—08

MJ12（2）—03—09
MJ12（2）—03—10

MJ13（57字）

MJ13（1）—01—01

MJ13（1）—01—02

MJ13（1）—01—03

MJ13（1）—01—04

MJ13（1）—01—05

MJ13（1）—01—06

MJ13（1）—02—01

MJ13（1）—02—02

MJ13（1）—02—03

MJ13（1）—02—04

MJ13（1）—02—05

MJ13（1）—02—06

MJ13（1）—03—01

MJ13（1）—03—02

MJ13（1）—03—03

MJ13（1）—03—04

MJ13（1）—03—05

MJ13（1）—03—06

MJ13（1）—03—07

MJ13（1）—03—08

MJ13（1）—03—09

MJ13（1）—04—01

MJ13（1）—04—02

MJ13（1）—04—03

MJ13（1）—04—04

MJ13（1）—04—05

MJ13（2）—01—01

MJ13（2）—01—02

MJ13（2）—01—03

MJ13（2）—01—04

MJ13（2）—01—05

MJ13（2）—02—01

MJ13（2）—02—02

MJ13（2）—02—03

MJ13（2）—02—04

MJ13（2）—02—05

MJ13（2）—02—06

MJ13（2）—03—01

MJ13（2）—03—02

MJ13（2）—03—03

MJ13（2）—03—04

MJ13（2）—03—05

MJ13（2）—04—01

MJ13（2）—04—02

MJ13（2）—04—03

MJ13（2）—04—04

MJ13（2）—04—05

MJ13（2）—04—06

MJ13（2）—04—07

MJ13（2）—04—08

MJ13（2）—05—01

MJ13（2）—05—02

MJ13（2）—05—03

MJ13（2）—05—04

MJ13（2）—05—05

MJ13（2）—05—06

MJ13（2）—05—07

MJ14（13 字）

MJ14（1）—01—01

MJ14（1）—02—01

MJ14（1）—02—02

MJ14（1）—02—03

MJ14（1）—02—04

MJ14（1）—02—05

MJ14（2）—01—01

MJ14（2）—02—01

MJ14（2）—02—02

MJ14（2）—02—03

MJ14（2）—02—04

MJ14（2）—02—05

MJ14（2）—02—06

MJ15（32 字）

MJ15—01—01

MJ15—01—02

MJ15—01—03

MJ15—01—04

MJ15—01—05

MJ15—01—06

MJ15—01—07

MJ15—01—08

MJ15—01—09

MJ15—02—01

MJ15—02—02

MJ15—02—03

MJ15—02—04

MJ15—02—05

MJ15—02—06

MJ15—02—07

MJ15—02—08

MJ15—02—09

MJ15—03—01

MJ15—03—02

MJ15—03—03

MJ15—03—04

MJ15—03—05

MJ15—03—06

MJ15—03—07

MJ15—04—01

MJ15—04—02

MJ15—04—03

MJ15—04—04

MJ15—04—05

MJ15—04—06

MJ15—04—07

MJ16（57字）

MJ16—01—01

MJ16—01—02

MJ16—01—03

MJ16—01—04

MJ16—01—05

MJ16—01—06

MJ16—01—07

MJ16—01—08

MJ16—01—09

MJ16—01—10

MJ16—01—11

MJ16—02—01

MJ16—02—02

MJ16—02—03

MJ16—02—04

MJ16—02—05

MJ16—02—06

MJ16—02—07

MJ16—02—08

MJ16—02—09

MJ16—02—10

MJ16—02—11

MJ16—03—01

MJ16—03—02

MJ16—03—03

MJ16—03—04

MJ16—03—05

MJ16—03—06

MJ16—03—07

MJ16—03—08

MJ16—03—09

MJ16—03—10

MJ16—03—11

MJ16—03—12

MJ16—03—13

MJ16—04—01

MJ16—04—02

MJ16—04—03

MJ16—04—04

MJ16—04—05

MJ16—04—06

MJ16—04—07

MJ16—04—08

MJ16—04—09

MJ16—04—10

MJ16—04—11

MJ16—04—12

MJ16—04—13

MJ16—04—14

MJ16—05—01

MJ16—05—02

MJ16—05—03

MJ16—05—04

MJ16—05—05

MJ16—05—06

MJ16—05—07

MJ16—05—08

MJ17（137字）

MJ17（1）—01—01

MJ17（1）—01—02

MJ17（1）—01—03

MJ17（1）—01—04

MJ17（1）—01—05

MJ17（1）—01—06

MJ17（1）—01—07

MJ17（1）—01—08

MJ17（1）—01—09

MJ17（1）—01—10

MJ17（1）—02—01

MJ17（1）—02—02

MJ17（1）—02—03

MJ17（1）—02—04

MJ17（1）—02—05

MJ17（1）—02—06

MJ17（1）—02—07

MJ17（1）—02—08

MJ17（1）—02—09

MJ17（1）—02—10

MJ17（1）—02—11

MJ17（1）—02—12

MJ17（1）—03—01

MJ17（1）—03—02

MJ17（1）—03—03

MJ17（1）—03—04

MJ17（1）—03—05

MJ17（1）—03—06

MJ17（1）—03—07

MJ17（1）—03—08

MJ17（1）—03—09

MJ17（1）—03—10

MJ17（1）—03—11

MJ17（1）—03—12

MJ17（1）—03—13

MJ17（1）—04—01

MJ17（1）—04—02

MJ17（1）—04—03

MJ17（1）—04—04

MJ17（1）—04—05

MJ17（1）—04—06

MJ17（1）—04—07

MJ17（1）—04—08

MJ17（1）—04—09

MJ17（1）—04—10

MJ17（1）—04—11

MJ17（1）—04—12

MJ17（1）—04—13

MJ17（1）—04—14

MJ17（1）—05—01

MJ17（1）—05—02

MJ17（1）—05—03

MJ17（1）—05—04

MJ17（1）—05—05

MJ17（1）—05—06

MJ17（1）—05—07

MJ17（1）—05—08

MJ17（1）—05—09

MJ17（1）—05—10

MJ17（1）—05—11

MJ17（1）—05—12

MJ17（1）—05—13

MJ17（1）—05—14

MJ17（1）—05—15

MJ17（1）—06—01

MJ17（1）—06—02

MJ17（1）—06—03

MJ17（1）—06—04

MJ17（1）—06—05

MJ17（1）—06—06

MJ17（1）—06—07

MJ17（1）—06—08

MJ17（1）—06—09

MJ17（1）—06—10

MJ17（1）—06—11

MJ17（1）—06—12

MJ17（1）—07—01

MJ17（1）—07—02

MJ17（1）—07—03

MJ17（1）—07—04

MJ17（1）—07—05

MJ17（2）—01—01

MJ17（2）—01—02

MJ17（2）—01—03

MJ17（2）—01—04

MJ17（2）—01—05

MJ17（2）—01—06

MJ17（2）—01—07

MJ17（2）—01—08

MJ17（2）—01—09

MJ17（2）—01—10

MJ17（2）—02—01

MJ17（2）—02—02

MJ17（2）—02—03

MJ17（2）—02—04

MJ17（2）—02—05

MJ17（2）—02—06

MJ17（2）—02—07

MJ17（2）—02—08

MJ17（2）—02—09

MJ17（2）—02—10

MJ17（2）—03—01

MJ17（2）—03—02

MJ17（2）—03—03

MJ17（2）—03—04

MJ17（2）—03—05

MJ17（2）—03—06

MJ17（2）—03—07

MJ17（2）—03—08

MJ17（2）—03—09

MJ17（2）—03—10

MJ17（2）—04—01

MJ17（2）—04—02

MJ17（2）—04—03

MJ17（2）—04—04

MJ17（2）—04—05

MJ17（2）—04—06

MJ17（2）—04—07

MJ17（2）—04—08

MJ17（2）—04—09

MJ17（2）—05—01

MJ17（2）—05—02

MJ17（2）—05—03

MJ17（2）—05—04

MJ17（2）—05—05

MJ17（2）—05—06

MJ17（2）—05—07

MJ17（2）—05—08

MJ17（2）—05—09

MJ17（2）—06—01

MJ17（2）—06—02

MJ17（2）—06—03

MJ17（2）—06—04

MJ17（2）—06—05

MJ17（2）—06—06

MJ17（2）—06—07

MJ17（2）—06—08

MJ18（700 字）

MJ18（1）—01—01

MJ18（1）—01—02

MJ18（1）—01—03

MJ18（1）—01—04

MJ18（1）—01—05

MJ18（1）—01—06

MJ18（1）—01—07

MJ18（1）—01—08

MJ18（1）—01—09

MJ18（1）—01—10

MJ18（1）—02—01

MJ18（1）—02—02

MJ18（1）—02—03

MJ18（1）—02—04

MJ18（1）—02—05

MJ18（1）—02—06

MJ18（1）—02—07

MJ18（1）—02—08

MJ18（1）—02—09

MJ18（1）—02—10

MJ18（1）—02—11

MJ18（1）—02—12

MJ18（1）—02—13

MJ18（1）—02—14

MJ18（1）—03—01

MJ18（1）—03—02

MJ18（1）—03—03

MJ18（1）—03—04

MJ18（1）—03—05

MJ18（1）—03—06

MJ18（1）—03—07

MJ18（1）—03—08

MJ18（1）—03—09

MJ18（1）—03—10

MJ18（1）—03—11

MJ18（1）—03—12

MJ18（1）—03—13

MJ18（1）—03—14

MJ18（1）—03—15

MJ18（1）—03—16

MJ18（1）—03—17

MJ18（1）—03—18

MJ18（1）—03—19

MJ18（1）—03—20

MJ18（1）—04—01

MJ18（1）—04—02

MJ18（1）—04—03

MJ18（1）—04—04

MJ18（1）—04—05

MJ18（1）—04—06

MJ18（1）—04—07

MJ18（1）—04—08

MJ18（1）—04—09

MJ18（1）—04—10

MJ18（1）—04—11

MJ18（1）—04—12

MJ18（1）—04—13

MJ18（1）—04—14

MJ18（1）—04—15

MJ18（1）—04—16

MJ18（1）—04—17

MJ18（1）—04—18

MJ18（1）—04—19

MJ18（1）—04—20

MJ18（1）—05—01

MJ18（1）—05—02

MJ18（1）—05—03

MJ18（1）—05—04

MJ18（1）—05—05

MJ18（1）—05—06

MJ18（1）—05—07

MJ18（1）—05—08

MJ18（1）—05—09

MJ18（1）—05—10

MJ18（1）—05—11

MJ18（1）—05—12

MJ18（1）—05—13

MJ18（1）—05—14

MJ18（1）—05—15

MJ18（1）—05—16

MJ18（1）—05—17

MJ18（1）—05—18

MJ18（1）—05—19

MJ18（1）—05—20

MJ18（1）—05—21

MJ18（1）—05—22

MJ18（1）—05—23

MJ18（1）—05—24

MJ18（1）—06—01

MJ18（1）—06—02

MJ18（1）—06—03

MJ18（1）—06—04

MJ18（1）—06—05

MJ18（1）—06—06

MJ18（1）—06—07

MJ18（1）—06—08

MJ18（1）—06—09

MJ18（1）—06—10

MJ18（1）—06—11

MJ18（1）—06—12

MJ18（1）—06—13

MJ18（1）—06—14

MJ18（1）—06—15

MJ18（1）—06—16

MJ18（1）—06—17

MJ18（1）—06—18

MJ18（1）—06—19

MJ18（1）—06—20

MJ18（1）—06—21

MJ18（1）—06—22

MJ18（1）—06—23

MJ18（1）—06—24

MJ18（1）—06—25

MJ18（1）—06—26

MJ18（1）—06—27

MJ18（1）—06—28

MJ18（1）—06—29

MJ18（1）—06—30

MJ18（1）—07—01

MJ18（1）—07—02

MJ18（1）—07—03

MJ18（1）—07—04

MJ18（1）—07—05

MJ18（1）—07—06

MJ18（1）—07—07

MJ18（1）—07—08

MJ18（1）—07—09

MJ18（1）—07—10

MJ18（1）—07—11

MJ18（1）—07—12

MJ18（1）—07—13

MJ18（1）—07—14

MJ18（1）—07—15

MJ18（1）—07—16

MJ18（1）—07—17

MJ18（1）—07—18

MJ18（1）—07—19

MJ18（1）—07—20

MJ18（1）—07—21

MJ18（1）—07—22

MJ18（1）—07—23

MJ18（1）—07—24

MJ18（1）—07—25

MJ18（1）—07—26

MJ18（1）—07—27

MJ18（1）—07—28

MJ18（1）—07—29

MJ18（1）—08—01

MJ18（1）—08—02

MJ18（1）—08—03

MJ18（1）—08—04

MJ18（1）—08—05

MJ18（1）—08—06

MJ18（1）—08—07

MJ18（1）—08—08

MJ18（1）—08—09

MJ18（1）—08—10

MJ18（1）—08—11

MJ18（1）—08—12

MJ18（1）—08—13

MJ18（1）—08—14

MJ18（1）—08—15

MJ18（1）—08—16

MJ18（1）—08—17

MJ18（1）—08—18

MJ18（1）—08—19

MJ18（1）—08—20

MJ18（1）—08—21

MJ18（1）—08—22

MJ18（1）—08—23

MJ18（1）—08—24

MJ18（1）—08—25

MJ18（1）—08—26

MJ18（1）—08—27

MJ18（1）—08—28

MJ18（1）—08—29

MJ18（1）—08—30

MJ18（1）—08—31

MJ18（1）—08—32

MJ18（1）—08—33

MJ18（1）—09—01

MJ18（1）—09—02

MJ18（1）—09—03

MJ18（1）—09—04

MJ18（1）—09—05

MJ18（1）—09—06

MJ18（1）—09—07

MJ18（1）—09—08

MJ18（1）—09—09

MJ18（1）—09—10

MJ18（1）—09—11

MJ18（1）—09—12

MJ18（1）—09—13

MJ18（1）—09—14

MJ18（1）—09—15

MJ18（1）—09—16

MJ18（1）—09—17

MJ18（1）—09—18

MJ18（1）—09—19

MJ18（1）—09—20

MJ18（1）—09—21

MJ18（1）—09—22

MJ18（1）—09—23

MJ18（1）—09—24

MJ18（1）—09—25

MJ18（1）—09—26

MJ18（1）—09—27

MJ18（1）—09—28

MJ18（1）—09—29

MJ18（1）—09—30

	MJ18（1）—09—31
	MJ18（1）—09—32
	MJ18（1）—10—01
	MJ18（1）—10—02
	MJ18（1）—10—03
	MJ18（1）—10—04
	MJ18（1）—10—05
	MJ18（1）—10—06
	MJ18（1）—10—07
	MJ18（1）—10—08
	MJ18（1）—10—09
	MJ18（1）—10—10
	MJ18（1）—10—11
	MJ18（1）—10—12
	MJ18（1）—10—13
	MJ18（1）—10—14
	MJ18（1）—10—15
	MJ18（1）—10—16
	MJ18（1）—10—17

	MJ18（1）—10—18
	MJ18（1）—10—19
	MJ18（1）—10—20
	MJ18（1）—10—21
	MJ18（1）—10—22
	MJ18（1）—10—23
	MJ18（1）—10—24
	MJ18（1）—10—25
	MJ18（1）—10—26
	MJ18（1）—10—27
	MJ18（1）—10—28
	MJ18（1）—11—01
	MJ18（1）—11—02
	MJ18（1）—11—03
	MJ18（1）—11—04
	MJ18（1）—11—05
	MJ18（1）—11—06
	MJ18（1）—11—07

MJ18（1）—11—08

MJ18（1）—11—09

MJ18（1）—11—10

MJ18（1）—11—11

MJ18（1）—11—12

MJ18（1）—11—13

MJ18（1）—11—14

MJ18（1）—11—15

MJ18（1）—11—16

MJ18（1）—11—17

MJ18（1）—11—18

MJ18（1）—11—19

MJ18（1）—11—20

MJ18（1）—11—21

MJ18（1）—11—22

MJ18（1）—11—23

MJ18（1）—11—24

MJ18（1）—11—25

MJ18（1）—11—26

MJ18（1）—11—27

MJ18（1）—11—28

MJ18（1）—11—29

MJ18（1）—12—01

MJ18（1）—12—02

MJ18（1）—12—03

MJ18（1）—12—04

MJ18（1）—12—05

MJ18（1）—12—06

MJ18（1）—12—07

MJ18（1）—12—08

MJ18（1）—12—09

MJ18（1）—12—10

MJ18（1）—12—11

MJ18（1）—12—12

MJ18（1）—12—13

MJ18（1）—12—14

MJ18（1）—12—15

MJ18（1）—12—16

MJ18（1）—12—17

MJ18（1）—12—18

MJ18（1）—12—19

MJ18（1）—12—20

MJ18（1）—12—21

MJ18（1）—12—22

MJ18（1）—12—23

MJ18（1）—12—24

MJ18（1）—12—25

MJ18（1）—12—26

MJ18（1）—13—01

MJ18（1）—13—02

MJ18（1）—13—03

MJ18（1）—13—04

MJ18（1）—13—05

MJ18（1）—13—06

MJ18（1）—13—07

MJ18（1）—13—08

MJ18（1）—13—09

MJ18（1）—13—10

MJ18（1）—13—11

MJ18（1）—13—12

MJ18（1）—13—13

MJ18（1）—13—14

MJ18（1）—13—15

MJ18（1）—13—16

MJ18（1）—13—17

MJ18（1）—13—18

MJ18（1）—13—19

MJ18（1）—13—20

MJ18（1）—13—21

MJ18（1）—13—22

MJ18（1）—13—23

MJ18（1）—14—01

MJ18（1）—14—02

MJ18（1）—14—03

MJ18（1）—14—04

MJ18（1）—14—05

MJ18（1）—14—06

MJ18（1）—14—07

MJ18（1）—14—08

MJ18（1）—14—09

MJ18（1）—14—10

MJ18（1）—14—11

MJ18（1）—14—12

MJ18（1）—14—13

MJ18（1）—14—14

MJ18（1）—14—15

MJ18（1）—14—16

MJ18（1）—14—17

MJ18（1）—14—18

MJ18（1）—14—19

MJ18（1）—14—20

MJ18（1）—14—21

MJ18（1）—14—22

MJ18（1）—14—23

MJ18（1）—14—24

MJ18（1）—14—25

MJ18（2）—01—01

MJ18（2）—01—02

MJ18（2）—01—03

MJ18（2）—01—04

MJ18（2）—01—05

MJ18（2）—01—06

MJ18（2）—01—07

MJ18（2）—01—08

MJ18（2）—01—09

MJ18（2）—01—10

MJ18（2）—01—11

MJ18（2）—01—12

MJ18（2）—01—13

MJ18（2）—01—14

MJ18（2）—02—01

MJ18（2）—02—02

MJ18（2）—02—03

MJ18（2）—02—04

MJ18（2）—02—05

MJ18（2）—02—06

MJ18（2）—02—07

MJ18（2）—02—08

MJ18（2）—02—09

MJ18（2）—02—10

MJ18（2）—02—11

MJ18（2）—02—12

MJ18（2）—02—13

MJ18（2）—02—14

MJ18（2）—02—15

MJ18（2）—02—16

MJ18（2）—02—17

MJ18（2）—02—18

MJ18（2）—03—01

MJ18（2）—03—02

MJ18（2）—03—03

MJ18（2）—03—04

MJ18（2）—03—05

MJ18（2）—03—06

MJ18（2）—03—07

MJ18（2）—03—08

MJ18（2）—03—09

MJ18（2）—03—10

MJ18（2）—03—11

MJ18（2）—03—12

MJ18（2）—03—13

MJ18（2）—03—14

MJ18（2）—03—15

MJ18（2）—03—16

MJ18（2）—03—17

MJ18（2）—03—18

MJ18（2）—03—19

MJ18（2）—03—20

MJ18（2）—03—21

MJ18（2）—04—01

MJ18（2）—04—02

MJ18（2）—04—03

MJ18（2）—04—04

MJ18（2）—04—05

MJ18（2）—04—06

MJ18（2）—04—07

MJ18（2）—04—08

MJ18（2）—04—09

MJ18（2）—04—10

MJ18（2）—04—11

MJ18（2）—04—12

MJ18（2）—04—13

MJ18（2）—04—14

MJ18（2）—04—15

MJ18（2）—04—16

MJ18（2）—04—17

MJ18（2）—04—18

MJ18（2）—05—01

MJ18（2）—05—02

MJ18（2）—05—03

MJ18（2）—05—04

MJ18（2）—05—05

MJ18（2）—05—06

MJ18（2）—05—07

MJ18（2）—05—08

MJ18（2）—05—09

MJ18（2）—05—10

MJ18（2）—05—11

MJ18（2）—05—12

MJ18（2）—05—13

MJ18（2）—05—14

MJ18（2）—05—15

MJ18（2）—05—16

MJ18（2）—05—17

MJ18（2）—05—18

MJ18（2）—05—19

MJ18（2）—05—20

MJ18（2）—05—21

MJ18（2）—06—01

MJ18（2）—06—02

MJ18（2）—06—03

MJ18（2）—06—04

MJ18（2）—06—05

MJ18（2）—06—06

MJ18（2）—06—07

MJ18（2）—06—08

MJ18（2）—06—09

MJ18（2）—06—10

MJ18（2）—06—11

MJ18（2）—06—12

MJ18（2）—06—13

MJ18（2）—06—14

MJ18（2）—06—15

MJ18（2）—06—16

MJ18（2）—06—17

MJ18（2）—06—18

MJ18（2）—06—19

MJ18（2）—06—20

MJ18（2）—06—21

MJ18（2）—06—22

MJ18（2）—06—23

MJ18（2）—07—01

MJ18（2）—07—02

MJ18（2）—07—03

MJ18（2）—07—04

MJ18（2）—07—05

MJ18（2）—07—06

MJ18（2）—07—07

MJ18（2）—07—08

MJ18（2）—07—09

MJ18（2）—07—10

MJ18（2）—07—11

MJ18（2）—07—12

MJ18（2）—07—13

MJ18（2）—07—14

MJ18（2）—07—15

MJ18（2）—07—16

MJ18（2）—07—17

MJ18（2）—07—18

MJ18（2）—07—19

MJ18（2）—07—20

MJ18（2）—07—21

MJ18（2）—07—22

MJ18（2）—08—01

MJ18（2）—08—02

MJ18（2）—08—03

MJ18（2）—08—04

MJ18（2）—08—05

MJ18（2）—08—06

MJ18（2）—08—07

MJ18（2）—08—08

MJ18（2）—08—09

MJ18（2）—08—10

MJ18（2）—08—11

MJ18（2）—08—12

MJ18（2）—08—13

MJ18（2）—08—14

MJ18（2）—08—15

MJ18（2）—08—16

MJ18（2）—08—17

MJ18（2）—08—18

MJ18（2）—08—19

MJ18（2）—08—20

MJ18（2）—08—21

MJ18（2）—08—22

MJ18（2）—08—23

MJ18（2）—09—01

MJ18（2）—09—02

MJ18（2）—09—03

MJ18（2）—09—04

MJ18（2）—09—05

MJ18（2）—09—06

MJ18（2）—09—07

MJ18（2）—09—08

MJ18（2）—09—09

MJ18（2）—09—10

MJ18（2）—09—11

MJ18（2）—09—12

MJ18（2）—09—13

MJ18（2）—09—14

MJ18（2）—09—15

MJ18（2）—09—16

MJ18（2）—09—17

MJ18（2）—09—18

MJ18（2）—09—19

MJ18（2）—09—20

MJ18（2）—09—21

MJ18（2）—09—22

MJ18（2）—09—23

MJ18（2）—09—24

MJ18（2）—09—25

MJ18（2）—09—26

MJ18（2）—09—27

MJ18（2）—09—28

MJ18（2）—09—29

MJ18（2）—09—30

MJ18（2）—10—01

MJ18（2）—10—02

MJ18（2）—10—03

MJ18（2）—10—04

MJ18（2）—10—05

MJ18（2）—10—06

MJ18（2）—10—07

MJ18（2）—10—08

MJ18（2）—10—09

MJ18（2）—10—10

MJ18（2）—10—11

MJ18（2）—10—12

MJ18（2）—10—13

MJ18（2）—10—14

MJ18（2）—10—15

MJ18（2）—10—16

MJ18（2）—10—17

MJ18（2）—10—18

MJ18（2）—10—19

MJ18（2）—10—20

MJ18（2）—10—21

MJ18（2）—10—22

MJ18（2）—10—23

MJ18（2）—10—24

MJ18（2）—10—25

MJ18（2）—10—26

MJ18（2）—10—27

MJ18（2）—10—28

MJ18（2）—10—29

MJ18（2）—10—30

MJ18（2）—11—01

MJ18（2）—11—02

MJ18（2）—11—03

MJ18（2）—11—04

MJ18（2）—11—05

MJ18（2）—11—06

MJ18（2）—11—07

MJ18（2）—11—08

MJ18（2）—11—09

MJ18（2）—11—10

MJ18（2）—11—11

MJ18（2）—11—12

MJ18（2）—11—13

MJ18（2）—11—14

MJ18（2）—11—15

MJ18（2）—11—16

MJ18（2）—11—17

MJ18（2）—11—18

MJ18（2）—11—19

MJ18（2）—11—20

MJ18（2）—11—21

MJ18（2）—11—22

MJ18（2）—11—23

MJ18（2）—11—24

MJ18（2）—11—25

MJ18（2）—11—26

MJ18（2）—11—27

MJ18（2）—11—28

MJ18（2）—11—29

MJ18（2）—11—30

MJ18（2）—11—31

MJ18（2）—11—32

MJ18（2）—12—01

MJ18（2）—12—02

MJ18（2）—12—03

MJ18（2）—12—04

MJ18（2）—12—05

MJ18（2）—12—06

MJ18（2）—12—07

MJ18（2）—12—08

MJ18（2）—12—09

MJ18（2）—12—10

MJ18（2）—12—11

MJ18（2）—12—12

MJ18（2）—12—13

MJ18（2）—12—14

MJ18（2）—12—15

MJ18（2）—12—16

MJ18（2）—12—17

MJ18（2）—12—18

MJ18（2）—12—19

MJ18（2）—12—20

MJ18（2）—12—21

MJ18（2）—12—22

MJ18（2）—12—23

MJ18（2）—12—24

MJ18（2）—12—25

MJ18（2）—12—26

MJ18（2）—12—27

MJ18（2）—12—28

MJ18（2）—12—29

MJ18（2）—12—30

MJ18（2）—13—01

MJ18（2）—13—02

MJ18（2）—13—03

MJ18（2）—13—04

MJ18（2）—13—05

MJ18（2）—13—06

MJ18（2）—13—07

MJ18（2）—13—08

MJ18（2）—13—09

MJ18（2）—13—10

MJ18（2）—13—11

MJ18（2）—13—12

MJ18（2）—13—13

MJ18（2）—13—14

MJ18（2）—13—15

MJ18（2）—13—16

MJ18（2）—13—17

MJ18（2）—13—18

MJ18（2）—13—19

MJ18（2）—13—20

MJ18（2）—13—21

MJ18（2）—13—22

MJ18（2）—13—23

MJ18（2）—13—24

MJ18（2）—13—25

MJ18（2）—13—26

MJ18（2）—13—27

MJ18（2）—13—28

MJ18（2）—13—29

MJ18（2）—14—01

MJ18（2）—14—02

MJ18（2）—14—03

MJ18（2）—14—04

MJ18（2）—14—05

MJ18（2）—14—06

MJ18（2）—14—07

MJ18（2）—14—08

MJ18（2）—14—09

MJ18（2）—14—10

MJ18（2）—14—11

MJ18（2）—14—12

MJ18（2）—14—13

MJ18（2）—14—14

MJ18（2）—14—15

MJ18（2）—14—16

MJ18（2）—14—17

MJ18（2）—14—18

MJ18（2）—14—19

MJ18（2）—14—20

MJ18（2）—14—21

MJ18（2）—14—22

MJ18（2）—14—23

MJ18（2）—14—24

MJ18（2）—14—25

MJ18（2）—14—26

MJ18（2）—14—27

MJ18（2）—14—28

MJ18（2）—14—29

MJ18（2）—14—30

MJ18（2）—14—31

MJ18（2）—14—32

MJ18（2）—15—01

MJ18（2）—15—02

MJ18（2）—15—03

MJ18（2）—15—04

MJ18（2）—15—05

MJ18（2）—15—06

MJ18（2）—15—07

MJ18（2）—15—08

MJ18（2）—15—09

MJ18（2）—15—10

MJ18（2）—15—11

MJ18（2）—15—12

MJ18（2）—15—13

MJ18（2）—15—14

MJ18（2）—15—15

MJ19（40 字）

MJ19（1）—01—01

MJ19（1）—01—02

MJ19（1）—01—03

MJ19（1）—01—04

MJ19（1）—01—05

MJ19（1）—01—06

MJ19（1）—01—07

MJ19（1）—01—08

MJ19（1）—01—09

MJ19（1）—02—01

MJ19（1）—02—02

MJ19（1）—02—03

MJ19（1）—02—04

MJ19（1）—02—05

MJ19（1）—02—06

MJ19（1）—02—07

MJ19（1）—02—08

MJ19（1）—03—01

MJ19（1）—03—02

MJ19（1）—03—03

MJ19（1）—03—04

MJ19（1）—03—05

MJ19（1）—03—06

MJ19（1）—03—07

MJ19（1）—03—08

MJ19（2）—01—01

MJ19（2）—01—02

MJ19（2）—01—03

MJ19（2）—02—01

MJ19（2）—02—02

MJ19（2）—02—03

MJ19（2）—03—01

MJ19（2）—03—02

MJ19（2）—03—03

MJ19（2）—03—04

MJ19（2）—03—05

MJ19（2）—03—06

MJ19（2）—03—07

MJ19（2）—03—08

MJ19（2）—03—09

MJ20（16 字）

MJ20（1）—01—01

MJ20（1）—01—02

MJ20（1）—01—03

MJ20（1）—01—04

MJ20（1）—01—05

MJ20（1）—01—06

MJ20（1）—01—07

MJ20（1）—01—08

MJ20（1）—01—09

MJ20（1）—01—10

MJ20（2）—01—01

MJ20（2）—01—02

MJ20（2）—01—03

MJ20（2）—01—04

MJ20（2）—01—05

MJ20（2）—01—06

MJ21（13 字）

MJ21—01—01

MJ21—01—02

MJ21—01—03

MJ21—01—04

MJ21—02—01

MJ21—02—02

MJ21—02—03

MJ21—02—04

MJ21—02—05

MJ21—03—01

MJ21—03—02

MJ21—03—03

MJ21—03—04

MJ21—03—05

MJ22（63 字）

MJ22—01—01

MJ22—01—02

MJ22—01—03

MJ22—01—04

MJ22—01—05

MJ22—01—06

MJ22—02—01

MJ22—02—02

MJ22—02—03

MJ22—02—04

MJ22—02—05

MJ22—02—06

MJ22—03—01

MJ22—03—02

MJ22—03—03

MJ22—03—04

MJ22—03—05

MJ22—03—06

MJ22—03—07

MJ22—03—08

MJ22—03—09

MJ22—04—01

MJ22—04—02

MJ22—04—03

MJ22—04—04

MJ22—04—05

MJ22—04—06

MJ22—04—07

MJ22—04—08

MJ22—05—01

MJ22—05—02

MJ22—05—03

MJ22—05—04

MJ22—05—05

MJ22—05—06

MJ22—05—07

MJ22—06—01

MJ22—06—02

MJ22—06—03

MJ22—06—04

MJ22—06—05

MJ22—06—06

MJ22—06—07

MJ22—06—08

MJ22—06—09

MJ22—07—01

MJ22—07—02

MJ22—07—03

MJ22—07—04

MJ22—07—05

MJ22—07—06

MJ22—07—07

MJ22—07—08

MJ22—07—09

MJ22—07—10

MJ22—07—11

MJ22—08—01

MJ22—08—02

MJ22—08—03

MJ22—08—04

MJ22—08—05

MJ22—08—06

MJ22—08—07

MJ22—08—08

MJ23（83字）

MJ23—01—01

MJ23—01—02

MJ23—01—03

MJ23—01—04

MJ23—01—05

MJ23—01—06

MJ23—02—01

MJ23—02—02

MJ23—02—03

MJ23—02—04

MJ23—02—05

MJ23—03—01

MJ23—03—02

MJ23—03—03

MJ23—03—04

MJ23—03—05

MJ23—03—06

MJ23—04—01

MJ23—04—02

MJ23—04—03
MJ23—04—04

MJ23—04—05

MJ23—04—06

MJ23—04—07

MJ23—04—08

MJ23—05—01

MJ23—05—02

MJ23—05—03
MJ23—05—04

MJ23—05—05

MJ23—05—06

MJ23—05—07

MJ23—05—08

MJ23—05—09

MJ23—06—01

MJ23—06—02

MJ23—06—03

MJ23—06—04

MJ23—06—05

MJ23—06—06

MJ23—06—07

MJ23—06—08

MJ23—06—09

MJ23—07—01

MJ23—07—02

MJ23—07—03

MJ23—07—04

MJ23—07—05

MJ23—07—06

MJ23—07—07

MJ23—07—08

MJ23—07—09

MJ23—08—01
MJ23—08—02

MJ23—08—03

MJ23—08—04

MJ23—08—05

MJ23—08—06

MJ23—08—07

MJ23—08—08

MJ23—08—09

MJ23—09—01

MJ23—09—02

MJ23—09—03

MJ23—09—04

MJ23—09—05

MJ23—09—06

MJ23—09—07

MJ23—09—08

MJ23—10—01

MJ23—10—02
MJ23—10—03

MJ23—10—04

MJ23—10—05

MJ23—10—06

MJ23—10—07

MJ23—10—08

MJ23—11—01

MJ23—11—02
MJ23—11—03

MJ23—11—04

MJ23—11—05

MJ23—11—06

MJ24（43 字）

MJ24—01—01
MJ24—01—02

MJ24—01—03

MJ24—01—04

MJ24—01—05

	MJ24—01—06
	MJ24—01—07
	MJ24—01—08
	MJ24—01—09
	MJ24—02—01
	MJ24—02—02
	MJ24—02—03
	MJ24—03—01
	MJ24—03—02
	MJ24—03—03
	MJ24—03—04
	MJ24—04—01
	MJ24—04—02
	MJ24—04—03
	MJ24—04—04
	MJ24—04—05
	MJ24—04—06
	MJ24—04—07
	MJ24—04—08
	MJ24—05—01
	MJ24—05—02
	MJ24—05—03

	MJ24—05—04
	MJ24—05—05
	MJ24—05—06
	MJ24—05—07
	MJ24—05—08
	MJ24—05—09
	MJ24—06—01
	MJ24—06—02
	MJ24—06—03
	MJ24—06—04
	MJ24—06—05
	MJ24—06—06
	MJ24—07—01
	MJ24—07—02
	MJ24—07—03
	MJ24—07—04

MJ25（68 字）

	MJ25—01—01
	MJ25—01—02
	MJ25—01—03

MJ25—01—04
MJ25—01—05
MJ25—01—06

MJ25—01—07

MJ25—01—08

MJ25—02—01

MJ25—02—02

MJ25—02—03

MJ25—02—04

MJ25—02—05

MJ25—02—06

MJ25—02—07
MJ25—03—01

MJ25—03—02

MJ25—03—03

MJ25—03—04
MJ25—03—05

MJ25—03—06

MJ25—03—07

MJ25—03—08

MJ25—03—09

MJ25—03—10

MJ25—03—11

MJ25—03—12

MJ25—04—01

MJ25—04—02

MJ25—04—03

MJ25—04—04
MJ25—04—05

MJ25—04—06
MJ25—04—07

MJ25—04—08

MJ25—04—09

MJ25—04—10

MJ25—04—11

MJ25—05—01

MJ25—05—02

MJ25—05—03

MJ25—05—04

MJ25—05—05

MJ25—05—06

MJ25—05—07

MJ25—05—08

MJ25—05—09

MJ25—06—01

MJ25—06—02

MJ25—06—03

MJ25—06—04

MJ25—06—05

MJ25—06—06

MJ25—06—07

MJ25—06—08

MJ25—06—09

MJ25—06—10

MJ25—07—01

MJ25—07—02

MJ25—07—03

MJ25—07—04

MJ25—07—05

MJ25—07—06

MJ25—07—07

MJ25—07—08

MJ25—07—09

MJ25—07—10

MJ25—07—11

MJ26（58 字）

MJ26—01—01

MJ26—01—02

MJ26—01—03

MJ26—01—04

MJ26—01—05

MJ26—02—01

MJ26—02—02

MJ26—02—03

MJ26—02—04

MJ26—02—05

MJ26—02—06

MJ26—02—07

MJ26—03—01

MJ26—03—02

MJ26—03—03

MJ26—03—04

MJ26—03—05

MJ26—03—06

MJ26—03—07

MJ26—03—08

MJ26—04—01

MJ26—04—02

MJ26—04—03

MJ26—04—04

MJ26—04—05

MJ26—04—06

MJ26—04—07

MJ26—04—08

MJ26—04—09

MJ26—04—10

MJ26—04—11

MJ26—05—01

MJ26—05—02

MJ26—05—03

MJ26—05—04

MJ26—05—05

MJ26—05—06

MJ26—05—07

MJ26—05—08

MJ26—05—09

MJ26—05—10

MJ26—05—11

MJ26—06—01

MJ26—06—02

MJ26—06—03

MJ26—06—04

MJ26—06—05

MJ26—06—06

MJ26—06—07

MJ26—06—08

MJ26—06—09

MJ26—07—01

MJ26—07—02

MJ26—07—03

MJ26—07—04

MJ26—07—05

MJ26—07—06

MJ26—07—07

MJ27（64 字）

MJ27—01—01

MJ27—01—02

MJ27—01—03

MJ27—01—04

MJ27—01—05

MJ27—01—06

MJ27—01—07

MJ27—01—08

MJ27—01—09

MJ27—01—10

MJ27—02—01

MJ27—02—02

MJ27—02—03

MJ27—02—04

MJ27—02—05

MJ27—02—06

MJ27—02—07

MJ27—02—08

MJ27—02—09

MJ27—02—10

MJ27—03—01

MJ27—03—02

MJ27—03—03

MJ27—03—04

MJ27—03—05

MJ27—03—06

MJ27—03—07

MJ27—03—08

MJ27—03—09

MJ27—03—10

MJ27—04—01

MJ27—04—02

MJ27—04—03

MJ27—04—04

MJ27—04—05

MJ27—04—06

MJ27—04—07

MJ27—04—08

MJ27—04—09

MJ27—04—10

MJ27—04—11

MJ27—04—12

MJ27—04—13

MJ27—05—01

MJ27—05—02

MJ27—05—03

MJ27—05—04

MJ27—05—05

MJ27—05—06

MJ27—05—07

MJ27—05—08

MJ27—05—09

MJ27—05—10

MJ27—05—11

MJ27—05—12

MJ27—06—01

MJ27—06—02

MJ27—06—03

MJ27—06—04

MJ27—06—05

MJ27—06—06

MJ27—06—07

MJ27—06—08

MJ27—06—09

MJ28（50 字）

MJ28—01—01

MJ28—01—02

MJ28—01—03

MJ28—01—04

MJ28—01—05

MJ28—01—06

MJ28—01—07

MJ28—01—08

MJ28—01—09

MJ28—01—10

MJ28—01—11

MJ28—01—12

MJ28—02—01

MJ28—02—02

MJ28—02—03

MJ28—02—04

MJ28—02—05

MJ28—02—06

MJ28—02—07

MJ28—02—08

MJ28—02—09

MJ28—02—10

MJ28—02—11

MJ28—02—12

MJ28—02—13

MJ28—03—01

MJ28—03—02

MJ28—03—03

MJ28—03—04

MJ28—03—05

MJ28—03—06

MJ28—03—07

MJ28—04—01

MJ28—04—02

MJ28—04—03

MJ28—04—04

MJ28—04—05

MJ28—04—06

MJ28—04—07

MJ28—04—08

MJ28—05—01

MJ28—05—02

MJ28—05—03

MJ28—05—04

MJ28—05—05

MJ28—05—06

MJ28—06—01

MJ28—06—02

MJ28—06—03

MJ28—06—04

MJ29（42 字）

MJ29—01—01

MJ29—01—02

MJ29—01—03

MJ29—01—04

MJ29—01—05

MJ29—01—06

MJ29—02—01

MJ29—02—02

MJ29—02—03

MJ29—02—04

MJ29—02—05

MJ29—02—06

MJ29—03—01

MJ29—03—02

MJ29—03—03

MJ29—03—04

MJ29—03—05

MJ29—03—06

MJ29—03—07

MJ29—03—08

MJ29—04—01

MJ29—04—02

MJ29—04—03
MJ29—04—04
MJ29—04—05

MJ29—04—06

MJ29—04—07

MJ29—05—01

MJ29—05—02

MJ29—05—03
MJ29—05—04
MJ29—05—05

MJ29—05—06

MJ29—05—07

MJ29—05—08

MJ29—06—01

MJ29—06—02

MJ29—06—03

MJ29—06—04
MJ29—06—05
MJ29—06—06

MJ29—06—07

MJ30（27 字）

MJ30—01—01

MJ30—01—02

MJ30—01—03

MJ30—02—01

MJ30—02—02

MJ30—02—03

MJ30—03—01

MJ30—03—02

MJ30—03—03

MJ30—03—04

MJ30—04—01

MJ30—04—02

MJ30—04—03

MJ30—04—04

MJ30—04—05

MJ30—04—06

MJ30—04—07

MJ30—05—01

MJ30—05—02

MJ30—05—03

MJ30—05—04

MJ30—05—05

MJ30—06—01
MJ30—06—02

MJ30—06—03

MJ30—06—04

MJ30—06—05

MJ31（35 字）

MJ31—01—01

MJ31—01—02

MJ31—01—03

MJ31—01—04

MJ31—01—05

MJ31—01—06

MJ31—01—07

MJ31—01—08

MJ31—01—09

MJ31—01—10

MJ31—01—11

MJ31—01—12

MJ31—02—01

MJ31—02—02

MJ31—02—03

MJ31—02—04

MJ31—02—05

MJ31—02—06

MJ31—02—07

MJ31—02—08

MJ31—02—09

MJ31—02—10

MJ31—02—11

MJ31—03—01

MJ31—03—02

MJ31—03—03

MJ31—03—04

MJ31—03—05

MJ31—03—06

MJ31—03—07

MJ31—03—08

MJ31—03—09

MJ31—03—10

MJ31—03—11

MJ31—03—12

MJ32（13 字）

MJ32—01—01

MJ32—01—02

MJ32—01—03

MJ32—01—04

MJ32—01—05

MJ32—02—01

MJ32—02—02

MJ32—02—03

MJ32—02—04

MJ32—03—01

MJ32—03—02

MJ32—03—03

MJ32—03—04

MJ33（11 字）

MJ33—01—01

MJ33—01—02

MJ33—01—03

MJ33—01—04

MJ33—01—05

MJ33—02—01

MJ33—02—02

MJ33—02—03

MJ33—02—04

MJ33—02—05

MJ33—02—06

MJ34（5 字）

MJ34—01—01

MJ34—01—02

MJ34—01—03

MJ34—02—01

MJ34—02—02

MJ35（143 字）

MJ35—01—01

MJ35—01—02

MJ35—01—03

MJ35—01—04

MJ35—01—05

MJ35—02—01

MJ35—02—02

MJ35—02—03

MJ35—02—04

MJ35—02—05

MJ35—02—06

MJ35—02—07

MJ35—02—08

MJ35—02—09

MJ35—02—10

MJ35—03—01

MJ35—03—02

MJ35—03—03

MJ35—03—04

MJ35—03—05

MJ35—03—06

MJ35—04—01

MJ35—04—02

MJ35—04—03

MJ35—04—04

MJ35—04—05

MJ35—04—06

MJ35—04—07

MJ35—05—01

MJ35—05—02

MJ35—05—03

MJ35—05—04

MJ35—05—05

MJ35—05—06

MJ35—05—07

MJ35—05—08

MJ35—05—09

MJ35—06—01

MJ35—06—02

MJ35—06—03

MJ35—06—04

MJ35—06—05

MJ35—06—06

MJ35—06—07

MJ35—06—08

MJ35—06—09

MJ35—06—10

MJ35—07—01

MJ35—07—02

MJ35—07—03

MJ35—07—04

MJ35—07—05

MJ35—07—06

MJ35—07—07

MJ35—07—08

MJ35—07—09

MJ35—07—10

MJ35—07—11

MJ35—08—01

MJ35—08—02

MJ35—08—03

MJ35—08—04

MJ35—08—05

MJ35—08—06

MJ35—08—07

MJ35—08—08

MJ35—08—09

MJ35—08—10

MJ35—09—01

MJ35—09—02

MJ35—09—03

MJ35—09—04
MJ35—09—05

MJ35—09—06

MJ35—09—07
MJ35—09—08

MJ35—09—09
MJ35—09—10

MJ35—09—11

MJ35—09—12

MJ35—09—13
MJ35—09—14

MJ35—10—01

MJ35—10—02
MJ35—10—03

MJ35—10—04

MJ35—10—05

MJ35—10—06
MJ35—10—07
MJ35—10—08

MJ35—10—09

MJ35—10—10

MJ35—10—11

MJ35—10—12

MJ35—11—01

MJ35—11—02

MJ35—11—03

MJ35—11—04

MJ35—11—05
MJ35—11—06

MJ35—11—07

MJ35—11—08

MJ35—11—09

MJ35—11—10

MJ35—12—01
MJ35—12—02
MJ35—12—03

MJ35—12—04

MJ35—12—05

MJ35—12—06
MJ35—12—07

MJ35—12—08

MJ35—12—09

MJ35—12—10

MJ35—12—11
MJ35—12—12
MJ35—12—13

MJ35—13—01
MJ35—13—02
MJ35—13—03

MJ35—13—04

MJ35—13—05

MJ35—13—06
MJ35—13—07

MJ35—13—08

MJ35—13—09

MJ35—13—10

MJ35—13—11

MJ35—13—12

MJ35—13—13
MJ35—13—14

MJ36（53 字）

MJ36—01—01

MJ36—01—02

MJ36—01—03

MJ36—01—04

MJ36—01—05

MJ36—01—06

MJ36—01—07

MJ36—01—08

MJ36—01—09

MJ36—01—10

MJ36—01—11

MJ36—01—12
MJ36—01—13

MJ36—01—14

MJ36—01—15

MJ36—02—01

MJ36—02—02

MJ36—02—03

MJ36—02—04

MJ36—02—05

MJ36—02—06

MJ36—02—07

MJ36—02—08

MJ36—02—09

MJ36—02—10

MJ36—02—11

MJ36—02—12

MJ36—02—13

MJ36—02—14

MJ36—02—15

MJ36—03—01

MJ36—03—02

MJ36—03—03

MJ36—03—04

MJ36—03—05

MJ36—03—06

MJ36—03—07

MJ36—03—08

MJ36—03—09

MJ36—03—10

MJ36—03—11

MJ36—03—12

MJ36—04—01

MJ36—04—02

MJ36—04—03

MJ36—04—04

MJ36—04—05

MJ36—04—06

MJ36—04—07

MJ36—04—08

MJ36—04—09

MJ36—04—10

MJ36—04—11

MJ37（449 字符）

MJ37—01—01

MJ37—01—02

MJ37—01—03

MJ37—01—04

MJ37—01—05

MJ37—01—06

MJ37—01—07

MJ37—01—08

MJ37—01—09

MJ37—01—10

MJ37—01—11

MJ37—01—12

MJ37—01—13

MJ37—01—14

MJ37—01—15

MJ37—01—16

MJ37—01—17

MJ37—01—18

MJ37—01—19

MJ37—01—20

MJ37—01—21

MJ37—01—22

MJ37—01—23

MJ37—01—24

MJ37—01—25

MJ37—01—26

MJ37—01—27

MJ37—01—28

MJ37—01—29

MJ37—02—01

MJ37—02—02

MJ37—02—03

MJ37—02—04

MJ37—02—05

MJ37—02—06

MJ37—02—07

MJ37—02—08

MJ37—02—09

MJ37—02—10

MJ37—02—11

MJ37—02—12

MJ37—02—13

MJ37—02—14

MJ37—02—15

MJ37—02—16

MJ37—02—17

MJ37—02—18

MJ37—02—19

MJ37—02—20

MJ37—02—21

MJ37—02—22

MJ37—02—23

MJ37—02—24

MJ37—02—25

MJ37—02—26

MJ37—02—27

MJ37—02—28

MJ37—03—01

MJ37—03—02

MJ37—03—03

MJ37—03—04

MJ37—03—05

MJ37—03—06

MJ37—03—07

MJ37—03—08

MJ37—03—09

MJ37—03—10

MJ37—03—11

MJ37—03—12

MJ37—03—13

MJ37—03—14

MJ37—03—15

MJ37—03—16

MJ37—03—17

MJ37—03—18

MJ37—03—19

MJ37—03—20

MJ37—03—21

MJ37—03—22

MJ37—03—23

MJ37—03—24

MJ37—03—25

MJ37—03—26

MJ37—03—27

MJ37—03—28

MJ37—03—29

MJ37—03—30

MJ37—04—01

MJ37—04—02

MJ37—04—03

MJ37—04—04

MJ37—04—05

MJ37—04—06

MJ37—04—07

MJ37—04—08

MJ37—04—09

MJ37—04—10

MJ37—04—11

MJ37—04—12

MJ37—04—13

MJ37—04—14

MJ37—04—15

MJ37—04—16

MJ37—04—17

MJ37—04—18

MJ37—04—19

MJ37—04—20

MJ37—04—21

	MJ37—04—22
	MJ37—04—23
	MJ37—04—24
	MJ37—04—25
	MJ37—04—26
	MJ37—04—27
	MJ37—04—28
	MJ37—04—29
	MJ37—04—30
	MJ37—04—31
	MJ37—04—32
	MJ37—04—33
	MJ37—04—34
	MJ37—04—35
	MJ37—04—36
	MJ37—04—37
	MJ37—05—01
	MJ37—05—02
	MJ37—05—03
	MJ37—05—04
	MJ37—05—05
	MJ37—05—06
	MJ37—05—07
	MJ37—05—08
	MJ37—05—09
	MJ37—05—10
	MJ37—05—11
	MJ37—05—12
	MJ37—05—13
	MJ37—05—14
	MJ37—05—15
	MJ37—05—16
	MJ37—05—17
	MJ37—05—18
	MJ37—05—19
	MJ37—05—20
	MJ37—05—21
	MJ37—05—22
	MJ37—05—23
	MJ37—05—24
	MJ37—05—25
	MJ37—05—26
	MJ37—05—27
	MJ37—05—28
	MJ37—05—29
	MJ37—05—30
	MJ37—05—31
	MJ37—05—32
	MJ37—05—33
	MJ37—05—34
	MJ37—05—35

	MJ37—05—36
	MJ37—05—37
	MJ37—05—38
	MJ37—05—39
	MJ37—05—40
	MJ37—05—41
	MJ37—06—01
	MJ37—06—02
	MJ37—06—03
	MJ37—06—04
	MJ37—06—05
	MJ37—06—06
	MJ37—06—07
	MJ37—06—08
	MJ37—06—09
	MJ37—06—10
	MJ37—06—11
	MJ37—06—12
	MJ37—06—13
	MJ37—06—14
	MJ37—06—15
	MJ37—06—16
	MJ37—06—17
	MJ37—06—18
	MJ37—06—19
	MJ37—06—20
	MJ37—06—21
	MJ37—06—22
	MJ37—06—23
	MJ37—06—24
	MJ37—06—25
	MJ37—06—26
	MJ37—06—27
	MJ37—06—28
	MJ37—06—29
	MJ37—06—30
	MJ37—06—31
	MJ37—06—32
	MJ37—06—33
	MJ37—06—34
	MJ37—07—01
	MJ37—07—02
	MJ37—07—03
	MJ37—07—04
	MJ37—07—05
	MJ37—07—06
	MJ37—07—07

	MJ37—07—08
	MJ37—07—09
	MJ37—07—10
	MJ37—07—11
	MJ37—07—12
	MJ37—07—13
	MJ37—07—14
	MJ37—07—15
	MJ37—07—16
	MJ37—07—17
	MJ37—07—18
	MJ37—07—19
	MJ37—07—20
	MJ37—07—21
	MJ37—07—22
	MJ37—07—23
	MJ37—07—24
	MJ37—07—25
	MJ37—07—26
	MJ37—07—27
	MJ37—07—28

	MJ37—07—29
	MJ37—07—30
	MJ37—07—31
	MJ37—07—32
	MJ37—07—33
	MJ37—07—34
	MJ37—07—35
	MJ37—08—01
	MJ37—08—02
	MJ37—08—03
	MJ37—08—04
	MJ37—08—05
	MJ37—08—06
	MJ37—08—07
	MJ37—08—08
	MJ37—08—09
	MJ37—08—10
	MJ37—08—11
	MJ37—08—12
	MJ37—08—13
	MJ37—08—14
	MJ37—08—15
	MJ37—08—16

字符	编号
	MJ37—08—17
	MJ37—08—18
	MJ37—08—19
	MJ37—08—20
	MJ37—08—21
	MJ37—08—22
	MJ37—08—23
	MJ37—08—24
	MJ37—08—25
	MJ37—08—26
	MJ37—08—27
	MJ37—08—28
	MJ37—08—29
	MJ37—08—30
	MJ37—08—31
	MJ37—08—32
	MJ37—08—33
	MJ37—08—34
	MJ37—09—01
	MJ37—09—02
	MJ37—09—03
	MJ37—09—04
	MJ37—09—05
	MJ37—09—06
	MJ37—09—07
	MJ37—09—08
	MJ37—09—09
	MJ37—09—10
	MJ37—09—11
	MJ37—09—12
	MJ37—09—13
	MJ37—09—14
	MJ37—09—15
	MJ37—09—16
	MJ37—09—17
	MJ37—09—18
	MJ37—09—19
	MJ37—09—20
	MJ37—09—21
	MJ37—09—22
	MJ37—09—23
	MJ37—09—24

MJ37—09—25

MJ37—09—26

MJ37—09—27

MJ37—09—28

MJ37—10—01

MJ37—10—02

MJ37—10—03

MJ37—10—04

MJ37—10—05

MJ37—10—06

MJ37—10—07

MJ37—10—08

MJ37—10—09

MJ37—10—10

MJ37—10—11

MJ37—10—12

MJ37—10—13

MJ37—10—14

MJ37—10—15

MJ37—10—16

MJ37—10—17

MJ37—10—18

MJ37—10—19

MJ37—10—20

MJ37—10—21

MJ37—10—22

MJ37—10—23

MJ37—10—24

MJ37—10—25

MJ37—11—01

MJ37—11—02

MJ37—11—03

MJ37—11—04

MJ37—11—05

MJ37—11—06

MJ37—11—07

MJ37—11—08

MJ37—11—09

MJ37—11—10

MJ37—11—11

MJ37—11—12

MJ37—11—13

MJ37—11—14

MJ37—11—15

MJ37—11—16

MJ37—11—17
MJ37—11—18

MJ37—11—19

MJ37—11—20

MJ37—11—21
MJ37—11—22

MJ37—12—01
MJ37—12—02

MJ37—12—03

MJ37—12—04

MJ37—12—05

MJ37—12—06

MJ37—12—07
MJ37—12—08

MJ37—12—09

MJ37—12—10

MJ37—12—11

MJ37—12—12

MJ37—12—13

MJ37—12—14
MJ37—12—15

MJ37—12—16

MJ37—12—17

MJ37—12—18

MJ37—12—19

MJ37—12—20

MJ37—12—21

MJ37—12—22

MJ37—12—23

MJ37—12—24

MJ37—12—25

MJ37—12—26

MJ37—12—27

MJ37—13—01

MJ37—13—02

MJ37—13—03

MJ37—13—04

MJ37—13—05

MJ37—13—06

MJ37—13—07

MJ37—13—08

MJ37—13—09

MJ37—13—10

MJ37—13—11

MJ37—13—12

MJ37—13—13

MJ37—13—14

MJ37—13—15

MJ37—13—16

MJ37—13—17

MJ37—13—18

MJ37—13—19

MJ37—14—01

MJ37—14—02

MJ37—14—03

MJ37—14—04

MJ37—14—05

MJ37—14—06

MJ37—14—07

MJ37—14—08

MJ37—14—09

MJ37—14—10

MJ37—14—11

MJ37—14—12

MJ37—14—13

MJ37—14—14

MJ37—14—15

MJ37—14—16

MJ37—14—17

MJ37—14—18

MJ37—14—19

MJ37—15—01

MJ37—15—02

MJ37—15—03

MJ37—15—04

MJ37—15—05

MJ37—15—06

MJ37—15—07

MJ37—15—08

MJ37—15—09

MJ37—15—10

MJ37—15—11

MJ37—15—12

MJ37—15—13

MJ37—15—14

MJ37—15—15

MJ37—15—16

MJ37—15—17

MJ37—16—01

MJ37—16—02

MJ37—16—03

MJ37—16—04

MJ37—16—05

MJ37—16—06

MJ37—16—07

MJ37—16—08

MJ37—16—09

MJ37—16—10

MJ37—16—11

MJ37—16—12

MJ37—17—01

MJ37—17—02

MJ37—17—03

MJ37—17—04

MJ37—17—05

MJ37—17—06

MJ37—17—07

MJ37—17—08

MJ37—17—09

MJ37—17—10

MJ37—17—11

MJ37—17—12

MJ38（292 字）

MJ38—01—01

MJ38—01—02

MJ38—01—03

MJ38—01—04

MJ38—01—05

MJ38—01—06

MJ38—01—07

MJ38—01—08

MJ38—01—09

MJ38—01—10

MJ38—01—11

MJ38—01—12

MJ38—01—13

MJ38—01—14

MJ38—01—15

MJ38—01—16

MJ38—01—17

MJ38—01—18

MJ38—01—19

MJ38—01—20

MJ38—01—21

MJ38—01—22

MJ38—02—01

MJ38—02—02

MJ38—02—03

MJ38—02—04

MJ38—02—05

MJ38—02—06

MJ38—02—07

MJ38—02—08

MJ38—02—09

MJ38—02—10

MJ38—02—11

MJ38—02—12

MJ38—02—13

MJ38—02—14

MJ38—02—15

MJ38—02—16

MJ38—02—17

MJ38—02—18

MJ38—02—19

MJ38—02—20

MJ38—02—21

MJ38—03—01

MJ38—03—02

MJ38—03—03

MJ38—03—04

MJ38—03—05

MJ38—03—06

MJ38—03—07

MJ38—03—08

MJ38—03—09

MJ38—03—10

MJ38—03—11

MJ38—03—12

MJ38—03—13

	MJ38—03—14
	MJ38—03—15
	MJ38—03—16
	MJ38—03—17
	MJ38—03—18
	MJ38—03—19
	MJ38—03—20
	MJ38—03—21
	MJ38—03—22
	MJ38—03—23
	MJ38—03—24
	MJ38—03—25
	MJ38—03—26
	MJ38—04—01
	MJ38—04—02
	MJ38—04—03
	MJ38—04—04
	MJ38—04—05
	MJ38—04—06
	MJ38—04—07

	MJ38—04—08
	MJ38—04—09
	MJ38—04—10
	MJ38—04—11
	MJ38—04—12
	MJ38—04—13
	MJ38—04—14
	MJ38—04—15
	MJ38—04—16
	MJ38—04—17
	MJ38—04—18
	MJ38—04—19
	MJ38—04—20
	MJ38—04—21
	MJ38—05—01
	MJ38—05—02
	MJ38—05—03
	MJ38—05—04
	MJ38—05—05
	MJ38—05—06
	MJ38—05—07

MJ38—05—08

MJ38—05—09

MJ38—05—10

MJ38—05—11

MJ38—05—12

MJ38—05—13

MJ38—05—14

MJ38—05—15

MJ38—05—16

MJ38—05—17

MJ38—05—18

MJ38—05—19

MJ38—05—20

MJ38—05—21

MJ38—05—22

MJ38—05—23

MJ38—05—24

MJ38—05—25

MJ38—05—26

MJ38—05—27

MJ38—05—28

MJ38—05—29

MJ38—05—30

MJ38—06—01

MJ38—06—02

MJ38—06—03

MJ38—06—04

MJ38—06—05

MJ38—06—06

MJ38—06—07

MJ38—06—08

MJ38—06—09

MJ38—06—10

MJ38—06—11

MJ38—06—12

MJ38—06—13

MJ38—06—14

MJ38—06—15

MJ38—06—16

MJ38—06—17

MJ38—06—18

MJ38—06—19

MJ38—07—01

MJ38—07—02

MJ38—07—03

MJ38—07—04

MJ38—07—05

MJ38—07—06

MJ38—07—07

MJ38—07—08

MJ38—07—09

MJ38—07—10

MJ38—07—11

MJ38—07—12

MJ38—07—13

MJ38—07—14

MJ38—07—15

MJ38—07—16

MJ38—08—01

MJ38—08—02

MJ38—08—03

MJ38—08—04

MJ38—08—05

MJ38—08—06

MJ38—08—07

MJ38—08—08

MJ38—08—09

MJ38—08—10

MJ38—08—11

MJ38—08—12

MJ38—08—13

MJ38—08—14

MJ38—08—15

MJ38—08—16

MJ38—08—17

MJ38—09—01

MJ38—09—02

MJ38—09—03

MJ38—09—04

MJ38—09—05

MJ38—09—06

MJ38—09—07

MJ38—09—08

MJ38—09—09

MJ38—09—10

MJ38—09—11

MJ38—09—12

MJ38—09—13

MJ38—10—01

MJ38—10—02

MJ38—10—03

MJ38—10—04

MJ38—10—05

MJ38—10—06

MJ38—10—07

MJ38—10—08

MJ38—10—09

MJ38—10—10

MJ38—10—11

MJ38—10—12

MJ38—10—13

MJ38—10—14

MJ38—11—01

MJ38—11—02

MJ38—11—03

MJ38—11—04

MJ38—11—05

MJ38—11—06

MJ38—11—07

MJ38—11—08

MJ38—11—09

MJ38—11—10

MJ38—11—11

MJ38—11—12

MJ38—11—13

MJ38—11—14

MJ38—11—15

MJ38—11—16

MJ38—11—17

MJ38—12—01

MJ38—12—02

MJ38—12—03

MJ38—12—04

MJ38—12—05

MJ38—12—06

MJ38—12—07

MJ38—12—08

MJ38—12—09

MJ38—12—10

MJ38—12—11

MJ38—12—12

MJ38—13—01

MJ38—13—02

MJ38—13—03

MJ38—13—04

MJ38—13—05

MJ38—13—06

MJ38—13—07

MJ38—13—08

MJ38—13—09

MJ38—13—10

MJ38—13—11

MJ38—13—12

MJ38—13—13

MJ38—13—14

MJ38—13—15

MJ38—13—16

MJ38—13—17

MJ38—13—18

MJ38—13—19

MJ38—13—20

MJ38—14—01

MJ38—14—02

MJ38—14—03

MJ38—14—04

MJ38—14—05

MJ38—14—06

MJ38—14—07

MJ38—14—08

MJ38—14—09

MJ38—14—10

MJ38—14—11

MJ38—14—12

MJ38—14—13

MJ38—14—14

MJ38—15—01

MJ38—15—02

MJ38—15—03

MJ38—15—04

MJ38—15—05

MJ38—15—06

MJ38—15—07

MJ38—15—08

MJ38—15—09

MJ38—15—10

MJ38—15—11

MJ38—15—12

MJ38—15—13

MJ38—15—14

MJ38—15—15

MJ38—15—16

MJ38—16—01

MJ38—16—02

MJ38—16—03

MJ38—16—04

MJ38—16—05

MJ38—16—06

MJ38—16—07

MJ38—16—08

MJ38—16—09

MJ38—16—10

MJ38—16—11

MJ38—16—12

MJ38—16—13

MJ38—16—14

MJ39（247 字）

MJ39—01—01

MJ39—01—02

MJ39—01—03

MJ39—01—04

MJ39—01—05

MJ39—01—06

MJ39—01—07

MJ39—01—08

MJ39—01—09

MJ39—01—10

MJ39—01—11

MJ39—02—01

MJ39—02—02

MJ39—02—03

MJ39—02—04

MJ39—02—05

MJ39—02—06

MJ39—02—07

MJ39—02—08

MJ39—02—09

MJ39—02—10

MJ39—02—11

MJ39—03—01

MJ39—03—02

MJ39—03—03

MJ39—03—04

MJ39—03—05

MJ39—03—06

MJ39—03—07

MJ39—03—08

MJ39—03—09

MJ39—03—10

MJ39—03—11

MJ39—04—01

MJ39—04—02

MJ39—04—03

MJ39—04—04

MJ39—04—05

MJ39—04—06

MJ39—04—07

MJ39—04—08

MJ39—04—09

MJ39—04—10

MJ39—04—11

MJ39—04—12

MJ39—05—01

MJ39—05—02

MJ39—05—03

MJ39—05—04

MJ39—05—05

MJ39—05—06

MJ39—05—07

MJ39—05—08

MJ39—05—09

MJ39—05—10

MJ39—05—11

MJ39—05—12

MJ39—05—13

MJ39—05—14

MJ39—06—01

MJ39—06—02

MJ39—06—03

MJ39—06—04

MJ39—06—05

MJ39—06—06

MJ39—06—07

MJ39—06—08

MJ39—06—09

MJ39—06—10

MJ39—06—11

MJ39—06—12

MJ39—06—13

MJ39—07—01

MJ39—07—02

MJ39—07—03

MJ39—07—04

MJ39—07—05

MJ39—07—06

MJ39—07—07

MJ39—07—08

MJ39—07—09

MJ39—07—10

MJ39—07—11

MJ39—07—12

MJ39—07—13

MJ39—07—14

MJ39—08—01

MJ39—08—02

MJ39—08—03

MJ39—08—04

MJ39—08—05

MJ39—08—06

MJ39—08—07

MJ39—08—08

MJ39—08—09

MJ39—08—10

MJ39—08—11

MJ39—08—12

MJ39—08—13

MJ39—08—14

MJ39—08—15

MJ39—08—16

MJ39—08—17

MJ39—09—01

MJ39—09—02

MJ39—09—03

MJ39—09—04

MJ39—09—05

MJ39—09—06

MJ39—09—07

MJ39—09—08

MJ39—09—09

MJ39—09—10

MJ39—09—11

MJ39—09—12

MJ39—09—13

MJ39—09—14

MJ39—09—15

MJ39—10—01

MJ39—10—02

MJ39—10—03

MJ39—10—04
MJ39—10—05

MJ39—10—06

MJ39—10—07

MJ39—10—08
MJ39—10—09
MJ39—10—10

MJ39—10—11

MJ39—10—12

MJ39—10—13

MJ39—10—14

MJ39—10—15

MJ39—10—16
MJ39—10—17

MJ39—10—18

MJ39—11—01

MJ39—11—02

MJ39—11—03

MJ39—11—04

MJ39—11—05

MJ39—11—06

MJ39—11—07

MJ39—11—08

MJ39—11—09

MJ39—11—10

MJ39—11—11

MJ39—11—12

MJ39—11—13

MJ39—11—14

MJ39—11—15

MJ39—11—16
MJ39—11—17

MJ39—12—01

MJ39—12—02
MJ39—12—03

MJ39—12—04

MJ39—12—05

MJ39—12—06

MJ39—12—07

MJ39—12—08

MJ39—12—09

MJ39—12—10

MJ39—12—11

MJ39—12—12

MJ39—12—13

MJ39—12—14

MJ39—12—15

MJ39—13—01

MJ39—13—02

MJ39—13—03

MJ39—13—04

MJ39—13—05

MJ39—13—06

MJ39—13—07

MJ39—13—08

MJ39—13—09

MJ39—13—10

MJ39—13—11

MJ39—13—12

MJ39—13—13

MJ39—13—14

MJ39—13—15

MJ39—13—16

MJ39—14—01

MJ39—14—02

MJ39—14—03

MJ39—14—04

MJ39—14—05

MJ39—14—06

MJ39—14—07

MJ39—14—08

MJ39—14—09

MJ39—14—10

MJ39—14—11

MJ39—14—12

MJ39—14—13

MJ39—14—14

MJ39—14—15

MJ39—14—16

MJ39—14—17

MJ39—15—01

MJ39—15—02

MJ39—15—03

MJ39—15—04

MJ39—15—05

MJ39—15—06

MJ39—15—07

MJ39—15—08

MJ39—15—09

MJ39—15—10

MJ39—15—11

MJ39—15—12

MJ39—15—13

MJ39—15—14

MJ39—15—15

MJ39—15—16

MJ39—15—17

MJ39—16—01

MJ39—16—02

MJ39—16—03

MJ39—16—04

MJ39—16—05

MJ39—16—06

MJ39—16—07

MJ39—16—08

MJ39—16—09

MJ39—16—10

MJ39—16—11

MJ39—16—12

MJ39—16—13

MJ39—16—14

MJ39—16—15

MJ39—17—01

MJ39—17—02

MJ39—17—03

MJ39—17—04

MJ39—17—05

MJ39—17—06

MJ39—17—07

MJ39—17—08

MJ39—17—09

MJ39—17—10

MJ39—17—11

MJ39—17—12

MJ39—17—13

MJ39—17—14

MJ40（**298 字**）

MJ40—01—01

MJ40—01—02

MJ40—01—03

MJ40—01—04

MJ40—01—05

MJ40—01—06

MJ40—01—07

MJ40—01—08

MJ40—01—09

MJ40—01—10

MJ40—01—11

MJ40—01—12

MJ40—01—13

MJ40—01—14

MJ40—01—15

MJ40—02—01

MJ40—02—02

MJ40—02—03

MJ40—02—04

MJ40—02—05

MJ40—02—06

MJ40—02—07

MJ40—02—08

MJ40—02—09

MJ40—02—10

MJ40—02—11

MJ40—02—12

MJ40—02—13

	MJ40—02—14
	MJ40—02—15
	MJ40—02—16
	MJ40—03—01
	MJ40—03—02
	MJ40—03—03
	MJ40—03—04
	MJ40—03—05
	MJ40—03—06
	MJ40—03—07
	MJ40—03—08
	MJ40—03—09
	MJ40—03—10
	MJ40—03—11
	MJ40—03—12
	MJ40—03—13
	MJ40—03—14
	MJ40—03—15
	MJ40—03—16
	MJ40—03—17
	MJ40—03—18
	MJ40—03—19
	MJ40—03—20
	MJ40—03—21
	MJ40—03—22
	MJ40—04—01
	MJ40—04—02
	MJ40—04—03
	MJ40—04—04
	MJ40—04—05
	MJ40—04—06
	MJ40—04—07
	MJ40—04—08
	MJ40—04—09
	MJ40—04—10
	MJ40—04—11
	MJ40—04—12
	MJ40—04—13
	MJ40—04—14
	MJ40—04—15
	MJ40—04—16
	MJ40—04—17
	MJ40—04—18
	MJ40—04—19

	MJ40—04—20
	MJ40—04—21
	MJ40—04—22
	MJ40—04—23
	MJ40—04—24
	MJ40—04—25
	MJ40—04—26
	MJ40—04—27
	MJ40—05—01
	MJ40—05—02
	MJ40—05—03
	MJ40—05—04
	MJ40—05—05
	MJ40—05—06
	MJ40—05—07
	MJ40—05—08
	MJ40—05—09
	MJ40—05—10

	MJ40—05—11
	MJ40—05—12
	MJ40—05—13
	MJ40—05—14
	MJ40—05—15
	MJ40—05—16
	MJ40—05—17
	MJ40—05—18
	MJ40—05—19
	MJ40—05—20
	MJ40—05—21
	MJ40—05—22
	MJ40—05—23
	MJ40—05—24
	MJ40—05—25
	MJ40—05—26
	MJ40—05—27
	MJ40—05—28
	MJ40—06—01
	MJ40—06—02

MJ40—06—03

MJ40—06—04

MJ40—06—05

MJ40—06—06

MJ40—06—07

MJ40—06—08

MJ40—06—09

MJ40—06—10

MJ40—06—11

MJ40—06—12

MJ40—06—13

MJ40—06—14

MJ40—06—15

MJ40—06—16

MJ40—06—17

MJ40—06—18

MJ40—06—19

MJ40—06—20

MJ40—06—21

MJ40—06—22

MJ40—06—23

MJ40—06—24

MJ40—06—25

MJ40—06—26

MJ40—06—27

MJ40—06—28

MJ40—06—29

MJ40—06—30

MJ40—06—31

MJ40—07—01

MJ40—07—02

MJ40—07—03

MJ40—07—04

MJ40—07—05

MJ40—07—06

MJ40—07—07

MJ40—07—08

MJ40—07—09

MJ40—07—10

MJ40—07—11

MJ40—07—12

MJ40—07—13

MJ40—07—14

MJ40—07—15

MJ40—07—16

MJ40—07—17

MJ40—07—18

MJ40—07—19

MJ40—07—20

MJ40—07—21

MJ40—07—22

MJ40—07—23

MJ40—07—24

MJ40—07—25

MJ40—07—26

MJ40—07—27

MJ40—07—28

MJ40—07—29

MJ40—08—01

MJ40—08—02

MJ40—08—03

MJ40—08—04

MJ40—08—05

MJ40—08—06

MJ40—08—07

MJ40—08—08

MJ40—08—09

MJ40—08—10

MJ40—08—11

MJ40—08—12

MJ40—08—13

MJ40—08—14

MJ40—08—15

MJ40—08—16

MJ40—08—17

MJ40—08—18

MJ40—08—19

MJ40—08—20

MJ40—08—21

MJ40—08—22

MJ40—08—23

MJ40—09—01

MJ40—09—02

MJ40—09—03

MJ40—09—04

MJ40—09—05

MJ40—09—06

MJ40—09—07

MJ40—09—08

MJ40—09—09

MJ40—09—10

MJ40—09—11

MJ40—09—12

MJ40—09—13

MJ40—09—14

MJ40—09—15

MJ40—09—16

MJ40—09—17

MJ40—09—18

MJ40—09—19

MJ40—09—20

MJ40—09—21

MJ40—09—22

MJ40—09—23

MJ40—09—24

MJ40—10—01

MJ40—10—02

MJ40—10—03

MJ40—10—04

MJ40—10—05

MJ40—10—06

MJ40—10—07

MJ40—10—08

MJ40—10—09

MJ40—10—10

MJ40—10—11

MJ40—10—12

MJ40—10—13

MJ40—10—14

MJ40—10—15

MJ40—10—16

MJ40—10—17

MJ40—10—18

MJ40—10—19

MJ40—10—20

MJ40—10—21

MJ40—10—22

MJ40—10—23

MJ40—11—01

MJ40—11—02

MJ40—11—03

MJ40—11—04

MJ40—11—05

MJ40—11—06

MJ40—11—07

MJ40—11—08

MJ40—11—09

MJ40—11—10

MJ40—11—11

MJ40—11—12

MJ40—11—13

MJ40—11—14

MJ40—11—15

MJ40—11—16

MJ40—11—17

MJ40—11—18

MJ40—11—19

MJ40—11—20

MJ40—11—21

MJ40—11—22

MJ40—11—23

MJ40—11—24

MJ40—11—25

MJ40—12—01

MJ40—12—02

MJ40—12—03

MJ40—12—04

MJ40—12—05

MJ40—12—06

MJ40—12—07

MJ40—12—08

MJ40—12—09

MJ40—12—10

MJ40—12—11

MJ40—12—12

MJ40—12—13

MJ40—12—14

MJ40—12—15

MJ40—12—16

MJ40—12—17

MJ40—12—18

MJ40—12—19

MJ40—12—20

MJ40—13—01

MJ40—13—02

MJ40—13—03

MJ40—13—04

MJ40—13—05

MJ40—13—06

MJ40—13—07

MJ40—13—08

MJ40—13—09

MJ40—13—10

MJ40—13—11

MJ40—13—12

MJ40—13—13

MJ40—13—14

MJ40—13—15

MJ41（261 字）

MJ41—01—01

MJ41—01—02

MJ41—01—03

MJ41—01—04

MJ41—01—05

MJ41—01—06

MJ41—01—07

MJ41—01—08

MJ41—01—09
MJ41—01—10

MJ41—01—11

MJ41—01—12

MJ41—01—13

MJ41—02—01

MJ41—02—02

MJ41—02—03
MJ41—02—04

MJ41—02—05
MJ41—02—06

MJ41—02—07

MJ41—02—08

MJ41—02—09
MJ41—02—10

MJ41—02—11

MJ41—02—12

MJ41—02—13

MJ41—03—01

MJ41—03—02

MJ41—03—03

MJ41—03—04

MJ41—03—05

MJ41—03—06

MJ41—03—07

MJ41—03—08

MJ41—03—09

MJ41—03—10

MJ41—03—11

MJ41—03—12

MJ41—03—13

MJ41—03—14

MJ41—04—01

MJ41—04—02

MJ41—04—03

MJ41—04—04

MJ41—04—05

MJ41—04—06

MJ41—04—07

MJ41—04—08

MJ41—04—09

MJ41—05—01

MJ41—05—02

MJ41—05—03

MJ41—05—04

MJ41—05—05

MJ41—05—06

MJ41—05—07

MJ41—05—08

MJ41—06—01

MJ41—06—02

MJ41—06—03

MJ41—06—04

MJ41—06—05

MJ41—06—06

MJ41—06—07

MJ41—06—08

MJ41—06—09

MJ41—06—10

MJ41—06—11

MJ41—06—12

MJ41—06—13

MJ41—06—14

MJ41—06—15

MJ41—06—16

MJ41—07—01

MJ41—07—02

MJ41—07—03

MJ41—07—04

MJ41—07—05

MJ41—07—06

MJ41—07—07

MJ41—07—08

MJ41—07—09

MJ41—07—10

MJ41—07—11

MJ41—07—12

MJ41—07—13

MJ41—07—14

MJ41—07—15

MJ41—07—16

MJ41—08—01

MJ41—08—02

MJ41—08—03

MJ41—08—04

MJ41—08—05

MJ41—08—06

MJ41—08—07

MJ41—08—08

MJ41—08—09

MJ41—08—10

MJ41—08—11

MJ41—08—12

MJ41—08—13

MJ41—08—14

MJ41—09—01

MJ41—09—02

MJ41—09—03

MJ41—09—04

MJ41—09—05

MJ41—09—06

MJ41—09—07

MJ41—09—08

MJ41—09—09

MJ41—09—10

MJ41—09—11

MJ41—09—12

MJ41—09—13

MJ41—09—14

MJ41—09—15

MJ41—09—16

MJ41—09—17

MJ41—09—18

MJ41—10—01

MJ41—10—02

MJ41—10—03

MJ41—10—04

MJ41—10—05

MJ41—10—06

MJ41—10—07

MJ41—10—08

MJ41—10—09

MJ41—10—10

MJ41—10—11

MJ41—10—12

MJ41—10—13

MJ41—10—14

MJ41—10—15

MJ41—10—16

MJ41—11—01

MJ41—11—02

MJ41—11—03

MJ41—11—04

MJ41—11—05

MJ41—11—06

MJ41—11—07

MJ41—11—08

MJ41—11—09

MJ41—11—10

MJ41—11—11

MJ41—11—12

MJ41—11—13

MJ41—11—14

MJ41—11—15

MJ41—11—16

MJ41—11—17

MJ41—11—18

MJ41—11—19

MJ41—12—01

MJ41—12—02

MJ41—12—03

MJ41—12—04

MJ41—12—05

MJ41—12—06

MJ41—12—07

MJ41—12—08

MJ41—12—09

MJ41—12—10

MJ41—12—11

MJ41—12—12

MJ41—12—13

MJ41—12—14

MJ41—12—15

MJ41—12—16

MJ41—12—17

MJ41—12—18

MJ41—12—19

MJ41—12—20

MJ41—12—21

MJ41—12—22

MJ41—12—23

MJ41—12—24

MJ41—12—25

MJ41—12—26

MJ41—12—27

MJ41—13—01

MJ41—13—02

MJ41—13—03

MJ41—13—04

MJ41—13—05

MJ41—13—06

MJ41—13—07

MJ41—13—08

MJ41—14—01

MJ41—14—02

MJ41—14—03

MJ41—14—04

MJ41—14—05

MJ41—14—06

MJ41—14—07

MJ41—14—08

MJ41—14—09

MJ41—14—10

MJ41—14—11

MJ41—14—12

MJ41—14—13

MJ41—14—14

MJ41—14—15

MJ41—15—01

MJ41—15—02

MJ41—15—03

MJ41—15—04

MJ41—15—05

MJ41—15—06

MJ41—15—07

MJ41—15—08

MJ41—15—09

MJ41—15—10

MJ41—15—11

MJ41—15—12

MJ41—15—13

MJ41—15—14

MJ41—15—15

MJ41—16—01

MJ41—16—02

MJ41—16—03

MJ41—16—04

MJ41—16—05

MJ41—16—06

MJ41—16—07

MJ41—16—08

MJ41—16—09

MJ41—16—10

MJ41—16—11

MJ41—16—12

MJ41—16—13

MJ41—16—14

MJ41—17—01

MJ41—17—02

MJ41—17—03

MJ41—17—04

MJ41—17—05

MJ41—17—06

MJ41—17—07

MJ41—17—08

MJ41—17—09

MJ41—17—10

MJ41—17—11

MJ41—17—12

MJ41—17—13

MJ41—17—14

MJ41—18—01

MJ41—18—02

MJ41—18—03

MJ41—18—04

MJ41—18—05

MJ41—18—06

MJ41—18—07

MJ41—18—08

MJ41—18—09

MJ41—18—10

MJ41—18—11

MJ41—18—12

MJ42（39字）

MJ42—01—01
MJ42—01—02
MJ42—01—03
MJ42—01—04
MJ42—01—05
MJ42—01—06

MJ42—01—07

MJ42—02—01

MJ42—02—02

MJ42—02—03

MJ42—02—04

MJ42—02—05
MJ42—02—06

MJ42—02—07

MJ42—02—08

MJ42—03—01

MJ42—03—02

MJ42—03—03

MJ42—03—04

MJ42—03—05

MJ42—03—06

MJ42—04—01

MJ42—04—02

MJ42—04—03

MJ42—04—04

MJ42—04—05

MJ42—04—06

MJ42—04—07

MJ42—05—01

MJ42—05—02

MJ42—05—03

MJ42—05—04

MJ42—05—05

MJ42—05—06

MJ42—05—07

MJ42—06—01

MJ42—06—02

MJ42—06—03

MJ42—06—04

MJ43（97字）

MJ43（1）—01—01

MJ43（1）—01—02

MJ43（1）—01—03

MJ43（1）—01—04

MJ43（1）—01—05

MJ43（1）—01—06

MJ43（1）—01—07

MJ43（1）—01—08

MJ43（1）—02—01

MJ43（1）—02—02

MJ43（1）—02—03

MJ43（1）—02—04

MJ43（1）—02—05

MJ43（1）—02—06

MJ43（1）—02—07

MJ43（1）—02—08

MJ43（1）—03—01

MJ43（1）—03—02

MJ43（1）—03—03

MJ43（1）—03—04

MJ43（1）—03—05

MJ43（1）—03—06

MJ43（1）—03—07

MJ43（1）—03—08

MJ43（1）—04—01

MJ43（1）—04—02

MJ43（1）—04—03

MJ43（1）—04—04

MJ43（1）—04—05

MJ43（1）—04—06

MJ43（1）—04—07

MJ43（1）—04—08

MJ43（1）—04—09

MJ43（1）—05—01

MJ43（1）—05—02

MJ43（1）—05—03

MJ43（1）—05—04

MJ43（1）—05—05

MJ43（1）—05—06

MJ43（1）—05—07

MJ43（1）—05—08

MJ43（1）—05—09

MJ43（1）—06—01

MJ43（1）—06—02

MJ43（1）—06—03

MJ43（1）—06—04

MJ43（1）—06—05

MJ43（1）—06—06

MJ43（1）—06—07

MJ43（1）—06—08

MJ43（2）—01—01

MJ43（2）—01—02

MJ43（2）—01—03

MJ43（2）—01—04

MJ43（2）—01—05

MJ43（2）—01—06

MJ43（2）—01—07

MJ43（2）—02—01

MJ43（2）—02—02

MJ43（2）—02—03

MJ43（2）—02—04

MJ43（2）—02—05

MJ43（2）—02—06

MJ43（2）—02—07

MJ43（2）—03—01

MJ43（2）—03—02

MJ43（2）—03—03

MJ43（2）—03—04

MJ43（2）—03—05

MJ43（2）—03—06

MJ43（2）—03—07

MJ43（2）—03—08

MJ43（2）—03—09

MJ43（2）—04—01
MJ43（2）—04—02
MJ43（2）—04—03

MJ43（2）—04—04

MJ43（2）—04—05

MJ43（2）—04—06

MJ43（2）—04—07

MJ43（2）—04—08

MJ43（2）—05—01

MJ43（2）—05—02

MJ43（2）—05—03

MJ43（2）—05—04

MJ43（2）—05—05

MJ43（2）—05—06

MJ43（2）—05—07

MJ43（2）—06—01

MJ43（2）—06—02

MJ43（2）—06—03

MJ43（2）—06—04
MJ43（2）—06—05

MJ43（2）—06—06

MJ43（2）—06—07

MJ43（2）—06—08

MJ43（2）—06—09

MJ44（79字）

MJ44（1）—01—01

MJ44（1）—01—02

MJ44（1）—01—03

MJ44（1）—02—01

MJ44（1）—03—01

MJ44（1）—03—02

MJ44（1）—03—03

MJ44（1）—03—04

MJ44（1）—03—05

MJ44（1）—04—01

MJ44（1）—05—01

MJ44（1）—06—01

MJ44（1）—06—02

MJ44（1）—06—03

MJ44（1）—07—01

MJ44（1）—07—02

MJ44（1）—07—03

MJ44（1）—07—04

MJ44（1）—08—01

MJ44（1）—09—01

MJ44（1）—09—02

MJ44（1）—09—03

MJ44（1）—09—04

MJ44（1）—10—01

MJ44（1）—10—02

MJ44（1）—11—01

MJ44（1）—11—02

MJ44（1）—11—03

MJ44（1）—11—04

MJ44（1）—12—01

MJ44（1）—12—02

MJ44（1）—13—01

MJ44（1）—13—02

MJ44（1）—13—03

MJ44（1）—14—01

MJ44（1）—15—01

MJ44（1）—15—02

MJ44（1）—16—01

MJ44（1）—16—02

MJ44（1）—16—03

MJ44（2）—01—01

MJ44（2）—01—02

MJ44（2）—02—01

MJ44（2）—02—02

MJ44（2）—03—01

MJ44（2）—03—02

MJ44（2）—04—01

MJ44（2）—04—02

MJ44（2）—05—01

MJ44（2）—05—02

𝕸	MJ44（2）—05—03
屮	MJ44（2）—06—01
廿	MJ44（2）—06—02
𠄌	MJ44（2）—06—03
𠃌	MJ44（2）—07—01
𢱢	MJ44（2）—08—01
𢂾	MJ44（2）—08—02
𡕑	MJ44（2）—09—01
𤫩	MJ44（2）—10—01
𠔿	MJ44（2）—10—02
𡁐	MJ44（2）—10—03
𦖭	MJ44（2）—11—01
𢆡	MJ44（2）—12—01
⊕	MJ44（2）—12—02
大	MJ44（2）—12—03
𢖪	MJ44（2）—13—01
𣏗	MJ44（2）—13—02

𦥑	MJ44（2）—13—03
𣸨	MJ44（2）—14—01
𠄐	MJ44（2）—15—01
𣏑	MJ44（2）—15—02
𣥖	MJ44（2）—16—01
大	MJ44（2）—16—02
𡘜	MJ44（2）—17—01
屮	MJ44（2）—17—02
𠕢	MJ44（2）—17—03
𠄐	MJ44（2）—17—04
𢇻	MJ44（2）—18—01
𡴭	MJ44（2）—18—02
𣎵	MJ44（2）—19—01
𤰝	MJ44（2）—19—02
𠆢	MJ44（2）—19—03
𤓰	MJ44（3）—01—01
𤲃	MJ44（3）—01—02

MJ44（3）—01—03

MJ44（3）—01—04

MJ44（3）—01—05

MJ44（3）—01—06

MJ44（3）—01—07

MJ44（3）—01—08

MJ44（3）—01—09

MJ44（3）—01—10

MJ44（3）—01—11

MJ44（3）—01—12

MJ44（3）—01—13

MJ44（3）—01—14

MJ44（3）—01—15

MJ44（3）—01—16

MJ44（3）—01—17

MJ44（3）—01—18

MJ44（3）—01—19

MJ45（81 字）

MJ45（1）—01—01

MJ45（1）—02—01

MJ45（2）—01—01

MJ45（2）—01—02

MJ45（2）—01—03

MJ45（2）—01—04

MJ45（2）—01—05

MJ45（2）—01—06

MJ45（2）—01—07

MJ45（2）—01—08

MJ45（2）—01—09

MJ45（2）—01—10

MJ45（2）—01—11

MJ45（2）—01—12

MJ45（2）—01—13

MJ45（2）—01—14

MJ45（2）—02—01

MJ45（2）—02—02

MJ45（2）—02—03

MJ45（2）—02—04

MJ45（2）—02—05

MJ45（2）—02—06

MJ45（2）—02—07

MJ45（2）—02—08

MJ45（2）—02—09

MJ45（2）—02—10

MJ45（2）—02—11

MJ45（2）—02—12

MJ45（2）—02—13

MJ45（2）—02—14

MJ45（2）—02—15

MJ45（2）—02—16

MJ45（2）—02—17

MJ45（2）—02—18

MJ45（2）—02—19

MJ45（2）—03—01

MJ45（2）—03—02

MJ45（2）—03—03

MJ45（2）—03—04

MJ45（2）—03—05

MJ45（2）—03—06

MJ45（2）—03—07

MJ45（2）—03—08

MJ45（2）—03—09

MJ45（2）—03—10

MJ45（2）—03—11

MJ45（2）—03—12

MJ45（2）—03—13

MJ45（2）—03—14

MJ45（2）—03—15

MJ45（2）—03—16

MJ45（2）—04—01

MJ45（2）—04—02

MJ45（2）—04—03

MJ45（2）—04—04

MJ45（2）—04—05

MJ45（2）—04—06

MJ45（2）—04—07

MJ45（2）—04—08

MJ45（2）—04—09

MJ45（2）—04—10

MJ45（2）—04—11

MJ45（2）—04—12

MJ45（2）—04—13

MJ45（2）—04—14

MJ45（2）—04—15

MJ45（2）—05—01

MJ45（2）—05—02

MJ45（2）—05—03

MJ45（2）—05—04

MJ45（2）—05—05

MJ45（2）—05—06

MJ45（2）—05—07

MJ45（2）—05—08

MJ45（2）—05—09

MJ45（2）—05—10

MJ45（2）—05—11

MJ45（2）—05—12

MJ45（2）—05—13

MJ45（2）—05—14

MJ45（2）—05—15

MJ46（118字）

MJ46（上）—01—01

MJ46（上）—01—02

MJ46（上）—01—03

MJ46（上）—01—04

MJ46（上）—01—05

MJ46（上）—01—06

MJ46（上）—01—07

MJ46（上）—02—01

MJ46（上）—02—02

MJ46（上）—02—03

MJ46（上）—02—04

MJ46（上）—02—05

MJ46（上）—02—06

MJ46（上）—02—07

MJ46（上）—02—08

MJ46（上）—02—09

MJ46（上）—03—01

MJ46（上）—03—02

MJ46（上）—03—03

MJ46（上）—03—04

MJ46（上）—03—05

MJ46（上）—03—06

MJ46（上）—04—01

MJ46（上）—04—02

MJ46（上）—04—03

MJ46（上）—04—04

MJ46（上）—04—05

MJ46（上）—05—01

MJ46（上）—05—02

MJ46（上）—05—03

MJ46（上）—05—04

MJ46（上）—05—05

MJ46（上）—05—06

MJ46（上）—06—01

MJ46（上）—06—02

MJ46（上）—06—03

MJ46（上）—06—04

MJ46（上）—06—05

MJ46（上）—06—06

MJ46（上）—06—07

MJ46（中）—01—01

MJ46（中）—01—02

MJ46（中）—01—03

MJ46（中）—01—04

MJ46（中）—01—05

MJ46（中）—01—06

MJ46（中）—01—07

MJ46（中）—01—08

MJ46（中）—01—09

MJ46（中）—01—10

MJ46（中）—02—01

MJ46（中）—02—02

MJ46（中）—02—03

MJ46（中）—02—04

MJ46（中）—02—05

MJ46（中）—02—06

MJ46（中）—02—07

MJ46（中）—02—08

MJ46（中）—02—09

MJ46（中）—02—10

MJ46（中）—02—11

MJ46（中）—02—12

MJ46（中）—02—13

MJ46（中）—02—14

MJ46（下）—01—01

MJ46（下）—01—02

MJ46（下）—01—03

MJ46（下）—01—04

MJ46（下）—01—05

MJ46（下）—01—06

MJ46（下）—01—07

MJ46（下）—01—08

MJ46（下）—01—09

MJ46（下）—01—10

MJ46（下）—02—01

MJ46（下）—02—02

MJ46（下）—02—03

MJ46（下）—02—04

MJ46（下）—02—05

MJ46（下）—02—06

MJ46（下）—02—07

MJ46（下）—02—08

MJ46（下）—02—09

MJ46（下）—02—10

MJ46（下）—02—11

MJ46（下）—03—01

MJ46（下）—03—02

MJ46（下）—03—03

MJ46（下）—03—04

MJ46（下）—03—05

MJ46（下）—03—06

MJ46（下）—03—07

MJ46（下）—03—08

MJ46（下）—03—09

MJ46（下）—03—10

MJ46（下）—03—11

MJ46（下）—03—12

MJ46（下）—03—13

MJ46（下）—04—01

MJ46（下）—04—02

MJ46（下）—04—03

MJ46（下）—04—04

MJ46（下）—04—05

MJ46（下）—04—06

MJ46（下）—04—07

MJ46（下）—04—08

MJ46（下）—04—09

MJ46（下）—04—10

MJ46（下）—04—11

MJ46（下）—05—01

MJ46（下）—05—02

MJ46（下）—05—03

MJ46（下）—05—04

MJ46（下）—05—05

MJ46（下）—05—06

MJ46（下）—05—07

MJ46（下）—05—08

MJ46（下）—05—09

三、平果县博物馆收藏 PB01 至 PB05

PB01（88 字）

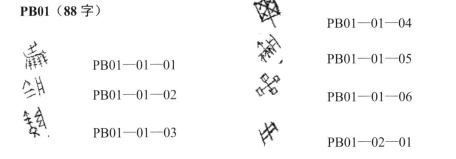

PB01—01—01

PB01—01—02

PB01—01—03

PB01—01—04

PB01—01—05

PB01—01—06

PB01—02—01

PB01—02—02

PB01—02—03

PB01—02—04

PB01—02—05

PB01—02—06

PB01—02—07

PB01—03—01

PB01—03—02

PB01—03—03

PB01—03—04

PB01—03—05

PB01—03—06

PB01—03—07

PB01—03—08

PB01—03—09

PB01—03—10

PB01—03—11

PB01—03—12

PB01—03—13

PB01—04—01

PB01—04—02

PB01—04—03

PB01—04—04

PB01—04—05

PB01—04—06

PB01—04—07

PB01—04—08

PB01—04—09

PB01—04—10

PB01—04—11

PB01—04—12

PB01—05—01

PB01—05—02

PB01—05—03

PB01—05—04

PB01—05—05

PB01—05—06

PB01—05—07

PB01—05—08

PB01—05—09

PB01—05—10

PB01—05—11

PB01—05—12

PB01—06—01

PB01—06—02

PB01—06—03

PB01—06—04

PB01—06—05

PB01—06—06

PB01—06—07

PB01—06—08

PB01—06—09

PB01—06—10

PB01—06—11

PB01—06—12

PB01—06—13

PB01—07—01

PB01—07—02

PB01—07—03

PB01—07—04

PB01—07—05

PB01—07—06

PB01—07—07

PB01—07—08

PB01—08—01

PB01—08—02

PB01—08—03

PB01—08—04

PB01—08—05

PB01—08—06

PB01—08—07

PB01—08—08

PB01—08—09

PB01—08—10

PB01—09—01

PB01—09—02

PB01—09—03

PB01—09—04

PB01—09—05

PB01—09—06

PB01—09—07

PB01—09—08

PB02（15字）

PB02—01—01

PB02—01—02

PB02—01—03

PB02—01—04

PB02—01—05

PB02—02—01

PB02—02—02

PB02—02—03

PB02—02—04

PB02—02—05

PB02—03—01

PB02—03—02

PB02—03—03

PB02—03—04

PB02—03—05

PB03（77字）

PB03—01—01

PB03—01—02

PB03—01—03

PB03—01—04

PB03—02—01

PB03—02—02

PB03—02—03

PB03—02—04

PB03—03—01

PB03—03—02

PB03—03—03

PB03—03—04

PB03—04—01

PB03—04—02

PB03—04—03

PB03—04—04

PB03—04—05

PB03—05—01

PB03—05—02

PB03—05—03

PB03—05—04

PB03—06—01

PB03—06—02

PB03—06—03

PB03—06—04

PB03—07—01

PB03—07—02

PB03—07—03

PB03—07—04

PB03—07—05

PB03—07—06

PB03—07—07

PB03—08—01

PB03—08—02

PB03—08—03

PB03—09—01

PB03—09—02

PB03—09—03

PB03—09—04

PB03—09—05

PB03—10—01

PB03—10—02

PB03—10—03

PB03—10—04

PB03—10—05

PB03—10—06

PB03—11—01

PB03—11—02

PB03—11—03

PB03—11—04

PB03—11—05

PB03—12—01

PB03—12—02

PB03—12—03

PB03—12—04

PB03—12—05

PB03—13—01

PB03—13—02

PB03—13—03

PB03—13—04

PB03—13—05

PB03—14—01

PB03—14—02

PB03—14—03

PB03—14—04

PB03—14—05

PB03—14—06

PB03—14—07

PB03—15—01

PB03—15—02

PB03—15—03

PB03—16—01

PB03—16—02

PB03—16—03

PB03—16—04

PB03—17—01

PB03—17—02

PB04（46 字）

PB04—01—01

PB04—01—02

PB04—01—03

PB04—01—04

PB04—02—01

PB04—02—02

PB04—02—03

PB04—03—01

PB04—03—02

PB04—04—01

PB04—04—02

PB04—04—03

PB04—04—04

PB04—04—05

PB04—04—06

PB04—04—07

PB04—05—01

PB04—05—02

PB04—05—03

PB04—05—04

PB04—05—05

PB04—05—06

PB04—06—01

PB04—06—02

PB04—06—03

PB04—06—04

PB04—06—05

PB04—06—06

PB04—07—01

PB04—07—02

PB04—07—03

PB04—07—04

PB04—07—05

PB04—07—06

PB04—07—07

PB04—08—01

PB04—08—02

PB04—08—03

PB04—08—04

PB04—08—05

PB04—08—06

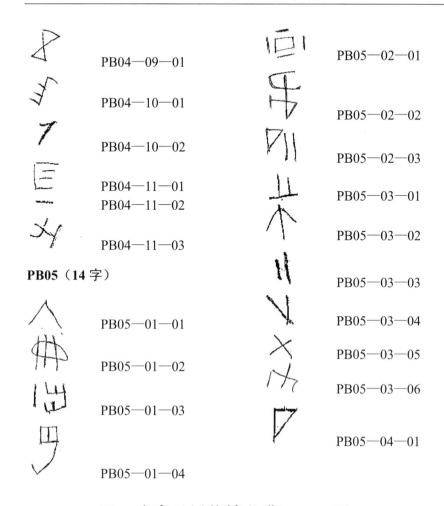

PB04—09—01

PB04—10—01

PB04—10—02

PB04—11—01
PB04—11—02

PB04—11—03

PB05（14字）

PB05—01—01

PB05—01—02

PB05—01—03

PB05—01—04

PB05—02—01

PB05—02—02

PB05—02—03

PB05—03—01

PB05—03—02

PB05—03—03

PB05—03—04

PB05—03—05

PB05—03—06

PB05—04—01

四、隆安县博物馆收藏 LB01 至 LB02

LB01（1245字）

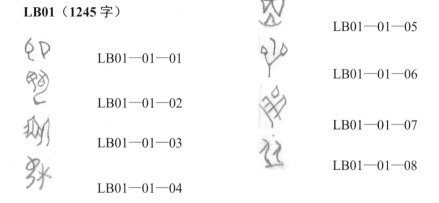

LB01—01—01

LB01—01—02

LB01—01—03

LB01—01—04

LB01—01—05

LB01—01—06

LB01—01—07

LB01—01—08

LB01—01—09

LB01—01—10

LB01—01—11

LB01—01—12

LB01—01—13

LB01—01—14

LB01—01—15

LB01—01—16

LB01—01—17

LB01—01—18

LB01—01—19

LB01—01—20

LB01—01—21

LB01—01—22

LB01—01—23

LB01—01—24

LB01—01—25

LB01—01—26

LB01—01—27

LB01—01—28

LB01—01—29

LB01—01—30

LB01—01—31

LB01—01—32

LB01—01—33

LB01—01—34

LB01—01—35

LB01—01—36

LB01—01—37

LB01—02—01

LB01—02—02

LB01—02—03

LB01—02—04

LB01—02—05

LB01—02—06

LB01—02—07

LB01—02—08

LB01—02—09

LB01—02—10

LB01—02—11

LB01—02—12

LB01—02—13

LB01—02—14

LB01—02—15

LB01—02—16

LB01—02—17

LB01—02—18

LB01—02—19

LB01—02—20

LB01—02—21

LB01—02—22

LB01—02—23

LB01—02—24

LB01—02—25

LB01—02—26

LB01—02—27

LB01—02—28

LB01—02—29

LB01—02—30

LB01—02—31

LB01—02—32

LB01—02—33

LB01—02—34

LB01—02—35

LB01—02—36

LB01—02—37

LB01—02—38

LB01—02—39

LB01—02—40

LB01—02—41

LB01—03—01

LB01—03—02

LB01—03—03

LB01—03—04

LB01—03—05

LB01—03—06

LB01—03—07

LB01—03—08

LB01—03—09

LB01—03—10

LB01—03—11

LB01—03—12

LB01—03—13

LB01—03—14

LB01—03—15

LB01—03—16

LB01—03—17

LB01—03—18

LB01—03—19

LB01—03—20

LB01—03—21

LB01—03—22

LB01—03—23

LB01—03—24

LB01—03—25

LB01—03—26

LB01—03—27

LB01—03—28

LB01—03—29

LB01—03—30

LB01—03—31

LB01—03—32

LB01—03—33

LB01—03—34

LB01—03—35

LB01—03—36

LB01—03—37

LB01—03—38

LB01—03—39

LB01—04—01

LB01—04—02

LB01—04—03

LB01—04—04

LB01—04—05

LB01—04—06

LB01—04—07

LB01—04—08

LB01—04—09

LB01—04—10

LB01—04—11

LB01—04—12

LB01—04—13

LB01—04—14

LB01—04—15

LB01—04—16

LB01—04—17

LB01—04—18

LB01—04—19

LB01—04—20

LB01—04—21

LB01—04—22

LB01—04—23

LB01—04—24

LB01—04—25

LB01—04—26

LB01—04—27

LB01—04—28

LB01—04—29

LB01—04—30

LB01—04—31

LB01—04—32

LB01—04—33

LB01—04—34

LB01—04—35

LB01—04—36

LB01—04—37

LB01—05—01

LB01—05—02

LB01—05—03

LB01—05—04

LB01—05—05

LB01—05—06

LB01—05—07

LB01—05—08

LB01—05—09

LB01—05—10

LB01—05—11

LB01—05—12

LB01—05—13

LB01—05—14

LB01—05—15

LB01—05—16

LB01—05—17

LB01—05—18

LB01—05—19

LB01—05—20

LB01—05—21

LB01—05—22

LB01—05—23

LB01—05—24

LB01—05—25

LB01—05—26

LB01—05—27

LB01—05—28

LB01—05—29

LB01—05—30

LB01—05—31

LB01—05—32

LB01—05—33

LB01—05—34

LB01—05—35

LB01—05—36

LB01—05—37

LB01—05—38

LB01—05—39

LB01—05—40

LB01—05—41

LB01—05—42

LB01—05—43

LB01—05—44

LB01—06—01

LB01—06—02

LB01—06—03

LB01—06—04

LB01—06—05

LB01—06—06

LB01—06—07

LB01—06—08

LB01—06—09

LB01—06—10

LB01—06—11

LB01—06—12

LB01—06—13

LB01—06—14

LB01—06—15

LB01—06—16

LB01—06—17

LB01—06—18

LB01—06—19

LB01—06—20

LB01—06—21

LB01—06—22

LB01—06—23

LB01—06—24

LB01—06—25

LB01—06—26

LB01—06—27

LB01—06—28

LB01—06—29

LB01—06—30

LB01—06—31

LB01—06—32

LB01—06—33

LB01—06—34

LB01—06—35

LB01—06—36

LB01—06—37

LB01—06—38

LB01—06—39

LB01—06—40

LB01—07—01

LB01—07—02

LB01—07—03

LB01—07—04

LB01—07—05

LB01—07—06

LB01—07—07

LB01—07—08

LB01—07—09

LB01—07—10

LB01—07—11

LB01—07—12

LB01—07—13

LB01—07—14

LB01—07—15

LB01—07—16

LB01—07—17

LB01—07—18

LB01—07—19

LB01—07—20

LB01—07—21

LB01—07—22

LB01—07—23

LB01—07—24

LB01—07—25

LB01—07—26

LB01—07—27

LB01—07—28

LB01—07—29

LB01—07—30

LB01—07—31

LB01—07—32

LB01—07—33

LB01—07—34

LB01—07—35

LB01—07—36

LB01—07—37

LB01—07—38

LB01—07—39

LB01—07—40

LB01—07—41

LB01—07—42

LB01—07—43

LB01—08—01

LB01—08—02

LB01—08—03

LB01—08—04

LB01—08—05

LB01—08—06

LB01—08—07

LB01—08—08

LB01—08—09

LB01—08—10

LB01—08—11

LB01—08—12

LB01—08—13

LB01—08—14

LB01—08—15

LB01—08—16

LB01—08—17

LB01—08—18

LB01—08—19

LB01—08—20

LB01—08—21

LB01—08—22

LB01—08—23

LB01—08—24

LB01—08—25

LB01—08—26

LB01—08—27

LB01—08—28

LB01—08—29

LB01—08—30

LB01—08—31

LB01—08—32

LB01—08—33

LB01—08—34

LB01—08—35

LB01—08—36

LB01—08—37

LB01—08—38

LB01—08—39

LB01—09—01

LB01—09—02

LB01—09—03

LB01—09—04

LB01—09—05

LB01—09—06

LB01—09—07

LB01—09—08

LB01—09—09

LB01—09—10

LB01—09—11

LB01—09—12

LB01—09—13

LB01—09—14

LB01—09—15

LB01—09—16

LB01—09—17

LB01—09—18

LB01—09—19

LB01—09—20

LB01—09—21

LB01—09—22

LB01—09—23

LB01—09—24

LB01—09—25

LB01—09—26

LB01—09—27

LB01—09—28

LB01—09—29

LB01—09—30

LB01—09—31

LB01—09—32

LB01—09—33

LB01—09—34

LB01—09—35

LB01—09—36

LB01—09—37

LB01—09—38

LB01—09—39

LB01—09—40

LB01—09—41

LB01—09—42

LB01—10—01

LB01—10—02

LB01—10—03

LB01—10—04

LB01—10—05

LB01—10—06

LB01—10—07

LB01—10—08

LB01—10—09

LB01—10—10

LB01—10—11

LB01—10—12

LB01—10—13

LB01—10—14

LB01—10—15

LB01—10—16

LB01—10—17

LB01—10—18

LB01—10—19

LB01—10—20

LB01—10—21

LB01—10—22

LB01—10—23

LB01—10—24

LB01—10—25

LB01—10—26

LB01—10—27

LB01—10—28

LB01—10—29

LB01—10—30

LB01—10—31

LB01—10—32

LB01—10—33

LB01—10—34

LB01—10—35

LB01—10—36

LB01—10—37

LB01—10—38

LB01—10—39

LB01—10—40

LB01—10—41

LB01—10—42

LB01—11—01

LB01—11—02

LB01—11—03

LB01—11—04

LB01—11—05

LB01—11—06

LB01—11—07

LB01—11—08

LB01—11—09

LB01—11—10

LB01—11—11

LB01—11—12

LB01—11—13

LB01—11—14

LB01—11—15

LB01—11—16

LB01—11—17

LB01—11—18

LB01—11—19

LB01—11—20

LB01—11—21

LB01—11—22

LB01—11—23

LB01—11—24

LB01—11—25

LB01—11—26

LB01—11—27

LB01—11—28

LB01—11—29

LB01—11—30

LB01—11—31

LB01—11—32

LB01—11—33

LB01—11—34

LB01—11—35

LB01—11—36

LB01—11—37

LB01—11—38

LB01—11—39

LB01—11—40

LB01—11—41

LB01—11—42

LB01—11—43

LB01—12—01

LB01—12—02

LB01—12—03

LB01—12—04

LB01—12—05

LB01—12—06

LB01—12—07

LB01—12—08

LB01—12—09

LB01—12—10

LB01—12—11

LB01—12—12

LB01—12—13

LB01—12—14

LB01—12—15

LB01—12—16

LB01—12—17

LB01—12—18

LB01—12—19

LB01—12—20

LB01—12—21

LB01—12—22

LB01—12—23

LB01—12—24

LB01—12—25

LB01—12—26

LB01－12－27

LB01－12－28

LB01－12－29

LB01－12－30

LB01－12－31

LB01－12－32

LB01－12－33

LB01－12－34

LB01－12－35

LB01－12－36

LB01－12－37

LB01－12－38

LB01－12－39

LB01－12－40

LB01－12－41

LB01－13－01

LB01－13－02

LB01－13－03

LB01－13－04

LB01－13－05

LB01－13－06

LB01－13－07

LB01－13－08

LB01－13－09

LB01－13－10

LB01－13－11

LB01－13－12

LB01－13－13

LB01－13－14

LB01－13－15

LB01－13－16

	LB01—13—17
	LB01—13—18
	LB01—13—19
	LB01—13—20
	LB01—13—21
	LB01—13—22
	LB01—13—23
	LB01—13—24
	LB01—13—25
	LB01—13—26
	LB01—13—27
	LB01—13—28
	LB01—13—29
	LB01—13—30
	LB01—13—31
	LB01—13—32
	LB01—13—33
	LB01—13—34

	LB01—13—35
	LB01—13—36
	LB01—13—37
	LB01—13—38
	LB01—13—39
	LB01—13—40
	LB01—13—41
	LB01—13—42
	LB01—14—01
	LB01—14—02
	LB01—14—03
	LB01—14—04
	LB01—14—05
	LB01—14—06
	LB01—14—07
	LB01—14—08
	LB01—14—09

LB01—14—10

LB01—14—11

LB01—14—12

LB01—14—13

LB01—14—14

LB01—14—15

LB01—14—16

LB01—14—17

LB01—14—18

LB01—14—19

LB01—14—20

LB01—14—21

LB01—14—22

LB01—14—23

LB01—14—24

LB01—14—25

LB01—14—26

LB01—14—27

LB01—14—28

LB01—14—29

LB01—14—30

LB01—14—31

LB01—14—32

LB01—14—33

LB01—14—34

LB01—14—35

LB01—14—36

LB01—14—37

LB01—14—38

LB01—14—39

LB01—14—40

LB01—15—01

LB01—15—02

LB01—15—03

LB01—15—04

LB01—15—05

LB01—15—06

LB01—15—07

LB01—15—08

LB01—15—09

LB01—15—10

LB01—15—11

LB01—15—12

LB01—15—13

LB01—15—14

LB01—15—15

LB01—15—16

LB01—15—17

LB01—15—18

LB01—15—19

LB01—15—20

LB01—15—21

LB01—15—22

LB01—15—23

LB01—15—24

LB01—15—25

LB01—15—26

LB01—15—27

LB01—15—28

LB01—15—29

LB01—15—30

LB01—15—31

LB01—15—32

LB01—15—33

LB01—15—34

LB01—15—35

LB01—15—36

LB01—15—37

LB01—15—38

LB01—15—39

LB01—15—40

LB01—16—01

LB01—16—02

LB01—16—03

LB01—16—04

LB01—16—05

LB01—16—06

LB01—16—07

LB01—16—08

LB01—16—09

LB01—16—10

LB01—16—11

LB01—16—12

LB01—16—13

LB01—16—14

LB01—16—15

LB01—16—16

LB01—16—17

LB01—16—18

LB01—16—19

LB01—16—20

LB01—16—21

LB01—16—22

LB01—16—23

LB01—16—24

LB01—16—25

LB01—16—26

LB01—16—27

LB01—16—28

LB01—16—29

LB01—16—30

LB01—16—31

LB01—16—32

LB01—16—33

LB01—16—34

LB01—16—35

LB01—16—36

LB01—16—37

LB01—16—38

LB01—16—39

LB01—16—40

LB01—16—41

LB01—17—01

LB01—17—02

LB01—17—03

LB01—17—04

LB01—17—05

LB01—17—06

LB01—17—07

LB01—17—08

LB01—17—09

LB01—17—10

LB01—17—11

LB01—17—12

LB01—17—13

LB01—17—14

LB01—17—15

LB01—17—16

LB01—17—17

LB01—17—18

LB01—17—19

LB01—17—20

LB01—17—21

LB01—17—22

LB01—17—23

LB01—17—24

LB01—17—25

LB01—17—26

LB01—17—27

LB01—17—28

LB01—17—29

LB01—17—30

LB01—17—31

LB01—17—32

LB01—17—33

LB01—17—34

LB01—17—35

LB01—17—36

LB01—17—37

LB01—17—38

LB01—17—39

LB01—17—40

LB01—17—41

LB01—17—42

LB01—17—43

LB01—18—01

LB01—18—02

LB01—18—03

LB01—18—04

LB01—18—05

LB01—18—06

LB01—18—07

LB01—18—08

LB01—18—09

LB01—18—10

LB01—18—11

LB01—18—12

LB01—18—13

LB01—18—14

LB01—18—15

LB01—18—16

LB01—18—17

LB01—18—18

LB01—18—19

LB01—18—20

LB01—18—21

LB01—18—22

LB01—18—23

LB01—18—24

LB01—18—25

LB01—18—26

LB01—18—27

LB01—18—28

LB01—18—29

LB01—18—30

LB01—18—31

LB01—18—32

LB01—18—33

LB01—18—34

LB01—18—35

LB01—18—36

LB01—18—37

LB01—18—38

LB01—19—01

LB01—19—02

LB01—19—03

LB01—19—04

LB01—19—05

LB01—19—06

LB01—19—07

LB01—19—08

LB01—19—09

LB01—19—10

LB01—19—11

LB01—19—12

LB01—19—13

LB01—19—14

LB01—19—15

LB01—19—16

LB01—19—17

LB01—19—18

LB01—19—19

LB01—19—20

LB01—19—21

LB01—19—22

LB01—19—23

LB01—19—24

LB01—19—25

LB01—19—26

LB01—19—27

LB01—19—28

LB01—19—29

LB01—19—30

LB01—19—31

LB01—19—32

LB01—19—33

LB01—19—34

LB01—19—35

LB01—19—36

LB01—19—37

LB01—19—38

LB01—19—39

LB01—20—01

LB01—20—02

LB01—20—03

LB01—20—04

LB01—20—05

LB01—20—06

LB01—20—07

LB01—20—08

LB01—20—09

LB01—20—10

LB01—20—11

LB01—20—12

LB01—20—13

LB01—20—14

LB01—20—15

LB01—20—16

LB01—20—17

LB01—20—18

LB01—20—19

LB01—20—20

LB01—20—21

LB01—20—22

LB01—20—23

LB01—20—24

LB01—20—25

LB01—20—26

LB01—20—27

LB01—20—28

LB01—20—29

LB01—20—30

LB01—20—31

LB01—20—32

LB01—20—33

LB01—20—34

LB01—20—35

LB01—20—36

LB01—20—37

LB01—20—38

LB01—20—39

LB01—20—40

LB01—20—41

LB01—20—42

LB01—20—43

LB01—20—44

LB01—21—01

LB01—21—02

LB01—21—03

LB01—21—04

LB01—21—05

LB01—21—06

LB01—21—07

LB01—21—08

LB01—21—09

LB01—21—10

LB01—21—11

LB01—21—12

LB01—21—13

LB01—21—14

LB01—21—15

LB01—21—16

LB01—21—17

LB01—21—18

LB01—21—19

LB01—21—20

LB01—21—21

LB01—21—22

LB01—21—23

LB01—21—24

LB01—21—25

LB01—21—26

LB01—21—27

LB01—21—28

LB01—21—29

LB01—21—30

LB01—21—31

LB01—21—32

LB01—21—33

LB01—21—34

LB01—21—35

LB01—21—36

LB01—21—37

LB01—22—01

LB01—22—02

LB01—22—03

LB01—22—04

LB01—22—05

LB01—22—06

LB01—22—07

LB01—22—08

LB01—22—09

LB01—22—10

LB01—22—11

LB01—22—12

LB01—22—13

LB01—22—14

LB01—22—15

LB01—22—16

LB01—22—17

LB01—22—18

LB01—22—19

LB01—22—20

LB01—22—21

LB01—22—22

LB01—22—23

LB01—22—24

LB01—22—25

LB01—22—26

LB01—22—27

LB01—22—28

LB01—22—29

LB01—22—30

LB01—22—31

LB01—22—32

LB01—22—33

LB01—22—34

LB01—22—35

LB01—23—01

LB01—23—02

LB01—23—03

LB01—23—04

LB01—23—05

LB01—23—06

LB01—23—07

LB01—23—08

LB01—23—09

LB01—23—10

LB01—23—11

LB01—23—12

LB01—23—13

LB01—23—14

LB01—23—15

LB01—23—16

LB01—23—17

LB01—23—18

LB01—23—19

LB01—23—20

LB01—23—21

LB01—23—22

LB01—23—23

LB01—23—24

LB01—23—25

LB01—23—26

LB01—23—27

LB01—23—28

LB01—23—29

LB01—23—30

LB01—23—31

LB01—23—32

LB01—23—33

LB01—23—34

LB01—23—35

LB01—23—36

LB01—23—37

LB01—23—38

LB01—24—01

LB01—24—02

LB01—24—03

LB01—24—04

LB01—24—05

LB01—24—06

LB01—24—07

LB01—24—08

LB01—24—09

LB01—24—10

LB01—24—11

LB01—24—12

LB01—24—13

LB01—24—14

LB01—24—15

LB01—24—16

LB01—24—17

LB01—24—18

LB01—24—19

LB01—24—20

LB01—24—21

LB01—24—22

LB01—24—23

LB01—24—24

LB01—24—25

LB01—24—26

LB01—24—27

LB01—24—28

LB01—24—29

LB01—24—30

LB01—24—31

LB01—24—32

LB01—24—33

LB01—24—34

LB01—24—35

LB01—24—36

LB01—24—37

LB01—24—38

LB01—24—39

LB01—25—01

LB01—25—02

LB01—25—03

LB01—25—04

LB01—25—05

LB01—25—06

LB01—25—07

LB01—25—08

LB01—25—09

LB01—25—10

LB01—25—11

LB01—25—12

LB01—25—13

LB01—25—14

LB01—25—15

LB01—25—16

LB01—25—17

LB01—25—18

LB01—25—19

LB01—25—20

LB01—25—21

LB01—25—22

LB01—25—23

LB01—25—24

LB01—25—25

LB01—25—26

LB01—25—27

LB01—25—28

LB01—25—29

LB01—25—30

LB01—25—31

LB01—25—32

LB01—25—33

LB01—25—34

LB01—25—35

LB01—25—36

LB01—25—37

LB01—26—01

LB01—26—02

LB01—26—03

LB01—26—04

LB01—26—05

LB01—26—06

LB01—26—07

LB01—26—08

LB01—26—09

LB01—26—10

LB01—26—11

LB01—26—12

LB01—26—13

LB01—26—14

LB01—26—15

LB01—26—16

LB01—26—17

LB01—26—18

LB01—26—19

LB01—26—20

LB01—26—21

LB01—26—22

LB01—26—23

LB01—26—24

LB01—26—25

LB01—26—26

LB01—26—27

LB01—26—28

LB01—26—29

LB01—26—30

LB01—26—31

LB01—26—32

LB01—26—33

LB01—26—34

LB01—26—35

LB01—26—36

LB01—27—01

LB01—27—02

LB01—27—03

LB01—27—04

LB01—27—05

LB01—27—06

LB01—27—07

LB01—27—08

LB01—27—09

LB01—27—10

LB01—27—11

LB01—27—12

LB01—27—13

LB01—27—14

LB01—27—15

LB01—27—16

LB01—27—17

LB01—27—18

LB01—27—19

LB01—27—20

LB01—27—21

LB01—27—22

LB01—27—23

LB01—27—24

LB01—27—25

LB01—27—26

LB01—27—27

LB01—27—28

LB01—27—29

LB01—27—30

LB01—27—31

LB01—27—32

LB01—27—33

LB01—27—34

LB01—27—35

LB01—27—36

LB01—27—37

LB01—27—38

LB01—28—01

LB01—28—02

LB01—28—03

LB01—28—04

LB01—28—05

LB01—28—06

LB01—28—07

LB01—28—08

LB01—28—09

LB01—28—10

LB01—28—11

LB01—28—12

LB01—28—13

LB01—28—14

LB01—28—15

LB01—28—16

LB01—28—17

LB01—28—18

LB01—28—19

LB01—28—20

LB01—28—21

LB01—28—22

LB01—28—23

LB01—28—24

LB01—28—25

LB01—28—26

LB01—28—27

LB01—28—28

LB01—28—29

LB01—28—30

LB01—28—31

LB01—28—32

LB01—28—33

LB01—28—34

LB01—28—35

LB01—29—01

LB01—29—02

LB01—29—03

LB01—29—04

LB01—29—05

LB01—29—06

LB01—29—07

LB01—29—08

LB01—29—09

LB01—29—10

LB01—29—11

LB01—29—12

LB01—29—13

LB01—29—14

LB01—29—15

LB01—29—16

LB01—29—17

LB01—29—18

LB01—29—19

LB01—29—20

LB01—29—21

LB01—29—22

LB01—29—23

LB01—29—24

LB01—29—25

LB01—29—26

LB01—29—27

LB01—29—28

LB01—29—29

LB01—29—30

LB01—29—31

LB01—29—32

LB01—29—33

LB01—29—34

LB01—29—35

LB01—29—36

LB01—30—01

LB01—30—02

LB01—30—03

LB01—30—04

LB01—30—05

LB01—30—06

LB01—30—07

LB01—30—08

LB01—30—09

LB01—30—10

LB01—30—11

LB01—30—12

LB01—30—13

LB01—30—14

LB01—30—15

LB01—30—16

LB01—30—17

LB01—30—18

LB01—30—19

LB01—30—20

LB01—30—21

LB01—30—22

LB01—30—23

LB01—30—24

LB01—30—25

LB01—30—26

LB01—30—27

LB01—30—28

LB01—30—29

LB01—30—30

LB01—30—31

LB01—30—32

LB01—31—01

LB01—31—02

LB01—31—03

LB01—31—04

LB01—31—05

LB01—31—06

LB01—31—07

LB01—31—08

LB01—31—09

LB01—31—10

LB01—31—11

LB01—31—12

LB01—31—13

LB01—31—14

LB01—31—15

LB01—31—16

LB01—31—17

LB01—31—18

LB01—31—19

LB01—31—20

LB01—31—21

LB01—31—22

LB01—31—23

LB01—31—24

LB01—31—25

LB01—31—26

LB01—31—27

LB01—31—28

LB01—31—29

LB01—31—30

LB01—32—01

LB01—32—02

LB01—32—03

LB01—32—04

LB01—32—05

LB01—32—06

LB01—32—07

LB01—32—08

LB01—32—09

LB01—32—10

LB01—32—11

LB01—32—12

LB01—33—01

LB01—33—02

LB01—33—03

LB01—33—04

LB01—33—05

LB01—33—06

LB01—33—07

LB01—33—08

LB01—33—09

LB01—34—01

LB01—34—02

LB01—34—03

LB01—34—04

LB01—34—05

LB01—34—06

LB01—34—07

LB01—34—08

LB01—34—09

LB01—34—10

LB01—34—11

LB01—34—12

LB01—34—13

LB01—34—14

LB01—34—15

LB02（587 字）

LB02—01—01

LB02—01—02

LB02—01—03

LB02—01—04

LB02—01—05

LB02—01—06

LB02—01—07

LB02—01—08

LB02—01—09

LB02—01—10

LB02—01—11

LB02—01—12

LB02—01—13

LB02—01—14

LB02—01—15

LB02—01—16

LB02—01—17

LB02—01—18

LB02—01—19

LB02—01—20

LB02—01—21

LB02—02—01

LB02—02—02

LB02—02—03

LB02—02—04

LB02—02—05

LB02—02—06

LB02—02—07

LB02—02—08

LB02—02—09

LB02—02—10

LB02—02—11

LB02—02—12

LB02—02—13

LB02—02—14

LB02—02—15

LB02—03—01

LB02—03—02

LB02—03—03

LB02—03—04

LB02—03—05

LB02—03—06

LB02—03—07

LB02—03—08

LB02—03—09

LB02—03—10

LB02—03—11

LB02—03—12

LB02—03—13

LB02—03—14

LB02—03—15

LB02—03—16

LB02—03—17

LB02—03—18

LB02—03—19

LB02—04—01

LB02—04—02

LB02—04—03

LB02—04—04

LB02—04—05

LB02—04—06

LB02—04—07

LB02—04—08

LB02—04—09

LB02—04—10

LB02—04—11

LB02—04—12

LB02—04—13

LB02—04—14

LB02—04—15

LB02—04—16

LB02—04—17

LB02—05—01

LB02—05—02

LB02—05—03

LB02—05—04

LB02—05—05

LB02—05—06

LB02—05—07

LB02—05—08

LB02—05—09

LB02—05—10

LB02—05—11

LB02—05—12

LB02—05—13

LB02—05—14

LB02—05—15

LB02—05—16

LB02—05—17

LB02—05—18

LB02—05—19

LB02—05—20

LB02—05—21

LB02—05—22

LB02—06—01

LB02—06—02

LB02—06—03

LB02—06—04

LB02—06—05

LB02—06—06

LB02—06—07

LB02—06—08

LB02—06—09

LB02—06—10

LB02—06—11

LB02—06—12

LB02—06—13

LB02—06—14

LB02—06—15

LB02—07—01

LB02—07—02

LB02—07—03

LB02—07—04

LB02—07—05

LB02—07—06

LB02—07—07

LB02—07—08

LB02—07—09

LB02—07—10

LB02—07—11

LB02—07—12

LB02—07—13

LB02—08—01

LB02—08—02

LB02—08—03

LB02—08—04

LB02—08—05

LB02—08—06

LB02—08—07

LB02—08—08

LB02—08—09

LB02—08—10

LB02—08—11

LB02—08—12

LB02—08—13

LB02—08—14

LB02—08—15

LB02—08—16

LB02—08—17

LB02—08—18

LB02—08—19

LB02—08—20

LB02—08—21

LB02—09—01

LB02—09—02

LB02—09—03

LB02—09—04

LB02—09—05

LB02—09—06

LB02—09—07

LB02—09—08

LB02—09—09

LB02—09—10

LB02—09—11

LB02—09—12

LB02—09—13

LB02—09—14

LB02—09—15

LB02—09—16

LB02—09—17

LB02—09—18

LB02—09—19

LB02—10—01

LB02—10—02

LB02—10—03

LB02—10—04

LB02—10—05

LB02—10—06

LB02—10—07

LB02—10—08

LB02—10—09

LB02—10—10

LB02—10—11

LB02—10—12

LB02—10—13

LB02—10—14

LB02—10—15

LB02—10—16

LB02—10—17

LB02—10—18

LB02—10—19

LB02—10—20

LB02—10—21

LB02—10—22

LB02—10—23

LB02—11—01

LB02—11—02

LB02—11—03

LB02—11—04

LB02—11—05

LB02—11—06

LB02—11—07

LB02—11—08

LB02—11—09

LB02—11—10

LB02—11—11

LB02—11—12

LB02—11—13

LB02—11—14

LB02—11—15

LB02—11—16

LB02—11—17

LB02—11—18

LB02—11—19

LB02—11—20

LB02—11—21

LB02—11—22

LB02—11—23

LB02—11—24

LB02—11—25

LB02—12—01

LB02—12—02

LB02—12—03

LB02—12—04

LB02—12—05

LB02—12—06

LB02—12—07

LB02—12—08

LB02—12—09

LB02—12—10

LB02—12—11

LB02—12—12

LB02—12—13

LB02—12—14

LB02—12—15

LB02—12—16

LB02—12—17

LB02—12—18

LB02—12—19

LB02—12—20

LB02—12—21

LB02—12—22

LB02—13—01

LB02—13—02

LB02—13—03

LB02—13—04

LB02—13—05

LB02—13—06

LB02—13—07

LB02—13—08

LB02—13—09

LB02—13—10

LB02—13—11

LB02—13—12

LB02—13—13

LB02—13—14

LB02—13—15

LB02—13—16

LB02—13—17

LB02—13—18

LB02—13—19

LB02—13—20

LB02—13—21

LB02—13—22

LB02—13—23

LB02—14—01

LB02—14—02

LB02—14—03

LB02—14—04

LB02—14—05

LB02—14—06

LB02—14—07

LB02—14—08

LB02—14—09

LB02—14—10

LB02—14—11

LB02—14—12

LB02—14—13

LB02—14—14

LB02—14—15

LB02—14—16

LB02—14—17

LB02—14—18

LB02—14—19

LB02—15—01

LB02—15—02

LB02—15—03

LB02—15—04

LB02—15—05

LB02—15—06

LB02—15—07

LB02—15—08

LB02—15—09

LB02—15—10

LB02—15—11

LB02—15—12

LB02—15—13

LB02—15—14

LB02—15—15

LB02—15—16

LB02—15—17

LB02—16—01

LB02—16—02

LB02—17—01

LB02—17—02

LB02—17—03

LB02—17—04

LB02—17—05

LB02—17—06

LB02—17—07

LB02—17—08

LB02—17—09

LB02—17—10

LB02—17—11

LB02—18—01

LB02—18—02

LB02—18—03

LB02—18—04

LB02—18—05

LB02—18—06

LB02—18—07

LB02—18—08

LB02—18—09

LB02—18—10

LB02—18—11

LB02—19—01

LB02—19—02

LB02—19—03

LB02—19—04

LB02—19—05

LB02—19—06

LB02—19—07

LB02—19—08

LB02—19—09

LB02—19—10

LB02—19—11

LB02—19—12

LB02—19—13

LB02—19—14

LB02—20—01

LB02—20—02

LB02—20—03

LB02—20—04

LB02—20—05

LB02—20—06

LB02—20—07

LB02—20—08

LB02—20—09

LB02—20—10

LB02—20—11

LB02—20—12

LB02—20—13

LB02—20—14

LB02—20—15

LB02—20—16

LB02—20—17

LB02—21—01

LB02—21—02

LB02—21—03

LB02—21—04

LB02—21—05

LB02—21—06

LB02—21—07

LB02—21—08

LB02—21—09

LB02—21—10

LB02—21—11

LB02—21—12

LB02—21—13

LB02—21—14

LB02—21—15

LB02—21—16

LB02—21—17

LB02—21—18

LB02—21—19

LB02—22—01

LB02—22—02

LB02—22—03

LB02—22—04

LB02—22—05

LB02—22—06

LB02—22—07

LB02—22—08

LB02—22—09

LB02—22—10

LB02—22—11

LB02—22—12

LB02—22—13

LB02—22—14

LB02—22—15

LB02—22—16

LB02—22—17

LB02—22—18

LB02—22—19

LB02—22—20

LB02—22—21

LB02—23—01

LB02—23—02

LB02—23—03

LB02—23—04

LB02—23—05

LB02—23—06

LB02—23—07

LB02—23—08

LB02—23—09

LB02—23—10

LB02—23—11

LB02—23—12

LB02—23—13

LB02—23—14

LB02—23—15

LB02—23—16

LB02—23—17

LB02—23—18

LB02—23—19

LB02—23—20

LB02—23—21

LB02—23—22

LB02—24—01

LB02—24—02

LB02—24—03

LB02—24—04

LB02—24—05

LB02—24—06

LB02—24—07

LB02—24—08

LB02—24—09

LB02—24—10

LB02—24—11

LB02—24—12

LB02—24—13

LB02—24—14

LB02—24—15

LB02—25—01

LB02—25—02

LB02—25—03

LB02—25—04

LB02—25—05

LB02—25—06

LB02—25—07

LB02—25—08

LB02—25—09

LB02—25—10

LB02—25—11

LB02—25—12

LB02—25—13

LB02—25—14

LB02—25—15

LB02—25—16

LB02—25—17

LB02—26—01

LB02—26—02

LB02—26—03

LB02—26—04

LB02—26—05

LB02—26—06

LB02—26—07

LB02—26—08

LB02—26—09

LB02—26—10

LB02—26—11

LB02—26—12

LB02—26—13

LB02—26—14

LB02—26—15

LB02—26—16

LB02—27—01

LB02—27—02

LB02—27—03

LB02—27—04

LB02—27—05

LB02—27—06

LB02—27—07

LB02—27—08

LB02—27—09

LB02—27—10

LB02—27—11

LB02—27—12

LB02—27—13

LB02—27—14

LB02—28—01

LB02—28—02

LB02—28—03

LB02—28—04

LB02—28—05

LB02—28—06

LB02—28—07

LB02—28—08

LB02—28—09

LB02—28—10

LB02—28—11

LB02—28—12

LB02—28—13

LB02—28—14

LB02—28—15

LB02—28—16

LB02—28—17

LB02—29—01

LB02—29—02

LB02—29—03

LB02—29—04

LB02—29—05

LB02—29—06

LB02—29—07

LB02—29—08

LB02—29—09

LB02—29—10

LB02—29—11

LB02—29—12

LB02—29—13

LB02—29—14

LB02—29—15

LB02—29—16

LB02—29—17

LB02—29—18

LB02—30—01

LB02—30—02

LB02—30—03

LB02—30—04

LB02—30—05

LB02—30—06

LB02—30—07

LB02—30—08

LB02—30—09

LB02—30—10

LB02—30—11

LB02—30—12

LB02—30—13

LB02—30—14

LB02—30—15

LB02—31—01

LB02—31—02

LB02—31—03

LB02—31—04

LB02—31—05

LB02—31—06

LB02—31—07

LB02—31—08

LB02—31—09

LB02—31—10

LB02—31—11

LB02—31—12

LB02—31—13

LB02—31—14

LB02—31—15

LB02—31—16

LB02—31—17

LB02—31—18

LB02—32—01

LB02—32—02

LB02—32—03

LB02—32—04

LB02—32—05

LB02—32—06

LB02—32—07

LB02—32—08

LB02—32—09

LB02—32—10

LB02—32—11

LB02—32—12

LB02—32—13

LB02—32—14

LB02—32—15

LB02—32—16

LB02—32—17

LB02—33—01

LB02—33—02

LB02—33—03

LB02—33—04

LB02—33—05

LB02—33—06

LB02—33—07

LB02—33—08

LB02—33—09

LB02—33—10

LB02—33—11

LB02—33—12

LB02—34—01

LB02—34—02

LB02—34—03

LB02—34—04

LB02—34—05

LB02—34—06

LB02—34—07

LB02—34—08

LB02—34—09

LB02—34—10

LB02—34—11

LB02—35—01

LB02—35—02

LB02—35—03

LB02—35—04

LB02—35—05

LB02—35—06

LB02—35—07

LB02—35—08

LB02—35—09

后　记

　　我秉持着对民族文化的虔诚的朝圣之心，从 2012 年起，陆续对甘桑石刻文进行收集、整理、拍照、摹写、切字和研究。呈献给读者的这本《甘桑石刻文图像叙事——摹本及字符集》，就是这方面研究工作的总结和成果。本书历经五载，反复琢磨，数易其稿，终于问世，甚感欣慰。但愿拙作能够给学术大厦添砖加瓦，为发展民族文化尽绵薄之力。

　　本书从酝酿、选题、撰写到完稿，始终得到中国社会科学院哲学研究所研究员何成轩先生的鼓励和支持。何先生认为："此课题既属于发掘原始资料，具有原创性与填补空白之功；又做出自己的初步阐释，为相关学科提供研究的基础。因此，意义重大，很有价值；完成得好，是可以传之后世的。"在何先生的一再鼓励之下，我不惮繁难，花费大量时间、精力与经费投入这项工作。在工作当中，也不时与何先生交流切磋，听取他的意见。拙作付梓之际，何先生又欣然为拙作题写书名。对此，我谨表感谢之忱。

　　我认识何成轩先生，可以说是偶然，也可以说是缘分。1991 年 12 月初，我参加在广西三江县举行的"广西美学学会第三届年会"。在前往三江县的途中，认识了应邀前来参加研讨会的马沛文（《光明日报》原副总编辑，1921—2014）、何成轩两位先生。何先生老家在德保县，算是百色老乡，加之他性格随和，所以我们一见如故，甚为相得。此后我们见面多次，相知愈深。有一段时间，我的工作地区和单位有比较大的变动，见面机会较少，但仍然保持着密切的联系。

　　何先生之于我，可用"师兼友"三个字来概括；我把他看作老师，也是兄长和朋友。在他的鼓励、指导和帮助下，我坚持走教学与科研相结合的道路，逐步熟悉治学的门径。何先生是著名的东方哲学专家，对传统儒佛道哲学进行长期的探讨研究，并发表相关论著多种。《章炳麟的哲学思想》《章太炎评传》《儒学南传史》等专著，在国内外有一定的影响。何先生治学严谨，注重为人与为学的统一，讲究学术道德与学术规范。他和我经常交流学术研究的心得体会，特别是在研究方向和研究方法方面，探讨尤多。他认为，选题得当与否，往往关系到工作的成败和成果的优劣。应该从实际出发，扬长避短，发挥优势。尽量选择具有理论价值和现实意义的课题，加以研究。但不必一窝蜂地围着热门转，不宜选择宽泛的、大而无当的题目。当然也不要专挑冷门，更不可急功近利，奢望一鸣惊人。例如宋明理学，是个大热门，历来研究的人很多，成果也很丰富，有关著述可谓汗牛充栋，洋洋大观。如果决心研究宋明理学，而所选题目过于宽泛，那么就不容易有新的创见和新的突破。不如选择其中某个方面的题目来做文章，倒有可能出一些有价值的成果。在这方面，何先生有自己的亲身体会。儒学在中原地区创立以后，向周边地区和国家传播，大致可分为北、南两大路线。北路向朝鲜半岛、日本方向传播，南路向岭南两广、海南及越南传播。研究儒学北传者众，成果累累；研究儒学南传者寡，著述不多。何先生专门研究传统儒佛道哲学，何先生壮族人，故乡在中越边境，熟悉壮族历史文化和风土人情。他略懂越语，多次访问越南。在广泛收集中越文献资料和实地考察的基础上，撰写《儒学南传史》一书，填补了儒学南传研究的空白，引起学术界的重视。《儒学南传史》2000年由北京大学出版社出版以后，2005年韩国启明大学出版社又出版韩文本。越南也将该书译为越文，准备出版。通壮语，也懂越语，有较深厚的古文功底，专门研究儒佛道，这是他撰写《儒学南传史》的有利条件，是这部著作成功的重要因素。何先生的见解及其经验，对我很有启发。我之所以决心从事甘桑石刻文的研究，与此不无关系。

按照何先生的看法，研究哲学包括"知"和"悟"两个层次。"知"是学习和掌握哲学知识、哲学原理，"悟"是运用哲学智慧来指导人生。感悟人生哲理，可以终身受用。何先生曾经写道："金银珠宝，身外之物。功名利禄，过眼云烟。得之不必甚喜，失之不必过悲，一切以平常心对待之可也。"他除了学问之外，业余也爱好书法篆刻（在国内外发表过作品），唱歌跳舞。业余爱好对他来说，不仅是生活的调节，也是人生有意义有价值的组成部分。现在他虽已年逾古稀，依旧唱歌跳舞，经常上网，了解新闻，搜索资料，与国内外网友聊天交流。这种诗意的人生态度，给予我有益的启迪。

中央民族大学原校长梁庭望教授是壮学研究的泰斗，德高望重，治学严谨，成果丰硕。尤为难得的是，梁教授对晚辈后学十分爱护，热情帮助，多方提携，不吝赐教，有口皆碑。他在百忙中，为本书写下了两千多字的序言，予以介绍和鼓励。梁教授关怀后学的精神和态度，令人敬佩和感动。

在这里，我要感谢中央民族大学的李锦芳教授，广西考古研究所的覃芳研究员，暨南大学的班弨教授，北京大学陈连山教授、胡敕瑞教授，香港中文大学的沈培教授，武汉大学的肖圣中教授等专家的专业指导。同时还要感谢中国社会科学出版社张林编辑，他们对本书的出版做了大量工作。

书籍的出版也得到了中国社科院民族文学研究所李斯颖博士，以及平果县政府领导农敏坚调研员和黄武治馆长，原百色学院院长卞成林教授、百色学院副院长吕嵩松教授、凌春辉教授以及陆斐副教授、黄玲博士、潘贵达老师的大力支持和帮助，在此一并予以感谢！

此外还要感谢内人李美琴（百色学院外国语学院副教授），是她的大力支持才有我丰富的收藏和研究成果，她还亲自把梁庭望教授的序言翻译成了英文。同时还要感谢百色热心民族文化保护的古玩圈的冯海华等朋友。

本书只是一本供各位专家学者研究的标本，在摹写和写作中必定存在诸多问题、疏漏和不足，真诚地期待各位专家、学者和读者的批评指正。

作者联系邮箱：jingliu0557@126.com。